Northeast Asia

The Development of Korean Economy and
Chaebol Enterprise

韩国经济
与财阀企业发展

李冬新　［韩］姜昊求　著

中国财经出版传媒集团

经济科学出版社

Economic Science Press

图书在版编目（CIP）数据

韩国经济与财阀企业发展/李冬新，[韩]姜昊求著.
—北京：经济科学出版社，2021.8
（东北亚研究丛书）
ISBN 978-7-5218-2701-9

Ⅰ.①韩⋯　Ⅱ.①李⋯②姜⋯　Ⅲ.①经济发展－研
究－韩国②财团－企业发展－研究－韩国　Ⅳ.
①F131.264②F279.312.6

中国版本图书馆 CIP 数据核字（2021）第 138928 号

责任编辑：刘战兵
责任校对：隗立娜
责任印制：范　艳

韩国经济与财阀企业发展
李冬新　[韩]姜昊求　著
经济科学出版社出版、发行　新华书店经销
社址：北京市海淀区阜成路甲 28 号　邮编：100142
总编部电话：010 – 88191217　发行部电话：010 – 88191522
网址：www.esp.com.cn
电子邮箱：esp@esp.com.cn
天猫网店：经济科学出版社旗舰店
网址：http：//jjkxcbs.tmall.com
北京季蜂印刷有限公司印装
710×1000　16 开　13.75 印张　226000 字
2022 年 1 月第 1 版　2022 年 1 月第 1 次印刷
ISBN 978 – 7 – 5218 – 2701 – 9　定价：60.00 元
（图书出现印装问题，本社负责调换。电话：010-88191510）
（版权所有　侵权必究　打击盗版　举报热线：010-88191661
QQ：2242791300　营销中心电话：010-88191537
电子邮箱：dbts@esp.com.cn）

总　序

　　东北亚作为一个地缘区域，包括中国、日本、朝鲜、韩国、俄罗斯、蒙古国六个国家。东北亚国家之间有着天然的链接与利益的紧密联系，在长期的历史相处与交往中，形成了独具特色的"东北亚情结""东北亚文化"与"东北亚认同"。

　　历史上，中国与朝鲜半岛国家和日本曾"书同文"，结成了"汉字文化圈"，思想文化交流基础深厚，建立起了以中国为中心的地区秩序。

　　近代，东北亚经历了综合实力对比的变换、关系和秩序格局的翻转，其中，最重大的转变是，作为中心国家的中国衰落，日本崛起，走向了帝国扩张道路，占领了朝鲜半岛，侵略中国，与俄国争夺地区霸权，原有的地区秩序崩塌。

　　现代，东北亚地区关系与格局历经了重大的转换。第二次世界大战中，中苏美结成反法西斯同盟，日本战败并被美国占领。战后，苏美反目，发生冷战对抗，中国发生解放战争，新中国诞生并向苏联"一边倒"，蒙古国加入苏联阵营，日本成为美国的盟国，朝鲜半岛一分为二，韩国成为美国的盟国，朝鲜加入了苏联阵营，由此，东北亚陷入以冷战为背景的对抗格局。值得提及的是，二战后，由于美国直接介入东北亚事务，并且在日韩有驻军，在关系与利益界定上，东北亚中的美国因素变得非常重要。因此，论及东北亚，不能不提美国。

　　这种格局自20世纪60年代初开始发生变化。中苏关系破裂，中美建交，中日实现邦交正常化，而朝鲜半岛的分裂与对抗延续。冷战结束，东北亚地区关系与格局发生了新的变化。中俄实现了关系正常化并进一步确立了战略协作伙伴关系，中韩实现关系正常化，而朝鲜半岛出现新的对抗，特别是朝鲜发展核武器，使得地区安全关系复杂化，中国的迅速崛起，不仅使得中美关系发生了转变，也对东北亚地区的综合关系产生了影响。引人注目的是，作为冷战产物的朝鲜半岛分裂格局并没有因为冷战结束而发生转变，而 2018 年开启的美朝对话、南北和解，虽然带来求解的希望，但能否为半岛带来真正的和平，东北亚地区能否构建基于长久和平的新机制，还有待观察。在世界上，像东北亚这样充满大变数的地区为数不多。

在发展上，东北亚是一个创造奇迹的地区。二战以后，日本经济获得快速恢复，在不长时间内跃升为世界第二大经济体，韩国实现经济起飞，进入发达经济体行列，中国实施改革开放政策，经济实现腾飞，超越日本成为世界第二大经济体，而被安全同盟体系分割的中、日、韩三国，以开放的市场为平台，建立了经济的紧密联系，并且形成了三国合作机制。事实上，东北亚地区的联系与合作形成了多层次、多形式的机制，有官方的，也有民间的；有大区的，也有次区的；有经济的，也有社会文化的；等等。

从教学与研究角度看，东北亚既是国别，也是区域，具有区域与国别的综合性和交叉性。区域与国别教学和研究本应是一个独立的学科，因为任何单一的学科都不能说清楚区域的问题、国别的问题，以及区域与国别交叉的问题。区域与国别教学和研究，一则需要探究作为合体的区域综合性问题，二则需要探究作为单一的国家特殊性问题，因此，区域与国别，二者既相互联系，又各有不同。从本源上说，国别是研究的基础，国别研究内容"包罗万象"，有经济、政治、社会、语言、文化，也有地理、资源、人口、科技等。区域作为国别存在的地缘和利益依托，涉及国家间的关系、区域秩序与治理。在当今时代，区域联系越来越紧密，所涉及的领域也越来越广。尽管东北亚没有建立起像欧盟那样的区域组织，但是发展和提升具有东北亚特色的区域机制与区域治理，具有越来越重要的现实意义，越来越具有紧迫性。

当然，东北亚不是一个封闭的地区，而是一个具有很强开放性与外向性的地区，这显著地表现在各国的对外关系、安全机制、经济关系的构建上，在许多方面，区内的联系甚至弱于区域外的联系。比如，在安全领域，至今没有一个区域性的机制；在经济领域，自贸区构建的重点在域外，区内贸易、投资比重低于区外比重；在区域观方面，公众与政治家的认同感基础并不牢固。因此，国别性是东北亚地区的显著特征。

2017 年，山东大学决定在威海校区建立东北亚学院。东北亚学院集教学与研究于一体，具备多学科配置，拥有从学士、硕士到博士学位的授予权，被确立为新兴交叉学科发展的试点单位。我们编撰这套"东北亚研究丛书"就是为了推动作为新兴交叉学科构建的东北亚教学与研究体系，也是为了让人们能够从不同领域、不同视角更深入地了解东北亚。

张蕴岭
中国社会科学院学部委员，
山东大学讲席教授，
东北亚学院学术委员会主任

目　　录

第一章

战后恢复期

姜昊求*

第一节　解放前后的韩国经济初始条件

1945 年 8 月 15 日，日本帝国主义宣布无条件投降，朝鲜半岛迎来解放。从朝鲜半岛解放前起，国际社会就开始探讨朝鲜半岛问题。雅尔塔会议初步决定以北纬 38 度线为分界线，对朝鲜半岛进行托管。但美苏共同委员会举行的两轮谈判最终破裂，1948 年，朝鲜半岛南、北部地区分别建立了两个不同体制的政府：在朝鲜半岛南部地区，李承晚主导建立了资本主义市场经济体制的"大韩民国"；在朝鲜半岛北部地区，金日成主导建立了社会主义计划经济体制的"朝鲜民主主义人民共和国"。二战后，苏联向新兴国家推广社会主义，扩大对国际社会的影响力，从而使诸多新成立的国家选择了社会主义发展路线。韩国首任总统李承晚在朝鲜解放前长期生活在美国，具有比较强的亲美倾向，因而在朝鲜半岛南部地区解放后的政治主导权斗争中得到了美军政厅的大力支持，最终成功建立了具有亲美倾向的资本主义市场经济体制国家。朝鲜战争爆发后，李承晚政府的亲美倾向进一步加强，同时采取更激进的反共产主义发展路线，更加严厉地打压朝鲜半岛南部地区的左翼

---

　　* 韩国外籍教师，山东大学国际问题研究院世界经济合作中心特聘研究员，韩国中央大学国际大学院国际学科客座教授。

势力。

韩国建国之初，经济发展的各项条件比较落后，主要体现在以下几个方面。

在产业布局方面，在日本帝国主义殖民统治期间，朝鲜半岛的南部地区以农业、轻工业为主要产业，北部地区以重工业为主要产业。这种产业布局导致朝鲜半岛南部地区的电力、燃气大部分依靠半岛北部地区的相关设施输进，但朝鲜半岛被北纬38度线所隔断，北部地区突然中断向南部地区的电力供应导致南部地区1948年工业产量下降至1940年的21.2%。[①]

在农业方面，韩国有2/3的人口从事农业生产，但个体农户拥有的平均农地不到一町步（相当于10000平方米），耕地总面积的12%为归属农地，40%为逃亡地主农地[②]，因此，刚成立的李承晚政府迫切需要制定法律，推进农地改革，确立产权制度，进而合理分配作为农业核心资源的土地。

在工业方面，由于解放后日本资本家与工人撤离，导致韩国严重缺乏工业化发展所需的启动资金，在短期内造成生产设施闲置、管理人员与劳动力流失，引起解放后最初几年韩国生产能力骤降。根据韩国财务部相关资料，日本撤离时，留下了2203家企业，其中共有345家企业归李承晚政府管理。[③]当时韩国国内尚不存在有能力管理企业组织的企业家阶层，李承晚政府遇到的关键问题是如何将日本留下的这些企业有效分配给有潜力的企业家，使这些企业恢复正常运作。

1950年6月25日朝鲜战争爆发，在持续三年的朝鲜战争期间，韩国国内生产设施与相关基础设施遭到严重破坏，韩国国内60%以上的纺织产业相关生产设施、80%以上的发电设施被摧毁，造成韩国工业企业数量大幅减少，进而导致韩国城镇失业率上升。此外，在战争期间，韩国银行为韩国政府筹集战争经费扩大货币供应量，导致20世纪50年代韩国经济始终处于高通货膨胀的局面，1951~1955年韩国银行的年均货币供应量增速为104.2%，年均通货膨胀率为164.66%。[④]

1953年朝鲜战争停战后，韩国绝大部分工业设施遭受破坏，战争结束时第二产业GDP仅占韩国总GDP的11%，远远落后于其他工业化初期国

---

① 崔志鹰，朴昌根. 当代韩国经济 [M]. 上海：同济大学出版社，2010：2.
② 崔志鹰，朴昌根. 当代韩国经济 [M]. 上海：同济大学出版社，2010：1.
③ 최광. 기적의 한국경제 70년사 : 농지개혁에서 K-Pop 까지 [M]. 북앤피플，2018：31.
④ 최광. 기적의 한국경제 70년사 : 농지개혁에서 K-Pop 까지 [M]. 북앤피플，2018：47.

家。在如此恶劣的经济初始条件下，李承晚政府将恢复遭受战争破坏的国民经济、抑制发行战争债引起的恶性通货膨胀作为首要经济任务，全面接受美国对韩国的大规模经济援助。进而，李承晚政府利用美国对韩经济援助资金，采取积极的财政、融资政策，实现了较稳定的经济复苏。具体而言，1953年韩国 GDP 增速为 25.7%，1954~1957 年年均增速为 5.2%，1958~1961 年年均增速为 4.3%。[①]20 世纪 50 年代，韩国经济的表现为未来经济发展创造了良好的条件。

第二节　美国对韩经济援助

在日本帝国主义殖民统治期间，整个朝鲜半岛处在小农经济阶段，朝鲜半岛南、北部地区的产业布局不均衡。二战结束后，朝鲜半岛被一分为二，半岛南部地区的产业结构严重失衡，导致其经济的发展更加艰难。二战结束初期，韩国不具有工业基础，加上工业化发展所需的物力、人力严重匮乏，韩国国民维持生存所需的必需品、企业生产所需的资本品均存在不足。在韩国建国初期，韩国经济全面依赖美国的经济援助，在美军政与李承晚政府期间，美国对韩经济援助的总规模为 31.39 亿美元，韩国是受美国经济援助规模最大的国家。[②]

从时代背景看，1945 年二战结束后，美国、苏联之间逐渐形成冷战格局，美国通过对同盟国的经济援助，一方面帮助同盟国与新兴国家保持政治、经济、社会稳定，另一方面阻止共产主义向全世界扩散。美国对同盟国的经济援助还可以扩大其商品、投资市场。在解放后至朝鲜战争爆发前，美国等西方国家对韩国的经济援助具有紧急救济的性质，由此，韩国利用国际社会的经济援助度过了建国初期的贫困，李承晚政府克服了政府财政危机。美国对韩经济援助的具体内容如下：

在美军政时期（1945~1948 年），美国对韩国提供占领区政府援助与救济基金（GARIOA），此项对韩经济援助的总规模为 4.1 亿美元[③]，主要用于

① 崔志鹰，朴昌根. 当代韩国经济 [M]. 上海：同济大学出版社，2010：9-11.
② 이헌창. 한국경제통사（제 4 판）[M]. 도서출판 해남，2011：441.
③ 이헌창. 한국경제통사（제 4 판）[M]. 도서출판 해남，2011：442.

控制通货膨胀、保障民生，援助资源包括食品、医疗用品、纺织品等必需品，其余资源用于朝鲜南部地区已有的生产设施的维修与运作。

韩国建国后，李承晚政府与美国于 1948 年 12 月 10 日签署了《韩美经济援助协定》，美国政府按照《韩美经济援助协定》条款，对韩国提供经济援助。韩美两国政府为严格履行与监督此协定，专门设立了驻韩经济合作总署（Economic Cooperation Administration Mission in Korea，ECA）。此援助由经济合作总署负责执行，因此称之为 ECA 援助，此援助的总规模为 2.01 亿美元[①]，援助资源包括肥料、原棉等原材料，消费品的比重较低。驻韩经济合作总署除了监督美国对韩援助外，还对韩国经济的发展规划、进出口安排、外汇使用等经济各方面施加影响。后来，ECA 援助因为朝鲜战争的突然爆发而中断，未执行的款项移交联合国民间援助司令部（UNCACK），在 1951 年至 1953 年期间进行发放。

以朝鲜战争的爆发为转折，美国对韩国的经济援助转向军事援助。在朝鲜战争期间，联合国为顺利开展对韩国战时紧急救济，增加了韩国民间救济规划（CRIK）与联合国韩国重建团（UNKRA）援助：韩国民间救济规划的援助总规模达 4.57 亿美元[②]，其援助资源包括食品（40%）、服装（24%）等生活救济品；联合国韩国重建团的援助总规模达 1.22 亿美元，其中，美国援助占总援助的比重约为 65%，其援助主要用于生产设施的重建[③]。

朝鲜战争停战后，1953 年 12 月，李承晚政府与联合国军司令部签署了《经济再建与财政稳定计划的合作经济委员会协约》。随后，1954 年 5 月，李承晚政府与美国签署《韩美民间援助协定》[④]。美国政府为战后韩国经济重建、经济基础建设提供 FOA-ICA 援助、PL480 号援助，具体如下：

FOA-ICA 援助指的是美国对韩援助机构"对外计划处"（Foreign Operation Administration，FOA）与后来对外计划处改制设立的"国际合作总署"（International Cooperation Administration，ICA）向韩国提供的经济援助。FOA-ICA 援助的总规模为 17.44 亿美元，占从朝鲜半岛解放后至 1961 年对韩援助总规模 31.39 亿美元的 55.6%。其中，1953~1955 年 FOA 援助规模约为 2 亿美元，其援助资源包括食品、农业原料、资本品、农业用品等；

① 이경원 . 원조물자, 원조달러에 기생하여 성장해온 재벌 [N]. 민플러스, 2019-07-22.
② 이헌창 . 한국경제통사（제 4 판）[M]. 도서출판 해남, 2011 : 442.
③ 이세훈 . 기획 한국경제 70 주년 [N]. 문화저널, 2020-07-10.
④ 崔志鹰，朴昌根 . 当代韩国经济 [M]. 上海：同济大学出版社，2010 : 99.

1955~1961 年 ICA 援助规模约为 15 亿美元，其援助资源包括矿工业品、原材料、交通设施等。[1]

PL480 号援助指的是根据美国制定公法 480 号法案《1954 年农产品贸易发展与援助法》所提供的对韩经济援助。1954 年，美国政府制定《1954 年农产品贸易发展与援助法》，在维护国内农产品价格稳定的同时，向发展中国家提供美国农产品。根据 PL480 号法案，李承晚政府接受美国经济援助后，将相应的货币额度作为对冲基金存款，其对冲基金的 10%~20% 由驻韩美国机构使用，其余部分由韩国政府使用。韩国政府将其对冲基金的相当大的份额用于购买美国武器。

建国后的韩国经济面临诸多困难，日本企业突然撤离、朝鲜半岛分裂以及朝鲜半岛的南北部地区产业布局不均衡，造成在建国初期韩国国内消费品与原材料的严重匮乏。韩国在美国经济援助的支持下，克服了建国初期所面临的诸多经济方面的问题。韩国经济推进工业化的初始条件十分薄弱，美国对韩经济援助对原始资本的积累、原材料与资本品的获取等经济各方面发挥了至关重要的作用。尤其是，朝鲜战争后，美国对韩经济援助大多用于构建重工业基础，并且 ICA 援助提供了农业肥料、工业机械等工农业发展所需的资源，使 1953~1961 年韩国工业 GDP 年均增速达到 11.5%，在三次产业中工业的比重从 1953 年的 9% 提升到 1961 年的 14%。在此期间，肥料、电力、水泥等重化工业及流通、销售等服务业也有了长足的发展。

第三节 农地改革

建国初期，韩国经济处于小农经济阶段，韩国人口绝大多数从事农业，因此，农地改革的实施对建国初期的社会稳定发挥了至关重要的作用。在地主阶层态度消极的情况下，农地改革先由美军政厅主导尝试性推进，后在李承晚政府主导下得到全面推进。1945 年解放当时，朝鲜半岛南部地区人口的 2/3 从事农业，其中，自耕农占 13.8%，佃户与半自耕农为 83.5%，佃户与半自耕农占绝大多数[2]，这意味着地主拥有大部分农地，大多数农民隶属于

① 최광. 기적의 한국경제 70 년사: 농지개혁에서 K-Pop 까지 [M]. 북앤피플, 2018 : 42.
② 崔志鹰，朴昌根. 当代韩国经济 [M]. 上海：同济大学出版社，2010 : 8.

地主，借用地主的农地从事农业生产活动，并向地主缴纳佃租。美军政厅刚开始对朝鲜半岛南部地区的农地改革不积极。美军政厅一方面为减轻佃户的压力，制定了《最高佃租决定案》①，设定佃租上限，规定佃租不得超过年产值的1/3；另一方面为日本占用土地的处理，没收日本在韩国设立的东洋拓殖株式会社②与日本人的土地和财产，归属于美军政厅所有，并设立美军政厅直属的新韩公社对此进行管理。

1946年2月，朝鲜半岛北部地区实施的农地改革轰动了朝鲜半岛南部地区，一定程度上对美军政厅推进农地改革施加了压力。朝鲜半岛北部地区在"朝鲜共产党"北朝鲜分局的主导下，按照"无偿没收，无偿分配"原则，全面实施农地改革。在此过程中，朝鲜半岛北部地区全面没收朝鲜总督府、日本人、亲日派势力与地主所有的土地，因而，反对"朝鲜共产党"此措施的地主逃亡朝鲜半岛南部地区，最终，朝鲜北部地区完全消灭了地主阶层。朝鲜半岛北部地区通过农地改革，将地主阶层的土地向农民进行分配。此举措对在朝鲜半岛南部地区的农民造成了极大影响。随着朝鲜半岛南部地区的农民对农地改革的要求日益强烈，美军政厅逐步改变了对农地改革的态度。

第一次农地改革是由美军政厅主导的。1946年12月，在美军政厅的监督与指导下，朝鲜半岛南部地区成立了"南朝鲜过渡立法议院"。美军政厅向"南朝鲜过渡立法议院"提交农地改革草案，并表示在该立法议院开院后将会对农地改革议案进行审议。但因为时任议长李承晚与"韩国民主党"的支持者为资本家与地主阶层，过渡立法议院始终对农地改革持消极态度，因而未通过此草案。于是，1947年3月，美军政厅仅对其管辖的归属农地进行处置，其他农地改革问题向新成立的李承晚政府移交。1948年4月，美军政厅清算新韩公社，并实施归属农地的处置，此农地的处置以有偿买卖的方式，优先分配给其佃户，农地具体定价为年总产值的3倍，允许佃户分15年偿还③。

第二次农地改革是由李承晚政府主导的。在建国初期，国内左右翼势力的比例相当，朝鲜半岛北部地区完成农地改革的消息，有利于朝鲜半岛南部地区的左翼势力扩张。在此背景下，李承晚政府为确保右翼政权的执政稳定

---

① 최고소작료결정건 [A]. 군정법령 제 9 호, 1945.10.5.
② 日本于1908年为推进韩国殖民地化与侵略中国本土，在汉城设立的朝日合资国策公司，拥有大量的朝鲜土地与森林。
③ 최광. 기적의 한국경제 70 년사：농지개혁에서 K–Pop 까지 [M]. 북앤피플, 2018：25.

性，不得不积极推进农地改革。1949 年 1 月，李承晚政府向国会提交《农地改革法》[1]，并于 1949 年 6 月 21 日制定实施。在农地改革的实施过程中，李承晚政府遇到了一些财政问题，国会对《农地改革法》再次进行修改，于 1950 年 3 月 10 日制定公布《农地改革法（修订案）》[2]。1950 年 4 月，李承晚政府以"有偿收购，有偿分配"的原则，全面实施农地改革。李承晚政府对非农民所有的、农民拥有土地面积超过 3 町步的、农民不直接经营的农地采取强行收购措施，其农地的政府收购价为年产量的 1.5 倍，政府分 5 年偿还。李承晚政府对收购的农地进行分配，每一农户能买入农地面积以 3 町步为上限，其农地的政府售卖价、偿还期限与政府收购相同。随着韩国政府不断推进农地改革，韩国农地自耕面积从 1945 年的 35% 增加至 1951 年的 92%[3]。

　　李承晚政府推进农地改革，对韩国政府在建立初期的政治、社会稳定发挥了关键作用。在建国初期，韩国国民大部分从事农业活动，李承晚政府推进的农地改革，农民可以农地年总产值 3 倍的价格作为农地价格从政府手中收购，并获得对其农地的永久产权。因此，李承晚政府能得到从中分配到农地的农民的大力支持。

第四节　日本归属资产的处置

　　二战结束时，朝鲜半岛工业经济严重依赖国外企业，朝鲜人设立的企业仅占朝鲜企业总数量的 2%[4]，外国企业占绝大多数。战后，日本企业家、技术人员从朝鲜半岛撤离，导致在朝鲜半岛内能进行生产管理的企业家、技术人员严重不足。朝鲜半岛内生产企业减少，导致工业经济产值下滑，同时引起失业人数剧增。

　　在美军政时期，美军政厅将日本留下的房产、企业、农地等资产归属于美军政厅所有。1947 年 3 月，美军政厅为加快构建朝鲜半岛南部地区的资本主义体制，先将其管辖的农地向朝鲜南部地区的国民售卖。同时，美军政厅为进一步巩固民营经济的稳定发展，售卖日本留下的朝鲜半岛内的企业

---

① 농지개혁법 [A]. 법률 31 호, 1949.6.21.
② 농지개혁법 [A]. 법률 108 호, 1950.3.10.
③ 최광. 기적의 한국경제 70 년사 : 농지개혁에서 K-Pop 까지 [M]. 북앤피플, 2018 : 26.
④ 崔志鹰，朴昌根. 当代韩国经济 [M]. 上海：同济大学出版社，2010 : 1.

资源。美军政厅售卖的日本留下的企业数量为 1279 家,占整体企业数量的 13%~28%,其售卖企业总价值约为 29 亿韩元,占整体规模的 0.5%[①]。从企业总价值上看,美军政厅售卖的日本留下的企业规模较小,但初步形成了对日本留下的资产的处置体系,为建国后李承晚政府对日本留下资产的处置提供了切实参考。

韩国建国后,1948 年 9 月 11 日,李承晚政府与美国政府签署《韩美间关于财政财产的协定》,按照此协定,美军政厅将日本归属财产的处置权移交给李承晚政府。因而,韩国国会于 1949 年 12 月 19 日制定《归属财产处理法》[②],规定对日本留下的企业中的矿产、冶炼、机械与公共品生产企业、其他核心资产进行国有化。在朝鲜战争爆发前,李承晚政府试图构建民主主义计划经济体制,具体通过对日本留下的企业进行国有化来实现,但国有化的举措对韩国民营资本主义发展的促进作用相对有限。

从李承晚政府对日本留下企业的处置过程看,1953 年 12 月,李承晚政府与美国签署《经济再建与财政稳定计划的合作经济委员会协约》,加快推进对日本留下企业的处置工作。根据韩国财务部的《财政金融的回顾》,自解放后至 1958 年底,美军政厅与李承晚政府处置的日本留下的企业共有 2542 家。20 世纪 50 年代,韩国大企业共有 89 家,其中,日本留下的企业有 36 家,占大企业总数的 40%。从事纺织产业的 16 家企业中有 12 家企业、从事金属机械产业的 10 家企业中有 8 家企业属于日本留下的企业[③]。1963 年 5 月,韩国国会颁布实施《关于归属财产处理的特别措置法》[④],将截至 1964 年底未签署买卖合同的归属财产一律无偿归属于韩国政府,就此基本完成了日本留下的企业、财产的处置。

李承晚政府在朝鲜战争前将日本留下的企业与财产全部收归韩国政府,进行国有化管理,但朝鲜战争停战后,李承晚政府为确保战后经济复苏所需资金、推进资本主义市场经济的发展、加快民营资本家阶级的构建,向民营资本家阶级有偿转让日本留下的企业。在培养民营资本家阶级的过程中,李承晚政府始终向民营资本家阶级提供信贷优惠、免受国内外竞争等优惠政策措施,为将来大企业主导发展模式的形成打下了一定的基础。李承晚政府对

① 이헌창 . 한국경제통사(제 4 판)[M]. 도서출판 해남, 2011 : 433.
② 귀속재산처리법 [A]. 법률 제 74 호, 1949-12-19.
③ 최광 . 기적의 한국경 제 70 년사 : 농지개혁에서 K-Pop 까지 [M]. 북앤피플, 2018 : 33.
④ 귀속재산처리에 관한 특별조치법 [A]. 법률 제 1346 호, 1963-05-29.

民营企业的优惠政策、美国对韩经济援助，使多数日本归属企业后来发展成引领韩国经济的大企业，韩国财阀企业发展模式的形成一定程度上得益于李承晚政府对日本归属企业的处置。

参考文献

[1] 崔志鹰，朴昌根.当代韩国经济 [M]. 上海：同济大学出版社，2010.

[2] 최광.기적의 한국경제 70 년사：농지개혁에서 K-Pop 까지 [M]. 북앤피플，2018.

[3] 이헌창.한국경제통사（제 4 판）[M]. 도서출판 해남，2011.

[4] 이경원.원조물자，원조달라에 기생하여 성장해온 재벌 [N]. 민플러스，2019-07-22.

[5] 이세훈.기획 한국경제 70 주년 [N]. 문화저널，2020-07-10.

[6] 최고소작료결정건 [A]. 군정법령 제 9 호，1945-10-05.

[7] 농지개혁법 [A]. 법률 31 호，1949-06-21.

[8] 농지개혁법 [A]. 법률 108 호，1950-03-10.

[9] 귀속재산처리법 [A]. 법률제 74 호，1949-12-19.

[10] 귀속재산처리에 관한 특별조치법 [A]. 법률 제 1346 호，1963-05-29.

第二章

军政府时期

姜昊求

第一节　国家主导经济发展模式

朝鲜战争后，从 1953 年起，韩国开始了战后经济恢复工作，在经济恢复过程中，各产业供应能力严重不足，引起恶性通货膨胀。1954~1957 年韩国经济年均增速低于 5%，年均通货膨胀率却超过 40%。20 世纪 60 年代初，韩国经济仍然处于低生产、低消费的恶性循环之中，李承晚政府的长期独裁与腐败、"民主党"张勉内阁的无能，加剧了韩国经济的困境。韩国经济尚未形成自力更生的力量，经济上的缺口通过美国对韩经济援助来弥补。但 1957~1958 年期间，美国爆发经济危机，美国对韩经济援助从 1957 年的最高点逐年缩减，经济援助的模式从无偿援助转换为有偿援助，韩国经济迫切需要自力更生的能力。

为应对美国对韩经济援助的锐减、无偿援助转换为有偿援助的局面，李承晚政府需要对有限的财政资源做出规划。1960 年 4 月 15 日，李承晚政府制定了《经济开发七年计划（1960~1967 年）》，这是韩国政府首次制定的综合性经济计划。此计划主要涉及农业与工业、轻工业与重工业以及国际收支的均衡发展等内容，但 1960 年 4·19 革命的爆发，导致李承晚政府下台，此计划未能持续推进下去。随后，"民主党"张勉内阁执政，张勉内阁同样制定了《经济开发五年计划（1961~1965 年）》，但由于 1961 年"5·16"军事政变的爆发，此计划也未能推进下去。[①]

1961 年 5 月 16 日，朴正熙等军部势力发起军事政变推翻了"民主党"张勉内阁，朴正熙政府将自力更生作为首要经济任务，试图建设不依赖外国经济援助的国家经济。朴正熙政府将李承晚政府提倡的自由主义市场经济与"民主党"张勉内阁提出的政府计划性经济有机结合，提出以市场为主、政府为辅，试图构建所谓"接受政府指导的资本主义"，推进政府导向型资本主义发展模式。朴正熙政府不仅利用市场机制引导民间资源配置，还采取积极市场干预政策，一方面设立国有企业引导产业发展，另一方面设定政策规划培养新兴产业与核心企业。

朴正熙政府为推进经济发展，先对政府组织结构进行调整，当时韩国政府的经济政策规划权过于分散，难以发挥大政府、强政府的作用。因此，1961 年 7 月 22 日，朴正熙政府将财务部、企划处、复兴部合并设立经济企划院，统筹规划国家经济长期发展。经济企划院主要负责设定经济开发计划、引进外国资本、管理国家预算、调整经济政策，引领韩国经济持续高速增长。到 1994 年，金泳三政府为改革政府组织，将经济企划院与财务部合并为财政经济院。朴正熙政府为实现国民经济的自力更生，1962 年 1 月制定公布《第一次经济开发五年计划（1962~1966 年）》。在此计划的推进过程中，朴正熙政府在总结两年业绩的基础上，1964 年公布对此计划进行修改并发布补充计划，更加注重出口导向型工业化发展。此计划的重点目标为确保能源供给、提高农业生产力、建设产业基础设施、改善国际收支、推进技术进步等，为此制定了各项方针与实施细则。在此计划推进初期，朴正熙政府面临着财政预算不足，但在此计划期间（1962~1966 年），韩国经济年均增速为7.8%，高于预期目标（7.1%），人均 GDP 从 1962 年的 82 美元增加至 1966 年的 125 美元。[②]

在《第一次经济开发五年计划（1962~1966 年）》成功的基础上，韩国政府总共制定了 7 次经济开发五年计划，尤其是，从第二次经济开发五年计划开始，韩国经济从日本接受战争赔偿金、获得越南参战收入，因此确保了较充分的经济发展所需资本，为后续经济快速发展提供了资金保障。朴正熙

---

① 朴昌根.解读汉江奇迹[M].上海：同济大学出版社，2012：27.
② 朴昌根.解读汉江奇迹[M].上海：同济大学出版社，2012：6.

政府实施的《第二次经济开发五年计划（1967~1971年）》将重点目标设为确保粮食自足供应，推进以钢铁、机械、化工产业为中心的工业化，扩大出口规模，提升国民收入，推动科学技术发展。在此计划期间，朴正熙政府推动京釜高速公路修建、浦项制铁厂建设、新村运动推广等项目的开展，韩国GDP年均增速约为19.5%，人均GDP从1966年的125美元增长至1971年的266美元。

朴正熙政府实施的《第三次经济开发五年计划（1972~1976年）》推进了产业结构的升级改造，试图将主导产业从原来的轻工业转型升级为重化工业，将重点目标设为产业结构升级、国际收支改善、粮食自足供应、区域均衡发展。在此期间，为应对布雷顿森林体系的固定汇率体制瓦解（1971年）、中东战争导致的第一次石油危机（1973年）等国际市场冲击，韩国引进外资、坚持实施出口导向型政策，积极培养新兴产业，初步实现了电子产业、造船业、汽车产业等韩国支柱产业的发展。在此计划期间，韩国GDP年均增速约为11%。

在第一、第二、第三次经济开发计划的推进过程中，韩国经济在一定程度上实现了工业化与产业升级的目标，因此，朴正熙政府实施的《第四次经济开发五年计划（1977~1981年）》以增长、公平、效率为基本理念，更加重视高质量发展。在此计划期间，朴正熙政府为实现自立经济，推进技术进步、效率提升、产业结构调整等措施，不过，在此计划期间，由于第二次石油危机（1979年）的爆发，韩国GDP年均增速仅达5.5%，未实现9.2%的预期目标，人均GDP从1977年的847美元增加至1981年的1607美元。

进入全斗焕政府时期，政府在经济发展中的作用逐步缩小，经济发展更加关注公平、分配方面的因素。全斗焕政府将经济开发五年计划的名称改为经济社会发展计划，其实施的《第五次经济社会发展五年计划（1982~1986年）》，更加关注提升韩国国民的福利水平，明确区分市场与政府的分工地位。在此计划期间，韩国经济重新恢复高速增长趋势，国际贸易收支得到改善，通货膨胀得到有效控制。

在卢泰愚政府执政时期，《第六次经济社会发展五年计划（1987~1991年）》将重点目标设为改善经济制度、优化产业结构、实现技术立国、追求社会公平、区域均衡发展。金泳三政府执政时期，将经济社会发展计划改称《新经济五年计划（1993~1997年）》，此计划的重点目标为推进税制、金融、财政等方面的制度改革，探索新增长动力。在金泳三政府后期，韩国经济陷入亚洲金融危机（1997 年），1998 年韩国 GDP 增速下降至 –6.9%，GDP 增速跌至推进经济开发五年计划以来的最低值。随后上台的金大中总统不再制定经济五年计划，由此，政府导向型经济计划发展模式宣告结束。

第二节　越战繁荣

1961 年 11 月，时任总统朴正熙访美，并与时任美国总统肯尼迪会见，初步讨论关于驻韩美军与韩国参加越战方面的事宜。随后，1962 年 5 月，朴正熙向越南派出军事考察团进行了为期两个月的实地考察，并决定参加越战。1964 年 9 月 22 日，应美国政府的要求，韩国首次向越南派遣第一移动外科医疗团队 1000 名医生、跆拳道教官 10 名。随后，在韩国参加越战期间，韩国政府总共分五次派兵，兵种包括武装部队、医疗部队、工兵、运输兵、警备部队等，总参战兵力规模超过 31 万人。

朴正熙政府决定参加越战的原因大约有以下几个：第一，美国援助锐减。自解放后至 1961 年，美国对韩经济援助的总规模约为 31.39 亿美元，是全世界接受美国援助规模最大的国家，到 20 世纪 50 年代末，韩国政府财政方面在很大程度上仍然依赖美国的经济援助。但以 1958 年为转折，美国对韩的无偿援助锐减，使得韩国经济陷入衰退。第二，居高不下的失业率。据官方统计，20 世纪 60 年代初，韩国城镇人口失业率高达 16%~17%。此时，韩国劳动力人口的 60% 以上从事农业生产，但农业生产率极低，当时相当部分的韩国农业劳动力人口处于失业状态。韩国工业基础薄弱，尚未形成出口导向型工业发展体制，当时的工业规模难以吸收农业中的过剩劳动人口。在无产业基础的条件下，向越南派兵一方面可降低韩国国内失业率，另一方面可创造外汇收入。第三，在国家安全上的博弈。在美国积极扩大越战规模的背景下，如朴正熙政府拒绝参加越战，美国很有可能将驻韩美军调往越南参战。朴正熙政府将在韩国军队派兵与驻韩美军缩减中做出选择。

韩国参加越战对韩国经济各领域的发展发挥了至关重要的作用，此作用可分为产品出口、服务出口两个方面。

产品出口方面，在越南战争期间，韩国对越南、对美国的出口大幅增长。

从韩国对越南的出口看，20 世纪 60 年代初韩国经济出口不振，但从 1964 年韩国参加越战后，韩国对越南出口激增，出口规模从 1964 年 630 万美元增长至 1969 年的 4710 万美元，到 1970 年再度增长为 7010 万美元。从韩国对美国的出口看，韩国参加越战获得了美国政府的补偿，韩国出口产品能够享受对美出口优惠政策。韩国对美出口规模从 1964 年的 3660 万美元增长至 1970 年的 3.16 亿美元 [①]。

服务出口方面，在越南战争期间，韩国向越南派出军人、技术人员、工人等人员，派遣的人力总规模超过 5.6 万名，他们在越南工作创汇输往韩国国内。韩国参加越战的军人月均收入约为 40 美元，1964~1972 年参战军人创汇的总规模超过 2 亿美元。韩国除了派遣军人外，为满足越南重建、后勤保障的需要，还将国防、运输、建设等产业的技术劳动人员派往越南，1964~1972 年此类人员创汇的总规模超过 1.6 亿美元。此外，随着越南战争的长期化，韩国企业增加对越南的出口、加大对越投资，积累了大量资金。例如，现代建设参与越南金兰湾港口建设、三焕企业参与驻越韩国军司令部建设，它们积累了技术与海外投资经验，成功发展为大企业。韩进商社垄断了越南美军军事物资的运输，发展为韩国最大的运输公司。

在韩国参加越战期间（1963~1973 年），韩国 GNP 从 5029 亿韩元增加至 5.18 万亿韩元，人均 GDP 从 100 美元增加至 396 美元，对外出口总额从 8700 万美元增加至 32.25 亿美元。由此可见，韩国参加越战扩大了韩国经济的海外市场，带来对越、对美出口大幅增加，国际收支得到改善，进而实现了外汇储备的积累。并且，韩国企业向越南扩张，在国际市场上积累了有效经验，提升了韩国企业的国际竞争力。

第三节　韩日建交

朴正熙政府为了促进国家经济发展，冒着韩国国民的激烈反对，推进建立韩日两国的正常外交关系。1965 年 6 月 22 日，朴正熙政府与日本政府签署《韩日基本关系条约》及《法律地位协定》《渔业协定》《请求权协定》《文

---

① 최광. 기적의 한국경 제 70 년사: 농지개혁에서 K-Pop 까지 [M]. 북앤피플, 2018 : 128.

物协定》四个附属协定。同年 12 月 18 日，朴正熙政府与日本政府在韩国首尔交换批准书，此条约与附属协定正式生效。其中，《请求权协定》规定，在协定签署后十年期间，日本向韩国提供无偿、有偿的经济合作资金解决财产请求权，其中包括无偿资金 3 亿美元、有偿低息贷款 2 亿美元（年息 3.5%，为期 20 年）。韩日建交使韩国经济在短时间内实现了推进工业化所需的原始资本积累。

在韩国引进外资层面，《韩日基本关系条约》的附属协定《请求权协定》规定，韩国政府从日本引进 2 亿美元的民间贷款、5.9 亿美元的长期低息政府贷款与无偿经济合作资金，其资金规模超过韩国《第二次经济开发五年计划（1967~1971 年）》所需预算的 1/3。此外，韩日建交后，1965~1971 年，日本对韩直接投资占韩国引进外资总额的比重超过 25%，日本成为仅次于美国的韩国第二大投资来源国。在韩日贸易方面，1965~1969 年期间，韩国对日出口增加了 2.5 倍，进口增加了 6.7 倍[①]。

韩日两国经贸交流关系的发展，促进了如三星与三井、LG 与日立、现代与丸红等两国大型企业之间的经济合作。韩日建交前，韩国经济缺乏先进技术、机械等资本品，韩国企业对美国、日本等发达国家的先进技术、机械、中间品的需求巨大。在韩国对日进口方面，韩日建交后，韩国对日进口额剧增，主要进口品为机械、设备等资本品，其在韩国整体对日进口额中的占比超过 40%。随后，韩国将有偿资金中的 2.8 亿美元用于购买机械，促进国内生产设施的扩张[②]。在韩国对日出口方面，韩日建交后，韩国对日出口同样大幅增加，主要出口产品为海产品、矿产品等初级产品。以韩日建交为转折点，日本向韩国提供技术、资本，韩国向日本提供劳动力，两国之间构建起国际垂直分工体系。

由于区位、历史、文化等因素的原因，日本对韩直接投资不断增加，其投资规模从 1973 年起超过美国对韩直接投资，美国对韩直接投资集中于石油化工产业，而日本对韩直接投资集中于劳动密集型产业。在建交后至 20 世纪 70 年代初期，日本对韩直接投资集中于纺织产业，但到 20 世纪 70 年代中则更多集中于中间品产业。在 20 世纪六七十年代，日本劳动密集型轻工业出现边际化，由此出现日本劳动密集型轻工业向邻近国家转移，韩国成

---

① 曹中屏、张琏瑰等. 当代韩国史（1945–2000）[M]. 天津：南开大学出版社，2005：287.
② 이헌창. 한국경 제통사（제4판）[M]. 도서출판 해남，2011：487.

为主要承接国。在20世纪70年代中后期，全球经历了两次石油危机，由此，日本将资源消耗较大的资本密集型产业向邻近国家转移，韩国又一次成为承接国。

韩日建交打开了两国之间的经贸合作，成为实现韩国经济发展的动力。在韩国工业化初期，日本向当时缺乏资金的韩国提供了工业化发展所需的资金、资本品、技术等核心资源。在韩国工业化中后期，日本对韩直接投资的扩大，促进了韩日跨国垂直分工体系的形成，韩国成为日本边际产业转移的主要承接国。韩国在韩日分工体系中逐步形成国际竞争力，实现了韩国经济的长期高速增长。

第四节　财阀经济

东北亚各国与地区在经济发展过程中采取了日本的经济发展模式，韩国财阀集团的发展模式也借鉴于日本财阀的发展模式。所谓的财阀是指在第一次世界大战后形成的由家族成员控制的大型联合企业。财阀控股企业组织对从事的产业产生影响力，特别是，日本财阀在20世纪三四十年代法西斯扩展时期得到迅猛发展。财阀在政府的政策支持下，对各个产业部门取得垄断地位，进而控制本国市场。

韩国财阀的形成与日本帝国主义殖民时期的历史存在着密切关系。韩国军部势力在朝鲜解放前效力于日本军队，对日本经济发展模式比较了解。在二战时期，日本政府与日本财阀之间展开了以高度集中的金融为核心的政企合作。日本政府掌握金融体制，政府对金融的控制不仅可以通过产业政策控制企业发展，而且可以培养亲政府的企业家阶层，以巩固政权的财政基础。

韩国政府采取国家主导型经济发展模式，在李承晚政府的进口替代发展阶段、朴正熙政府以来的出口导向型发展阶段，一直掌控着韩国经济发展的主导权。特别是，在朴正熙政府执政时期，韩国政府制定经济开发五年计划，通过产业政策的实施，引导民营企业的积极参与。韩国政府从国外引进资本、技术等资源，以优惠条件向民营企业进行分配。基本上符合政府要求的企业能获得政府的全面支持，由此形成了政府与企业之间的密切关系。

韩国政府所采取的产业政策与日本相似，以金融控制为核心，韩国政府采用的方法是以信用贷款为基础，控制整个产业金融系统。韩国经济通过产业金融系统来推动财阀企业的发展。在工业化初期，资金极度匮乏的韩国企业必须从政府控制的金融体制中获得长期信用贷款。因此，利用金融系统借钱发展的韩国财阀企业始终具有高杠杆率的特征，为了维持生存与发展，企业需要顺应掌控金融体系的政府控制。

通常，韩国财阀企业在解放前已形成小规模企业组织，但自身发展能力有限，从事行业为轻工业、流通业等。比如，三星集团在日本帝国主义殖民统治时期成立，从事批发零售业，解放后主要从事服装生产。现代集团在朝鲜战争时期与美国军方签订合同，向东亚其他地区倒卖美军战时报废的二手卡车、大巴车等而获得发展。LG 集团在解放后主要从事牙膏与收音机等杂货的生产。

在军政府时期，韩国政府积极推进出口导向型发展模式，使韩国财阀企业实现迅猛发展。朴正熙政府制定产业政策，大力发展钢铁、化工、汽车等重化工业。为此，朴正熙政府向参与企业提供优惠贷款、税收减免、补贴等金融支持。朴正熙政府的积极支持使得财阀企业降低了在资金流转、债务偿还方面的金融风险，促使财阀企业纷纷进入各个产业进行投资。

政府对财阀企业的金融支持，使得财阀企业不惧风险地进入各种产业，引起财阀企业之间的投资竞争，导致 20 世纪 70 年代末的产能过剩。韩国政府对财阀企业提供的无限期延长贷款等盲目支持，一方面抬高了韩国企业的资产负债率，造成资本收益递减、投资回报率极低；另一方面，韩国企业不具风险意识盲目地扩展事业，展开多元化经营，造成企业资源分散，无法形成核心竞争优势。在韩国政府控制下产生的财阀企业发展弊端不断延伸至 1997 年亚洲金融危机，直到 1998 年上台的金大中政府在国际货币基金组织（IMF）的监督下积极采取企业改革措施，才有所改善。

第五节　新村运动

20 世纪 60 年代，朴正熙政府采取国家主导型经济发展模式，通过经济开发五年计划，韩国工业经济、基础设施建设等方面得到快速发展。尤其是在第二次经济开发五年计划（1967~1971 年）期间，韩国工矿业 GDP 年均增长率为 20.6%，而农林渔业 GDP 年均增长率仅为 3.0%。工业、农业之间的发展出现不均衡，导致城乡收入差距逐渐扩大，随之引起大量农村剩余劳动力涌入大城市，造成城市就业压力，进而加剧了社会的不稳定。20 世纪 60 年代末，韩国农村人口占全国人口的比重为 70%，仍然处于高位。

在工业化初期，对执政党而言，城乡均衡发展问题是其持续长期执政迫切需要解决的核心问题之一。在推进国家主导型经济发展模式的过程中，与农业相比，韩国政府更加重视工业、制造业的发展，由此引起的城乡收入差距、发展不平衡，导致韩国人口占多数的农民对朴正熙政府的支持率下滑。农民对总统朴正熙的支持力度下滑现象在 1971 年 4 月举行的总统选举、同年 7 月举行的国会议员选举中更加明显。执政党"民主共和党"的支持率不仅在城市，而且在乡村地区也明显下降。当时朴正熙政府面临的问题是如何有效利用农村剩余劳动力带动农村地区的自主发展，进而有效缓解城市拥挤，实现社会秩序的稳定。

新村运动始于 1970 年冬天，作为公共基建投资的一种方式，朴正熙政府向全国 33267 个村落中的每个村落无偿提供 335 袋水泥。朴正熙政府向各村落提供了几种使用方案，如修建农村道路、升级改造屋顶、建设公共建筑等 20 项公共事业，其具体用途由每个村落自由决定。因而，各村农民对村落居住环境、交通环境的改善非常积极，政府供应的水泥总价值为 41 亿韩元，各村农民所创造的总附加值达到 81 亿韩元。[①]

随后，1971 年 9 月，总统朴正熙正式宣布推进新村运动，并将新村运动的精神定为"勤勉、自助、协同"。朴正熙政府的新村运动模式存在激励机制，即基于第一年新村运动的业绩，第二年仅向水泥运用业绩良好的约 16000 个村落再次无偿提供每村 500 袋水泥和 1 吨钢筋。随着收到政府补助的村落数量减少，朴正熙政府对新村运动的支援规模从 1971 年的 41 亿韩元减少为 33 亿韩元。新村运动的支援模式激发了各个村落之间的业绩竞争，调动了各个村落农民的积极性。出人预料的是，原来使用业绩不佳被排除在外的 17000 多个村落中有 6000 多个村落自愿投入资金持续与其他村落展开竞争。朴正熙政府采取的仅对优秀村落提供支援的方案，提高了各村落农民的竞争心理，实现了农村生活环境、基础社设施的自主建设。

---

① 최광. 기적의 한국경제 70 년사 : 농지개혁에서 K-Pop 까지 [M]. 북앤피플, 2018 : 117.

朴正熙政府将韩国村落分为三个等级，按从低到高的顺序分为基础村、自助村、自立村。最高等级的自立村，被公认为名副其实的新村。村落等级的划分激发了各个村落之间的竞争，各村农民为各自村落升格自立村而努力奋斗。全国村落中自立村的占比从 1972 年的 7% 增加至 1979 年的 97%[①]，农村居住、交通环境在不到十年的时间里大幅改善。在新村运动推进初期，时任总统朴正熙的精神指导、物资支援、体制建设，带动了各自村落的竞争，促进了村落改造，但新村运动取得成功的关键在于农民自发的致富意识。在政府物资、政策的支持下，新村运动激励了各个村落的剩余劳动力，农村环境改造升级变成了现实。

在朴正熙政府执政时期，新村运动得到大力推广，基本目标从初始的农村改革扩大为中后期的国民精神改革、区域均衡发展，发展模式从国家主导转变为民间主导，区域范围从农村地区扩大到城市地区。但到全斗焕政府上台后，全斗焕将亲弟弟全敬焕任命为新村运动中央总部会长，利用新村运动的全国性组织，宣传政府政策，加强在农村的影响力。在 1981~1988 年全敬焕担任会长期间，新村运动变为全敬焕的个人致富手段，后来他因利用新村运动贪污公款、逃税，被法院判处有期徒刑 7 年。此次贪污事件发生后，新村运动失去了韩国国民的支持。

朴正熙政府推进的新村运动对韩国农村经济发展做出了重大贡献，主要成果如下：在农村道路建设方面，1970 年 4 月至 1980 年 4 月新修建农村道路总长 44000 公里，1971 年至 1975 年新修建农村桥梁 65000 座；在农业机械化方面，1970 年每村耕耘机保有量仅为 1 辆，到 1980 年每村耕耘机保有量增加为 20 辆；在农村电力供应方面，20 世纪 60 年代末，韩国农户电力供应率仅为 20%，1979 年农户电力供应率增加至 97%；在农民收入方面，1970~1978 年韩国农民人均收入从 165 美元增加至 778 美元，增加了约 4.7 倍，20 世纪 70 年代中期到后期韩国农民人均收入甚至超过城市居民人均收入。[②]

新村运动适合于当时韩国经济发展的实际情况，在城乡贫富差距加大、产业发展不平衡加剧的情况下，朴正熙政府深入了解农村存在的过剩劳动力闲置问题，制定有效利用方案，为了从根本上解决这一问题，引入了精神改革、竞争机制。在精神改革方面，时任总统朴正熙认为农村贫困的根本性原

[①] 朴昌根. 解读汉江奇迹 [M]. 上海：同济大学出版社，2012：124.
[②] 朴昌根. 解读汉江奇迹 [M]. 上海：同济大学出版社，2012：127-128.

因在于农民的懒惰，为提高农民劳动效率，积极倡导"勤勉、自助、协同"精神，强调农民的精神改革，与懒惰做斗争。在引进竞争机制方面，时任总统朴正熙设定村落等级划分、仅对优秀村支援的原则，激发了各个村落农民的竞争心理，农民自发参与到新村运动的竞争机制中，进而促进了韩国整体农村经济的发展。

参考文献

[1] 최광 . 기적의 한국경제 70 년사：농지개혁에서 K–Pop 까지 [M]. 북앤피플，2018.

[2] 曹中屏，张琏瑰等 . 当代韩国史（1945–2000）[M]. 天津：南开大学出版社，2005.

[3] 이헌창 . 한국경제통사（제 4 판）[M]. 도서출판 해남，2011.

第三章

民主改型期

姜昊求

第一节　均衡发展

韩国长期实行政府主导的外向型经济政策，实现了近30年的高速增长，在此过程中，城乡之间、东西部之间发展不均衡日趋严重。自1970年京釜（首尔—釜山）高速公路完工以来，出于生产、流通运输上的方便，韩国的生产设施集中于首尔、京畿道等首都经济圈和釜山、大邱等东南部经济圈，大体形成了以首都经济圈生产—东南经济圈（釜山港）出口的外向型发展模式，此模式长期持续，造成相对忽视其他地区的发展，更加突出了人口向首都经济圈集中、地区收入差距加剧等发展不均衡。这些发展不均衡问题，甚至与政治因素相结合，引起地区之间矛盾激化，导致社会秩序的不稳定。

据韩国统计厅全国人口普查统计，首都经济圈人口占总人口的比重在1949年为20.73%，1960年为20.79%，到1990年增长至38.63%；东南部经济圈人口占总人口的比重在1949年为31.4%，1960年为32.14%，到1990年下降至28.93%；西南部经济圈人口占总人口的比重在1949年25.2%，1960年23.8%，到1990年下降至13.17%。从韩国人口演变看，西南部经济圈的人口下降幅度远大于首度经济圈、东南部经济圈。

韩国人口涌入首都经济圈，主要原因是生产设施的区位分布。在韩国推进外向型经济发展模式的过程中，生产设施过度集中于首尔、大邱、釜山等京釜高速公路沿线城市，韩国人口自然流入首都经济圈、东南部经济圈。从韩国制造业就业率看，在全斗焕执政时期（1980~1988年），首都经济圈制造业就业增长率所占比重为53.2%，东南部经济圈制造业就业增长率所占比重为34.5%，西南部经济圈制造业就业增长率所占比重仅为5.4%[①]。由此可知，西南部地区的制造业发展条件远远落后于首都经济圈、东南部经济圈。

进入卢泰愚政府时期，1988年，时任总统卢泰愚为解决首都经济圈人口过度集中、区域发展不平衡等问题，对外发布《西海岸开发计划》，设立由国务总理直属的"西海岸开发推进委员会"，负责韩国西海岸统筹开发。《西海岸开发计划》包括修建西海岸高速公路（仁川—木浦）、扩建仁川、木浦、丽水等西海岸地区港口和光州、木浦等西海岸城市机场、建设仁川—釜山沿海工业带等。为此，1990年2月，卢泰愚政府选择西海岸地区126个项目集中投资22万亿韩元[②]，试图解决东西部地区的发展不平衡问题。

第二节　住房问题

进入20世纪80年代后期，随着韩国经济的多年快速增长，韩国国民人均收入迅速提升，国内的生产成本上涨，韩国政府采取扩张性货币政策，刺激企业投资，造成国内货币供应量大幅增加，使得国内资本流动性泛滥。1987年，执政党"民主正义党"总统候选人卢泰愚在第十三届总统竞选过程中提出了一系列与区域均衡发展相关的大选公约，使其就任总统后相关地区的房产价格大幅上涨，进而导致整个首都经济圈内房产价格同步上涨。据统计，韩国住宅价格在1988~1990年同比分别上升13.22%、14.59%、21.04%。其中，首尔市内住宅价格上升幅度更大，在同一期间同比分别上升18.47%、18.22%、37.62%。在卢泰愚政府执政时期，国内房产价格飙升，加剧了韩国社会贫富差距，进而威胁到卢泰愚政府的执政稳定性。因此，卢泰愚政府为应对房产价格上涨趋势，出台"土地公概念"措施，但其效果不显著。

---

① 曹中屏、张琏瑰等.当代韩国史（1945-2000）[M].天津：南开大学出版社，2005：414.
② 曹中屏、张琏瑰等.当代韩国史（1945-2000）[M].天津：南开大学出版社，2005：416.

　　1989 年 2 月 4 日，卢泰愚政府为控制首尔市、京畿道等首都经济圈的房产价格上升趋势，公布《紧急不动产投机抑制对策》，此政策提及在为期五年的计划期间，计划每年供应 40 万套、总计 200 万套住宅。此规模与以前年均 20 万~25 万套的住宅供应规模相比有大幅度提升。卢泰愚政府为使政策顺利落实，须在首尔、京畿道地区内确保更多的建设用地，因此要先解除在该区域内的绿地、农地等绿色地带限制开发措施，该区域内计划新建分唐、一山、坪村、山本、中洞五座卫星城市。在首都经济圈内新增 29 万套住宅，在一定程度上压制了首都、京畿道房产价格的上升趋势，并且缓解了首都经济圈人口过度集中的问题。

　　以往政府的房产政策相对忽视住宅供应量的扩大。在首都经济圈内资金、土地资源有限的情况下，以往政府所采取的经济政策优先培养制造业、出口产业，工作人员的住宅和配套设施不够充足。并且，首都、京畿道等城市划定绿色地带，限制了城市过度扩大，造成首都经济圈的住宅供应新增量始终不足。

　　为了抑制首都经济圈住宅价格因供不应求而飙升，卢泰愚政府采取了扩张性房产供应政策，起到了有效作用。其扩张性供应政策实施后，韩国住宅供应量从 20 世纪 80 年代年均 20 万~30 万套规模上升至 60 万~80 万套规模。尤其是在京畿道内新建五座城市的举措，对于控制首尔市房价上涨趋势起到了关键作用。房产供应量增加直接影响房产价格，1992 年分唐等首都的卫星城市基本建造完毕，包括首尔江南地区在内的全国大部分地区的房产价格趋于稳定，此趋势延续至 1997 年。

第三节　科技立国

　　据韩国银行统计，在卢泰愚政府执政期间（1988~1991 年），韩国实际 GDP 年均增速为 9.2%，超过原定目标（8.3%），保持了经济的高速发展趋势。在此期间，韩国经济规模从 1987 年的世界第 19 位上升至 1991 年的第 15 位。随着韩国经济规模扩大，人均 GDP 从 1987 年的 3110 美元上升至 1991 年的 6498 美元，在短短五年期间翻了一倍多。这一时期的经济发展依赖于韩国内需市场的扩大，人均收入的增长带来国内消费需求增加，使人们的住房需求扩大，进而刺激企业投资。不过，人均 GDP 的快速上涨，意味着国内劳动成本的上涨，使得韩国产品在国际市场上的竞争力下滑，以往带动韩国经济发展的出口导向型企业增长乏力。特别是 1988 年美国实施新的贸易法、韩元对美元的汇率升值等外部因素同样对韩国产品出口造成不利影响。

在以往的军政府时期，韩国经济从轻工业向重工业转型，实施以高耗能、耗费资源的资本密集型重工业为主的出口导向型发展战略。韩国承接了发达国家转移的重工业，但从长期看，此政策并不适合资源匮乏的韩国。虽然当时的韩国加快培养电子产业、汽车产业等技术密集型产业，但这些产业与其他新兴经济体相比处于成本劣势，与美国、日本等发达国家相比处于技术劣势。韩国重工业的核心技术、核心零件从美国、日本等发达国家进口，而这些发达国家采取各种措施，严格控制核心技术的外流。

面对严峻的内外部环境，韩国政府逐渐意识到研发创新的重要性。韩国政府为加强研发创新力度，在《第六次经济社会发展五年计划（1987~1991年）》中提出了"科技立国"的方针。韩国经济更加重视从量的增长转向质的提升，重点开发新技术，加快培养技术、知识密集型产业。韩国政府为推动战略产业核心技术的研发，还制定了《技术革新促进法》《国家共同技术革新商业化方案》《尖端技术开发基本计划》等相关法律，向韩国企业补助研发资金，加快赶超发达国家技术的步伐，实现电子、汽车等国家重点产业核心技术的自主化。

在此期间，韩国企业在韩国政府的支持下，积极开展对外直接投资，其投资分布在制造业、采矿业、批发零售业、专门与科技服务业等多个产业。同时，韩国企业以全球经营为目标，通过对外直接投资的方式，在全球范围内进行生产组合配置。在此期间，韩国制造业对外直接投资以效率、市场为导向，集中于电子、机械设备、汽车等资本、技术密集型重工业。韩国企业在国内保持核心技术、核心零件等上游产业的技术优势，并将劳动密集型下游产业向中国、东南亚等发展中国家和地区进行转移，以提高效率。此外，韩国向美国、欧洲等发达国家和地区进行以东道国市场为导向的成品组装环节的转移，同时将采矿业对外直接投资始终作为韩国企业确保能源、矿产等生产资源的手段，将批发零售业对外直接投资作为确保全球消费市场销售渠道的有效方法。这一阶段，专门与科技服务业对外直接投资呈现出快速增长，美国、日本等发达国家对核心技术加强保护，因此，韩国企业对发达国家进行以战略资源为导向的直接投资，并通过与发达国家企业合作研发、当地独自研发、关键技术的购买等方式，确保企业拥有相关核心技术或核心资源，提高企业的核心竞争力。

第四节　亚洲金融危机的爆发

韩国在军政府时期、新军部势力执政期间，采取政府主导型发展政策，推进了总共六次的《经济开发五年计划》，维持了长期快速的经济增长，但随着经济全球化的不断深入，国内劳动成本上升，韩国政府需要调整以往政府主导的赶超发展模式，更加重视民营企业与市场的力量。1992年3月，金泳三就任后发布了《第七次经济社会发展五年计划》，此计划以经济社会的先进化、民族统一为目标，加强产业竞争力、提高社会公平、推动均衡发展、推进国际化与自由化、构建国家统一的基础环境。

不久后，金泳三政府面临新的经济环境，为出台《新经济开发五年计划》，发布实施了《新经济100日计划》。此计划的实施期间为1993年3月至6月，设定了刺激内需、改善中小企业结构、促进技术研发、提升企业决策自由度、改善农村渔村结构、维护生活必需品价格稳定、公务员意识改革七个重点课题。金泳三政府一方面借此计划在短期内刺激经济摆脱萧条，另一方面筹划通过《新经济五年计划（1993~1997年）》在长期内使韩国进入发达国家行列。

1994~1996年期间，由于金泳三政府采取经济刺激政策，韩国经济年均增速超过9%，维持了较高的经济增速。金泳三政府在计划推进过程中，为实现从政府主导型发展向民间主导性发展转变，展开行政监管政策改革，设立"行政刷新委员会""企业活动规制审议委员会""行政规制缓和委员会"等相关机构，放宽或废除土地开发、工厂开办程序、建筑物流的各种限制性制度。同时，金泳三政府全面推进产业结构升级，促进构建公平竞争的市场环境，提升中小企业竞争力，培养技术人员，扩大基础设施建设，试图形成新的经济增长动力。

在《新经济发展五年计划》实施期间，韩国GDP年均增速为7.4%，高于预期目标6.9%，1996年韩国人均GDP突破1万美元，但1993~1996年，韩国通货膨胀率徘徊在4.5%~6.2%，脱离了政府控制目标3.6%~4.3%，此外，1996年韩国经济贸易逆差趋于扩大。在此计划最后阶段，韩国经济面临的内外部问题加剧，特别是过于追求短期成果的扩张性政策、对民营企业放松监管措施、企业国际竞争力下滑、缺乏核心产业与核心技术等各种因素，使得韩国在1997年末陷入经济危机。其具体原因涉及国外、国内两个方面。

在国外层面，随着经济全球化和经济一体化的发展，1997年7月始于泰国的东南亚金融危机，波及新加坡、印度尼西亚、马来西亚、日本、韩国等亚洲国家。受这场危机的冲击，泰国、印度尼西亚、韩国等亚洲国家的汇率、股市狂跌。因此，国际投机资本从东南亚市场撤离，紧接着从韩国市场撤离，导致韩国陷入外汇危机。当时作为东南亚最大债权国的日本，也受到东南亚金融危机的冲击，大量收回向韩国等其他亚洲国家提供的长期贷款，这是造成韩国金融危机的主要原因之一。

在国内层面，国家主导型经济发展模式暴露出众多问题。国家主导型经济发展模式使得政府与企业形成密切的合作关系，这些企业后来发展为韩国财阀集团它们利用与韩国政府的密切关系，享受长期低利率贷款、税收减免等优惠待遇，实施高杠杆多元化事业扩张。进入20世纪90年代后，韩国经济增长带动人均收入上升，同时提高了韩国的劳动力成本。特别是自20世纪80年代后期起，韩国工会的影响力不断扩大，韩国企业的生产成本逐年上升，基于成本优势的出口导向型发展模式不可持续。韩国财阀集团在政府的支持下，开展高杠杆投资，盲目扩大事业范围、生产规模，经济各领域的产能过剩严重。虽然财阀企业多元化发展在一定程度上对扩大内需产生了刺激作用，但盲目多元化经营使企业要素资源的利用分散，未能有效形成竞争优势，导致在国内外市场经营不善，增大了不良贷款与债券规模，最终导致韩国金融体制的崩溃。

参考文献

[1] 曹中屏，张琏瑰等. 当代韩国史（1945~2000）[M]. 天津：南开大学出版社，2005.

第四章

民主巩固期

姜昊求

第一节　IMF 救济与体制改革

在金泳三政府后期，1997 年 12 月 3 日，韩国经济进入国际货币基金组织（IMF）的监管体制，IMF 向韩国提供金融救济 583.5 亿美元，并要求韩国在经济各领域推进全面结构性改革。韩国政府与 IMF 之间签署的金融救济条件具体内容涉及韩国政府宏观经济政策、金融体制、企业治理结构的调整、贸易与资本市场自由化、劳动市场改革等方面[①]。金泳三为有效应对此次金融危机，到第 15 届总统选举后，为顺利推进新政府的改革，提前将执政实权移交给第 15 任总统当选人金大中。1998 年 6 月，金大中政府发布《国政 100 大课题》，具体课题涉及经济、政治、社会、未来四大领域。金大中政府为使韩国经济尽早脱离 IMF 监管体制，发布《四大经济改革》，其改革主要内容涉及金融部门、企业部门、企业部门、劳动部门、公共部门，具体如下：

关于金融部门的改革，1998 年 4 月，韩国政府成立金融监督委员会，并在金融监督委员会下设立金融监督院，对金融业的所有部门加强了监管措

---

① 崔志鹰，朴昌根. 当代韩国经济 [M]. 上海：同济大学出版社，2010：208.

施①。并且，韩国政府为顺利推进金融改革，1997 年 3 月 1 日全面修订《关于金融产业的结构改善的法律》②，支持金融机构之间以合并、整顿等为内容的金融产业结构改革措施，促进金融机构之间的公平竞争，提高金融业务效率。在此次金融产业结构改革期间，金大中政府对全国 2101 家金融机构中的 625 家以经营不善为由采取取消经营许可、合并重构、停止营业等惩罚性举措③。由于韩国政府对金融机构的结构性改革，韩国银行部门的从业人数从 1997 年的 113493 名减少至 1998 年底的 75332 名，在推进改革一年期间，裁员率高达 33.6%。④

此外，在全球范围趋于放松金融管制的趋势下，韩国政府也面临着金融市场开放的压力，韩国政府为提高金融机构信用评级、增强管理能力提升利润，推进对外国金融机构开放市场，进而，国内金融机构通过与外国企业展开竞争，提高竞争力。并且，韩国政府构建"短期资金预警体系"，避免汇率、利率的短期波动导致的资本流动性风险。⑤

关于企业部门改革，1998 年 4 月 29 日，金大中政府对外宣布设立"结构改革企划团"，1998 年 5 月 15 日设立"不良企业判定委员会"，由各银行机构自行判定不良企业。韩国银行部门针对 64 个财阀集团 313 家企业进行评价，1998 年 6 月 18 日，最终将其中的 55 家企业判定为不良企业。韩国政府先重点推进对"大买卖"（big deal）、企业资产负债率等企业结构方面的调整，后续推进企业治理结构的调整，具体调整措施大约有以下几点：

一是全面推进财阀企业之间的"大买卖"。为提升产业竞争力，韩国政府推进财阀集团之间的大买卖，即在韩国政府的引导下，财阀之间基于自身的竞争优势进行产业资产交换，进而有效解决韩国经济整体产能过剩问题。自 1998 年 3 月起，在金大中政府主导下，财阀集团之间不断探讨关于"大买卖"的问题，到 1998 年 12 月，在韩国政府与财阀集团之间第六次联席座谈会上，确定"五大集团结构调整推进协议"，决定在 8 个行业领域 5 大财

① 崔志鹰，朴昌根. 当代韩国经济 [M]. 上海：同济大学出版社，2010：235.
② 금융산업의 구조개선에 관한 법률 [A]. 법률 제 5257 호, 1997-03-01. 전면개정.
③ 최광. 기적의 한국경제 70 년사：농지개혁에서 K-Pop 까지 [M]. 북앤피플, 2018：237-238.
④ 崔志鹰，朴昌根. 当代韩国经济 [M]. 上海：同济大学出版社，2010：236.
⑤ 崔志鹰，朴昌根. 当代韩国经济 [M]. 上海：同济大学出版社，2010：238.

阀集团所属 16 家子公司和其他 3 家子公司等共 19 家企业进行"大买卖"。由此，韩国财阀企业多元化经营导致的竞争力下降问题得到一定程度的改善，财阀企业的主力行业缩减至 1~5 个[①]。

二是降低财阀企业资产负债率。韩国财阀在发展过程中依靠外部借债经营，整体资产负债率较高，1997 年底，韩国 30 家财阀的资产负债率平均达到 519%，这一数据远高于 1995 年底美国与日本的企业资产负债率 160%、206%[②]。财阀集团在政府主导型发展模式中，长期享受"官治金融"的优惠政策，不断扩大事业规模。在 1997 年金融危机前夕，财阀集团在逐渐失去核心竞争力的情况下，借钱成长模式不可持续，使韩国金融机构被迫承担韩国财阀经营不善导致的大规模不良债券，导致韩国金融机构信用评级下降而难以调动外汇。1998 年 2 月 13 日，韩国政府为降低企业经营风险，规定各企业集团必须与主要交易银行签署"财务结构改善约定"，1998 年 3 月 23 日，韩国政府要求五大财阀集团到 1999 年底为止，其他财阀集团到 2000 年底，将资产负债率降至 200% 以下，在此过程中，多数财阀集团因高资产负债率而被迫关闭。

三是推进企业治理结构改革。韩国大部分财阀企业集团从家族企业起步，在政府主导型发展模式中，自然形成少数"业主"的经营权垄断，因此，大多数股东与社会各界无法对企业经营进行评价与监督[③]。随着现代经济复杂化、专业化，现代企业更加需要专业管理人员来经营，因此，韩国政府与企业推进企业治理结构改革，并加快落实一系列改革措施，如扩大并购市场发展、加强银行对企业的监管力度、实施外部董事制度、加强核心股东的责任、维护小股东的权益、废除对机构投资者议决权的限制、采用合并财务报表、以主力行业为主调整财阀集团等举措。

关于劳动部门改革，金大中政府推进修改《劳动关系法》，制定《整理解雇法》《劳动者派遣法》。根据 OECD 对各个成员国的劳动雇佣关系保障评价，韩国雇佣关系保障水平在 OECD 成员国中仅次于葡萄牙，排在第二位。这意味着企业难以解除正式职员的雇佣合同。金大中政府制定的《劳动基准法》包括了对正式职员的解除雇佣条件，但解除雇佣条件难以成立，

---

①　崔志鹰，朴昌根. 当代韩国经济 [M]. 上海：同济大学出版社，2010：215.
②　崔志鹰，朴昌根. 当代韩国经济 [M]. 上海：同济大学出版社，2010：217.
③　崔志鹰，朴昌根. 当代韩国经济 [M]. 上海：同济大学出版社，2010：219.

实际上，劳动相关法律过度维护正式职员的权益，降低了韩国劳动市场的灵活度。

关于公共部门改革，金大中政府认为，韩国经济的结构改革必须先从公共部门开始，其具体目标为顾客优先、注重成果、以企业经营方式运营政府、政府行政透明度提升、政府机构的创造力提升等。为此，金大中政府不断推进缩小行政机构的规模、政府管理系统创新、采取开放性人员选拔机制、引进年薪制、实施国有企业民营化等改革工作。

第二节　信用卡大乱

韩国接受了IMF的金融救济，在IMF的强烈要求下，韩国不断加快推进韩国经济的全方位改革。由于韩国经济的不确定性加剧，韩国国民消费萎缩，这在一定程度上阻碍了金大中政府对韩国经济的全方位改革步伐。金大中政府为韩国经济复苏、刺激消费，积极推动信用卡业务的发展。韩国信用卡公司在政府支持下竞争性地扩大市场占有率，对信用等级较低的人发放信用卡，当时，韩国经济活动人口的人均持有信用卡数量约为4.6张。

信用卡的迅速不规范普及，引起持卡人的盲目过度消费，进而导致家庭负债的迅速扩张，2003年，信用卡贷款不良率达28%。据韩国金融监督院统计，个人信用失信人数量从1997年底的193万名增加至2004年的382万名，其中，个人信用失信人中的80%是信用卡消费逾期未偿还。[①]

后来，韩国政府禁止在街上办理信用卡、大学生申请信用卡等信用卡公司不当营销行为，但信用卡公司贷款不良率难以得到控制。结果，诸多信用卡公司面临倒闭，被迫实施结构调整。信用卡公司"国民卡"在2003年被母公司国民银行的事业部吸收合并，"外换卡""友利卡"在2004年被母公司外换银行、友利银行分别吸收合并。三星集团注入5万亿韩元救活"三星卡"，LG集团在2007年将"LG卡"出售给"新韩金融支柱"，与"新韩卡"合并。

---

① 김남희. 출혈전쟁이 부른 2003년 신용카드사태 [N]. EBN，2020-09-26.

第三节　IT 产业发展

金大中政府将 IT 信息产业设为韩国未来重点产业。1998 年 2 月 25 日，金大中在就任仪式中强调知识信息产业培养的重要性，强调韩国经济未来发展的动力在于信息产业。在总统任期 5 年期间，金大中政府对信息产业的投资规模达到 20 万亿韩元，其中约 10.2 万亿韩元投资于超高速互联网网络的铺设。进入 2000 年，金大中政府将信息化目标定为韩国国民的 82% 使用互联网，推进超高速无线网络覆盖至邑级农村地区，有 1000 万户家庭申请使用超高速互联网，超过 2000 万名韩国国民使用互联网。并且，金大中政府加强了 IT 人才的培养，2000 年，韩国在全球率先实现了在全国小学、初高中内覆盖超高速互联网，2001 年设置从小学一年级起的电脑课程义务教育，加强对家庭妇女、老年人的电脑课程教育。在金大中政府时期，在政府的大力支持下，IT 信息产业规模快速增长，从 1997 年的 76 万亿韩元增长至 2002 年的 189 万亿韩元。

卢武铉政府延续了金大中政府的政策方向，进一步加强对 IT 信息产业的培养力度，推进 "IT839 战略"，集中培养 IT 信息产业相关的 20 个领域。其中，数字 8 表示 8 个服务领域，包括移动互联网、数字多媒体广播（Digital Multimedia Broadcast）、家庭网络（Home Network）、远程信息处理（Telematics）、电子芯片、W–CDMA、DigitalTV、互联网电话；数字 3 表示 3 个基础设施领域，包括广域统合网（BCN）、USN（Ubiquitous Sensor Networks）、IPv6（Internet Protocol Version 6）；数字 9 表示 9 个领域的新增长动力，包括下一代移动通信、DigitalTV、家庭网络（Home Network）、ITSOC、下一代 PC、嵌入式软件（Embedded Software）、数字内容（Digital Contents）、远程信息处理（Telematics）、智能机器人。为实现 "IT839 战略"，卢武铉政府采取了一系列具体措施。卢武铉政府推出未来国家发展重点产业，呼吁相关产业从业企业积极参与。尤其是信息通信研究院与各大企业研究所进行密切合作，推动科研—生产—商业化的有机结合。同时改进大学专业课程设置，积极培养 IT 产业相关人才。积极推进国际合作，积极吸引外国 IT 企业对韩直接投资，助推韩国 IT 产业竞合发展。

从金泳三政府时期起，韩国坚持实施科技立国发展战略，推动韩国经济产业结构的转型升级，金大中政府重点培养 IT 产业，将 IT 产业看作韩国未来重点产业，在短时间进行了大量投资，在全国范围内全面覆盖了互联网、移动通信等基础设施。接着，卢武铉出台"IT839 战略"，持续增强韩国 IT 信息产业的竞争力。在韩国政府的大力支持下，韩国在半导体、手机、液晶显示器、数码电视、网络游戏等 IT 相关产业形成了比较优势。

第四节　住房问题

以往韩国政府对房地产市场的应对措施是临时性的。韩国政府为应对房地产价格上升，从 20 世纪 60 年代末期起实行关于房地产市场的投机限制政策，采取措施的性质主要为行政限制措施，即在房地产价格上升时期，政府临时采取房地产投机限制政策，在房地产价格趋于稳定或经济出现衰退迹象时，政府放宽房地产投资限制，刺激经济复苏。在韩国举办首尔奥运会的1988 年，房地产价格飙升，但卢泰愚政府遵循市场经济的供求规律，大力扩大首尔住宅房产供应量，有效控制了房地产价格的进一步上升。后来韩国学者们认为卢泰愚政府采取的扩大房产供应量的房地产政策是在韩国经济发展中最为成功的房地产政策。

卢武铉政府在房地产价格上涨时加强对房地产市场的管控，曾 40 多次出台反市场的限制政策，导致房地产价格创历史最高。比如 2003 年卢武铉政府执政初期，韩国最具代表性富人区江南区房价飙升，卢武铉政府出台了《10·29 房地产对策》，其中有一项政策将江南地区重建公寓的小户型公寓的建设比重强制规定为 60%，造成区内大户型公寓数量有限，价格上升。

与卢武铉政府的预期相反，《10·29 房地产政策》出台后韩国房产价格上涨趋势并未减弱，到 2005 年卢武铉政府再次出台《8·31 房地产对策》，其主要内容包括：房地产核算方法从个人核算方式转换为家庭核算方式；对住宅的课税标准额上调为公示价格 9 亿韩元以上；加强让渡税；以实际交易价为课税标准；税率区间从三个区间扩大至四个区间。整体上，《8·31 房地产对策》被视为历来最强的反市场限制性政策。

卢武铉政府出台各种限制性政策与加重房产税，力图实现房价稳定却导致房价加速上涨。卢武铉政府在《8·31 房地产对策》中提高了房产财产税，使税收负担从房东转嫁给租户，导致房产租金上涨。这导致韩国国民对卢武铉政府和执政党的支持率下降。

参考文献

[1] 崔志鹰，朴昌根. 当代韩国经济 [M]. 上海：同济大学出版社，2010.

[2] 최광. 기적의 한국경제 70 년사：농지개혁에서 K-Pop 까지 [M]. 북앤피플，2018.

[3] 금융산업의 구조개선에 관한 법률 [A]. 법률 제 5257 호，1997–03–01. 전면개정.

[4] 김남희. 출혈전쟁이 부른 2003 년 신용카드사태 [N].EBN，2020–09–26.

第五章

后民主化时期

李冬新[*]

第一节 经济外交政策

韩国自金大中政府以来，一直注重对朝经济援助和南北经济交流与合作，金大中政府对朝实行以和平、和解、合作为主要内容的阳光政策，卢武铉政府采取以和平交流和经济繁荣为主要内容的包容政策，旨在构建朝鲜半岛南北经济共同体。但自李明博 2008 年 2 月上台后，韩国对朝政策出现了较大变化。李明博对朝态度强硬，主张对朝经济援助必须与朝鲜弃核紧密联系，进一步推动朝鲜弃核、发展具有前瞻性的南北关系，提出了以"无核、开放、3000"为政策手段、以"共存共荣"为政策目标的对朝新政策。

朴槿惠于 2013 年 2 月 25 日就任韩国第十八任总统，是韩国历史上第一位女总统。朴槿惠在总统竞选中明确提出了"信任外交"这一外交政策，其政策主张和执政理念与李明博政府存在较大差异。朴槿惠主张，朝韩之间需要"信任外交"，韩国应摒弃通过限制对朝经济援助从而让朝鲜弃核的对朝政策，这样会使朝韩之间失去信任。要想使朝韩信任彼此，相互依赖，实现信任外交，韩国应该调整过去对朝鲜的外交政策，采取对朝"抑制力"提升

* 山东大学东北亚学院国际政治与经济系主任，副教授，中日韩思想库网络研究基地（威海）执行主任。同时，感谢 2020 级研究生肖若兰参与资料收集和编写工作。

与人道主义援助并存的"均衡政策"。同时，对于美国、中国等世界其他各国，韩国也将采用"信任外交"的外交政策。

2017年5月10日，在大选中胜出的共同民主党候选人文在寅宣誓就职韩国第十九届总统，结束了韩国因朴槿惠弹劾案造成的政治空白期，也结束了李明博、朴槿惠两届长达9年的保守党执政史。文在寅上台后急于改变韩国对朝态度和外交政策，倾向于采取软硬兼施的综合性举措。

一、李明博的对朝政策

（一）第一阶段："无核、开放、3000"三原则阶段（2008年2月至2008年7月）

李明博主张，发展建设性的南北关系必须要推动朝鲜弃核，将朝鲜弃核与对朝实行经济援助和推动南北关系正常化挂钩。同时，李明博表示，在朝鲜弃核前，韩国会采取积极措施维持南北和解与和平，这些措施包括：第一，韩国本着耐心和慎重的态度，加强国际共助，主要通过六方会谈积极推动朝美、韩朝密切协商来促朝弃核；在这一过程中，韩国将寻求与美、日、中、俄合作，推动建立朝鲜半岛和平机制和韩朝经济共同体。第二，韩国本着透明与互惠原则与朝鲜进行政策协调，不与其进行任何有关结束战争状态的对话。第三，韩国持续对朝进行人道主义援助，解决离散家属、朝鲜战争时期的韩军俘虏及韩军遗骸挖掘等问题，并就人权问题与朝坦率对话。第四，只要有益于南北关系，有助于朝鲜弃核，韩国愿意随时与金正日委员长进行直接会谈。第五，针对2007年朝韩首脑发表的《10·4宣言》，韩国将根据项目合理性、政府财政能力和国民认可度来履行协议内容。在朝鲜弃核后，韩国政府将启动"无核、开放、3000构想"，主要内容包括：朝鲜弃核后，韩国将向其提供400亿美元的国际合作资金，同时加大对朝经济投入，使朝鲜经济向出口导向型转变，力争在10年内使朝鲜人均收入达到3000美元[①]。此外，李明博还要求美国制定保障朝鲜体制的积极措施，加大对朝鲜的保障力度，通过美国方面给予朝鲜更多的安全感。因为李明博认为单凭韩国政府"无核、开放、3000"的政策无法给予朝鲜人民和朝鲜政府足够的安全感，

---

① 马云鹏.李明博政府对朝政策转变的原因及其影响[D].上海：上海交通大学，2011.

因而不能彻底推动朝鲜弃核进程,引导朝鲜开放。

(二)第二阶段:"共存共荣"政策阶段(2008 年 7 月至 2009 年 8 月)

李明博政府一改沿袭 10 年的对朝"和平、和解、合作"政策,推行对朝"实用主义"政策,朝鲜方面以强硬态度坚决反对"无核、开放、3000"的对朝新政策,并对李明博政府出台这一政策表示强烈不满,朝韩关系迅速降至冰点,朝鲜半岛局势出现紧张态势。据《人民日报》报道①,朝鲜经过对韩国新政府一段时间的沉默观察后,调整了对韩政策:第一,对韩国新政府所推行的加强韩美日军事同盟政策表示谴责,认为"这不仅导致朝鲜半岛及周边地区局势出现紧张,还进一步增强了爆发核战争的危险"。第二,朝鲜认为韩国新政府推行的对朝强硬政策,"肆意践踏北南宣言及各项协议,盲目追随外部势力,并与朝鲜对立"。因此,朝鲜"只能改变态度"。朝鲜强调,李明博新政府应对南北关系僵局和朝鲜半岛的和平与安全遭到破坏"负全部责任"。在朝鲜对李明博政府"新政"的强硬态度和强烈反击下,加之韩国国内突如其来的韩美"牛肉风波"事件的冲击,李明博政府在对朝态度上逐渐出现缓和。李明博于 2008 年 7 月 11 日在新一届国会第一次会议上表示将恢复南北全面对话,并将继续向朝鲜经济等多方面提供援助。韩国统一部于 2008 年 7 月 31 日正式宣布李明博政府将推行"共存共荣"的对朝新政策并公布了政策内容。但是,"共存共荣"的对北新政策与"无核、开放、3000"三原则相比,内容并无太大变动,也并未针对缓和南北关系提出实质性的解决措施。

(三)第三阶段:"朝鲜半岛新和平构想"阶段(2009 年 8 月至 2010 年 12 月)

李明博于 2009 年 8 月 15 日光复节 64 周年纪念致辞中首次提出"朝鲜半岛新和平构想",表示韩国愿意在"任何时间"同朝鲜进行"任何级别"的对话,并初步设想通过国际合作以及经济、财政、教育等对朝五大开发项目提供对朝鲜方面的援助,分阶段改善朝鲜居民生活质量。同时,李明博表

---

① 徐宝康.朝韩关系起风云 半岛局势遇"寒流"[N].人民日报,2008-04-03.

示朝韩双方应相互缩减常规武器和兵力，进行开诚布公的谈话，推动朝鲜弃核，努力解决朝核问题。对此，李明博政府首次就发展面向未来的南北关系明确地提出了统一方案，即"和平共同体""经济共同体""民族共同体"三个阶段的统一方案。李明博将南北关系正常化、朝韩达成和平和解分成了"和平共同体"和"经济共同体"两个阶段，即必须要在保障朝鲜半岛和平与安全的基础下，再进行经济合作和交流。如果朝鲜同意弃核，韩国将继续对朝鲜提供多方面的援助。2009年9月22日，李明博向朝鲜提出"大妥协方案"，并认为"大妥协方案"是朝鲜的最后机会，希望朝鲜能放弃核武器以获取安全保障和经济援助。同时，李明博提出国际社会应以保障朝鲜安全、向朝鲜提供经济援助为条件，换取朝鲜放弃核武器。2010年1月，韩国政府决定进一步推进李明博政府提出的"朝鲜半岛新和平构想"，并根据朝核问题协商进展情况向朝鲜提出相关事宜。《2010年业务计划》提出了9大重点推进项目，其中第一项就是"为解决朝核问题创造新转机，要推动'大妥协方案'和具体实行'朝鲜半岛新和平构想'"①。

二、朴槿惠的"信任外交"政策

韩国外交部于2013年3月27日发布了《迈向国民幸福和希望新时代的信任外交：2013年外交部工作报告》②，在报告中一方面对朴槿惠政府所开展的外交工作进行了阶段性总结，另一方面对朴槿惠政府推行的"信任外交"政策进行了较为详细和系统的阐释。报告指出，韩国信任外交大致分为两个方面：一是对朝鲜的"信任外交"，即"构建半岛信任进程"；二是对世界其他国家的"信任外交"。

（一）对朝鲜的"信任外交"

韩国的"信任外交"不只是单纯的外交口号，而是具有系统性的政策规划和具体的外交内容。朴槿惠曾在美国《外交事务》杂志上发表题为《面向新的朝鲜半岛》的文章，并在文中较为详细地阐释了"信任外交"政策的基

---

① 韩国政府将推进"朝鲜半岛新和平构想"[EB/OL].https://news.sina.com.cn/w/2010-01-13/214119462188.shtml.
② 该报告韩语名称为"국민행복, 희망의 새 시대를 여는 신뢰외교：2013 외교부업무보고"，本文所引用的韩国外交部发布的《迈向国民幸福和希望新时代的信任外交：2013年外交部工作报告》来源于韩国外交部官方网站。

本构想。朴槿惠指出：缺乏信赖是长久以来南北关系难以真正和解的基本原因，因此韩国应该对朝鲜积极推行"信任外交"。但是信任外交并不意味着韩国无条件的或单方面的信任，也不意味着忘记朝鲜无数次的"侵犯"和给朝鲜提供新的刺激奖励。相反，它应该包括两个共存的方面：必须要明确朝鲜违背和平协议所产生的后果。为了确保稳定性，应该保证信任外交基于可检验的行动时针对具体问题能得到一贯的连续性执行，而且在采取行动时不应该只考虑政治的便利性[①]。也就是说，韩国对朝鲜的"信任外交"其实是基于韩国政府对朝鲜拥有足够的军事威慑力之上的，首先韩国要在整体实力上对朝鲜具有绝对的威慑力，然后逐步在南北关系中积累信任，最终实现朝鲜半岛的和平。

此外，朴槿惠认为需加强与世界各国的同盟关系，一方面是韩国与国际社会持久的信任有助于韩国的发展，另一方面韩国与其他国家缔结同盟关系可以进一步推动朝韩问题的解决和朝鲜半岛的统一。首先，韩国与美国加强韩美同盟可以向朝鲜方面传达"朝鲜只有对自己的行为负责，才能更好地保护自己的政权和人民"的信息。其次，韩国与中国加强同盟关系能进一步加强中韩互信，推动中韩合作，在一定程度上有助于维护朝鲜半岛的和平统一。

因此，朴槿惠认为，韩国对朝鲜应坚定实行"信任外交"和"均衡政策"。若南北双方结束对抗，关系缓和，朝韩两国合作就会更加密切，朝鲜半岛也可能成为经济枢纽；若朝鲜选择弃核，朝鲜就可以通过与韩国建立经济特区等方式加强与韩国的经济合作，通过世界银行等机构吸引外资从而获得经济援助。这样的发展模式更有利于维持朝鲜半岛的和平与稳定，加快半岛统一进程，并鼓励在东北亚地区的经济和安全合作逐步制度化。

（二）对世界其他国家的"信任外交"

《迈向国民幸福和希望新时代的信任外交：2013年外交部工作报告》指出，韩国外交的核心目标主要有以下三方面：一是努力维护朝鲜半岛和东北亚地区的和平安全及共同发展；二是要积极推进践行"信任外交"政策；三是增加国民幸福指数并促成"魅力韩国"的实现。为了实现以上三方面的核心外交战略目标，韩国提出了促成这些战略目标实现的促进战略，那就是通

---

① 张键.论韩国朴槿惠政府的"信任外交"政策[J].当代韩国，2013（4）.

过积极开展依托于韩国全体国民的信任外交，从而增进韩国国民、朝鲜半岛和全世界人民的福祉。

在提出了明确的核心外交战略和信任外交的实施路径以后，该报告又提出了信任外交的七大具体内容：一是强化解决朝鲜问题的动力；二是加强韩美同盟、协调韩中关系及稳定韩日关系；三是发展"东北亚和平合作构想"和扩大与欧亚大陆的合作；四是使韩国成为对世界和平与发展做出积极贡献的中坚强国；五是保护海外韩国国民的安全和权益，推进公共外交；六是加强经济合作力量；七是扩大韩国政府开发援助（ODA）及促进优质统筹的国际开发合作。

三、文在寅的朝鲜半岛政策

2017年7月6日，文在寅总统在德国柏林发表演讲，提出并系统阐释了"朝鲜半岛和平构想"，被称为"柏林构想"。2017年7月18日，韩国政府发布了包含未来五年施政方向和工作计划的"国政运营五年规划"，并在其中公开了"韩朝关系发展蓝图"。"韩朝关系发展蓝图"是对"柏林构想"的进一步补充和完善，也是对金大中政府、卢武铉政府和朴槿惠政府过去在对朝和平和解合作方面的继承和补充。

其主要内容包括：一是在沿袭金大中政府"阳光政策"和卢武铉政府"包容政策"的基础上，积极地主导朝鲜半岛事务，缓和南北关系，积累互信，推进朝鲜无核化进程；二是停止在军事分界线两侧的敌对行为，推进朝韩高级别会谈，针对朝核问题和《和平协定》等朝韩之间面临的多方面问题进行开诚布公的谈话；三是重启朝韩经济交流，推进重启开城工业园区、金刚山旅游等朝韩经济合作项目，加强半岛的经济互动，为半岛经济统一的实现奠定基础；四是在不损害国际社会对朝制裁框架的范围下，适当开展民间交流活动，对朝鲜给予人道主义援助，营造朝鲜半岛和平稳定的氛围；五是通过朝韩铁路相连，实现全新的海陆丝绸之路，与中国的"一带一路"倡议对接；六是推进"西海和平合作特别地带"的设立，指定统一经济特区并设立韩朝共同管理委员会，推动韩朝周边地区的发展，为朝鲜半岛的统一铺路。

2017年11月底，韩国统一部发布了《文在寅的朝鲜半岛政策：和平与繁荣的朝鲜半岛》，标志着文在寅政府对朝政策的进一步完善。文在寅政府以"引领朝鲜半岛南北关系、和平与统一、新经济地图等朝鲜半岛未来综合性构想"为宗旨,正式推出了由"政策背景""政策前景展望""三大目标""四大战略""五大原则"构成的"文在寅的朝鲜半岛政策"。[①]

第一,政策背景,强调四点:朝鲜半岛存在偶发军事冲突的危险;必须考虑朝鲜政权的安危;必须构筑可持续发展南北关系的基础,努力与周边国家维持和平关系;需要将南北经济结为一体,并绘制出延伸到大陆和海洋的"新经济地图"。

第二,政策前景展望,包括"和平共存"与"共同繁荣"两项内容。

第三,三大目标,即制裁与对话并行,和平解决朝核问题;遵守南北各项协议并将其法制化,发展可持续的南北关系;构建朝鲜半岛"新经济共同体"。

第四,四大战略,包括分阶段一揽子解决问题;推进朝核问题和韩朝关系;韩朝关系发展制度化;以互惠合作构筑和平统一的基础。

第五,五项原则,即韩国主导朝鲜半岛问题的解决;通过强大的安保维持和平;以相互尊重为基础发展韩朝关系;重视韩朝协议并与民众沟通;与国际社会合作促进政策实施。

该政策体系以实现朝鲜半岛和平为中心理念,力图加强韩朝关系发展的自主性。首先,两大前景、三大目标提出了双方的共同利益诉求,能让韩朝双方容易形成共识。其次,四大战略强调韩朝关系制度化、规范化和可预期性,从机制上设计出了韩朝关系改善的路线图。最后,五项原则强调了"自主原则""和平原则""法律原则""民主原则""协调原则",通过凝聚各方共识,以更加融合的方式解决朝鲜半岛和平统一问题[②]。

第二节　绿色新政

2008年8月15日,李明博总统在纪念韩国光复63周年和韩国建国60周年国庆大会上发表演讲时,正式提出了"低碳经济、绿色增长"的构想,倡议韩国通过"绿色经济增长战略"走可持续发展道路。绿色增长就是通过减少温室气体的排放和控制污染环境的污染源,创新绿色技术和开发清洁能

---

① 朴键一. 文在寅政府的对朝政策全面出台 [J]. 世界知识, 2018 (3).
② 梁立昌. 文在寅政府对朝政策与朝鲜半岛局势演变 [J]. 东北亚学刊, 2019 (3).

源，从而带动国家经济发展的一种新型发展战略。李明博总统认为"绿色增长"是继"汉江奇迹"后，有望再创半岛奇迹的经济战略。

2009年1月6日，韩国总统李明博主持新年的第一次国务会议，会上通过了政府提出的"绿色工程"计划。该计划将在未来4年内投资50万亿韩元（约380亿美元）开发36个生态工程，并因此创造大约96万个工作岗位，用以拉动国内经济，并为韩国未来的发展提供新的增长动力。这一庞大计划被称为"绿色新政"[①]。

韩国低碳绿色增长战略主要包含三方面的内容：一是减少温室气体排放和适应气候变化，确保能源安全；二是创造源自绿色科技的绿色增长动力；三是提升绿色生活方式和国际地位。韩国政府采取的具体措施如下：加快国内绿色交通系统建设，包括建设低碳铁路、自行车道路和公交系统；修建中小型环保型水坝，增加河流的储水功能，并减弱洪水和其他水灾；投资生产低碳汽车，开发混合型汽车和开发太阳能、风能及其他可再生的清洁能源等。同时，政府投资3万亿韩元用于扩大森林面积，提供23万个就业岗位；在全国修建200万个绿色住宅和办公室，即建设200万户具备太阳能热水器等的绿色家庭，并将20%的公共照明设施更换为节电型灯泡[②]。

绿色经济增长战略的战略目标主要有以下三点：

第一，使用最少能源，完成低碳能源。2008年8月，韩国政府制定了《国家能源基本规划》，指出新能源和可再生能源的比重将在2030年达到11%，能源技术水平将于2030年达到世界最高水平，油气自主开发率将由现在的4.2%提升到2030年的40%。

第二，将绿色能源产业作为发展动力。2008年9月，韩国政府推出《绿色能源产业发展战略》，确定了绿色经济产业发展战略中作为优先增长的9大重点领域：光伏、风力、高效照明、电力IT、氢燃料电池、清洁燃料、高效煤炭IGCC（整体煤气化联合循环技术）、CCS（碳捕捉及封存技术）和能源储藏，同时推进作为阶段性增长动力的6个领域：热泵、小型热电联产、核能、节能型建筑、绿色汽车和超导。

第三，创造新增长动力，将节能减排的危机转化为创造收益的机会。韩国大力发展国内碳市场，将通过减排项目所取得的排放权供给碳市场，并且

---

①② 赵刚. 韩国推出绿色新政确立低碳增长战略 [EB/OL].http：//finance.sina.com.cn/roll/2009 0923/18046785386.shtml.

提供资金和咨询，发展专门交易企业等①。

为了绿色经济增长战略的迅速推进，2009 年 7 月，李明博政府公布了《绿色增长国家战略及 5 年计划》，计划在五年（2009~2013 年）间，每年将韩国 GDP 的 2%（约为 107 万亿韩元）用于发展绿色经济。同时，韩国计划在 2020 年以前跻身世界七大绿色强国，在 2050 年以前跻身世界五大绿色强国。2010 年 4 月 14 日，韩国政府公布了《低碳绿色增长基本法》施行令并正式推行这一法案，该法案为低碳绿色增长战略的实施提供了强有力的法律保障。之后，韩国环境部又设立了"温室气体综合信息中心"，负责温室气体排放量减少的推进。

第三节　欧亚倡议

2013 年 2 月，朴槿惠当选韩国新一届总统后，正式提出韩国新一轮的经济目标，即发展"创造型经济"。朴槿惠总统首次提出"创造型经济"构想这一理念是在 2012 年 8 月参加总统大选时，朴槿惠主张只有发展"创造型经济"才能真正实现韩国经济增长。"创造型经济"就是"以想象力、创意和科技为基础，创造新的增长动力、市场和就业，推动韩国经济实现质的增长并迈向新的阶段"。2013 年 2 月，朴槿惠当选总统后对"创造型经济"进一步详细地进行了阐释："以增加就业为中心的创造型经济"，即"在所有领域发挥想象力和创意，促进产业融合，创造新的附加值和就业岗位，改变以资本投入为主的追赶型战略，运用科技和人力资源提高生产力，实现引导世界市场的领跑型战略"②。

为有力推进这一政策的实施，朴槿惠在推行政府组织改造时不顾众人反对，设立未来创造科学部，该部以塑造和创造经济生态环境为宗旨，负责制定和落实创造型经济的相关政策。未来创造科学部在韩国政府部门中排第二位，仅次于企划财政部。2013 年 6 月，未来创造科学部颁布《创造型经济实现计划》和《创造型经济生态系统建设方案》，提出三大目标：

---

① 赵刚. 韩国推出绿色新政确立低碳增长战略 [EB/OL]. http://finance.sina.com.cn/roll/20090923/18046785386.shtml.

② 王琳. 朴槿惠政府"创造型经济"及启示 [J]. 前沿，2014（10）.

第一，通过创新和创造增加就业机会，开拓新市场；第二，紧跟全球潮流，扩大"创造型经济"在全球范围内的影响力；第三，通过以文化创意为内驱力的"创造性经济"营造社会的创新创造氛围。为此，朴槿惠政府提出了"创造型经济"的6大战略和24项课题（见表5-1），投入40万亿韩元在韩国17个城市和道设立"创造经济革新中心"，为青年创业者提供良好的社会环境，并致力于贯彻6大战略和24项课题的落实，进一步推动韩国经济发展。

表 5-1　　　　朴槿惠政府"创造型经济"6 大战略和 24 项课题

6 大战略	24 项课题
1. 奖励创意并营造轻松创业的社会生态系统	（1）扩大对创意和技术创新的投资 （2）创造有利于创业的条件 （3）创意和技术知识产权的保护及运用 （4）促进创意型资本的应用和商业化 （5）支持创业失败后的再次挑战
2. 帮助风险投资企业和中小企业成为创造型经济的主力军并大力开拓全球市场	（6）打造风险投资企业和中小企业的成长基础 （7）支持风险投资企业和中小企业开拓全球市场 （8）促进中小企业和大企业的合作与共同繁荣 （9）解决风险投资企业和中小企业的雇佣难等问题
3. 开拓新的产业和市场，培育增长新动力	（10）融合现代科技和 ICT，激发传统产业的新活力 （11）培育以广播、网络为基础的新产业及高附加值的内容产业 （12）通过人力资源和技术革新开拓新的市场 （13）发掘和培育潜力产业 （14）改进规章制度，推进产业融合
4. 培养富有梦想和挑战精神的创意人才	（15）培育融合性创意人才 （16）鼓励和培育创业精神和企业家精神 （17）支持创意人才开拓海外市场，吸引国外创意人才来韩创业
5. 加强科技和信息通信技术（ICT）的创新能力	（18）改善研发投资体系，加强实际应用水平 （19）推进 ICT 革新，推动创造型经济加速发展 （20）加强以创造就业为目的的产、学、研和地方间的合作 （21）发挥科技和 ICT 优势，解决气候、环境等全球性问题
6. 培养国民和政府共同参与的创意文化	（22）营造有助开拓创造力和想象力的创意文化 （23）构筑"政府 3.0"，融合公共资源和国民想象力 （24）改革政府工作方式，使之符合"创造型经济"的需要

资料来源：王琳. 朴槿惠政府"创造型经济"及启示 [J]. 前沿，2014（10）.

2013 年 10 月 18 日，朴槿惠总统在首尔举行的"欧亚时代的国际合作大会"开幕式上发表了主题演讲，并提出了"欧亚合作倡议"这一经济外交构想。"欧亚合作倡议"指的是重点开发中亚地区，使其发挥连接欧洲和东亚地区的桥梁作用，推动欧亚经济合作，构建"亚欧和平共同体"[①]。

2015年9月10日，朴槿惠总统出席了"欧亚交通·物流国际研讨会"，并在会上强调了为实现"欧亚合作倡议"而构筑欧亚大陆网的重要性和加强韩国与欧亚国家合作的必要性。其中，"欧亚丝绸之路亲善特级列车"是"欧亚合作倡议"的核心内容之一，指的是建立贯通朝鲜半岛、中国、俄罗斯和中亚，最终直达欧洲的交通网络和能源网络，从而扩大欧亚大陆在经济、交通物流、能源等多个领域的合作。

"欧亚合作倡议"的核心概念包括三方面："整体的大陆""创造的大陆""和平的大陆"。"整体的大陆"指的是将欧亚地区联结为一个有机整体；"创造的大陆"指的是着重培养欧亚地区经济方面的创新和创收能力；"和平的大陆"指的是通过欧亚国家彼此之间积累互信，推动欧亚大陆的和平发展和共同繁荣。"欧亚合作倡议"的主要目标包括：为实现"整体的大陆"而促进欧亚地区国家间的互联互通，为实现"创造的大陆"而深化欧亚各国间的合作关系，为实现"和平的大陆"而构筑走向朝鲜半岛和平与繁荣的道路。

在"欧亚合作倡议"提出后，朴槿惠总统积极向欧亚各国宣传这一构想，多次通过亚欧首脑会议等国际场合对"欧亚合作倡议"进一步进行阐释，寻求韩国与俄罗斯、中国和中亚等国的合作。2013年11月，朴槿惠与俄罗斯总统普京宣布两国将为推进"欧亚合作倡议"、维护半岛和平与稳定开展合作。2014年4月，在"韩国—中亚合作论坛"上，韩国与中亚五国决定设立"韩国—中亚合作事务局"，以促进"欧亚合作倡议"的落实。2015年10月，中韩签订"一带一路"和"欧亚合作倡议"有机对接合作谅解备忘录，宣布双方将共同挖掘"一带一路"和"欧亚合作倡议"与两国自身发展的契合点，共同推进在政策沟通、设施联通、投资贸易畅通、资金融通、人员交流等领域的合作[②]。

---

① 朴槿惠：实现"欧亚合作倡议"需构筑欧亚大陆网 [EB/OL]. https://news.sina.com.cn/o/2015-09-11/111632299413.shtml.
② 汪伟民. 韩国欧亚战略的演进：过程、特征与展望 [M]// 韩国研究论丛. 北京：社会科学文献出版社，2017.

第四节　萨德问题

在朝鲜进行了第四次核试验之后，韩国正式宣布引入末段高空区域防御系统——"萨德"。"萨德入韩"是美国蓄谋已久的战略举措，美国借朝核危机的深化向韩国部署"萨德"系统，加强美日韩三边军事合作，借"萨德"实现其"亚太再平衡"战略，以制约中俄的战略威慑力，提升其在亚太地区的战略影响力。"萨德入韩"无疑进一步加剧了朝鲜半岛的紧张和对立，打破了东北亚地区的战略平衡，损害了包括中国在内多国的国家安全利益，导致了朝鲜、中国等国民的强烈不满，并对中韩政治安全、经济合作和文化交流造成了较大的负面影响。

第一，在中韩政治安全方面。自 1992 年 8 月 24 日中韩建交以来，中韩两国最高领导人通过持续的交流与会晤，不断增进两国互信，使中韩关系总体保持良好健康且稳步上升的发展趋势。特别是在朝核问题上，两国达成维持东北亚地区和平与稳定的共识，保持着密切的联系。在朴槿惠总统上台后，其对华政策的调整使得两国外交关系从李明博政府期间的"全面伙伴关系"上升到"战略合作伙伴关系"。中韩两国加强了在各个领域的合作，尤其是在政治安全方面的合作。2013 年 6 月 27 日至 30 日，朴槿惠总统对中国进行了第一次国事访问，两国签署了《中韩面向未来联合声明》，双方就中韩关系、南北关系、东北亚地区局势等国际问题深入交换了意见，在互信基础上进一步发展了中韩战略合作伙伴关系。此后，朴槿惠总统也与中国保持密切联系并多次与习近平主席进行首脑会谈。2015 年 9 月 2 日，朴槿惠出席了中国举行的纪念中国抗日战争暨世界反法西斯战争胜利 70 周年的阅兵式，中韩进入"新蜜月期"。此时，双方在政治领域的互信达到新高度，中韩之间的安全合作及战略沟通机制得到显著升级。然而，随着朝鲜核试验进程的不断推进，韩国不顾中国的反对，决定部署"萨德"系统。随着韩国部署"萨德"、美韩军演规模的持续扩大及美日韩同盟关系的不断深化，中韩两国在政治立场上出现较大分歧，互信关系受到严重影响，安全问题成为两国交流的障碍。在朝鲜进行了第四次核试验之后，韩国正式宣布引进"萨德"，直接对中国地缘政治造成了巨大威胁，破坏了两国之前签署的安全协议和达成的战略合作。

第二，在中韩经济合作方面。中韩两国自 1992 年建交以来，在经贸合作方面交流密切。中国是韩国的第一大贸易合作伙伴，韩国也于 2016 年超过日本成为中国第二大贸易合作伙伴。2015 年中韩签订自由贸易协定之后，两国经贸合作进一步深化，合作领域全方位扩大，进一步促进了中韩两国经济发展。中韩的贸易总额从 1992 年的 50 亿美元迅速增长为 2016 年的 2144 亿美元，远超韩日和韩美的贸易总额。但是，2017 年"萨德入韩"对韩国企业造成了经济损伤，韩国经济进入"停滞期"。最为显著的是中国赴韩游客锐减，韩国旅游业备受打击。受"萨德事件"影响，韩国 161 家经营中国游客赴韩旅游的旅行社经营萧条，多家旅行社停业倒闭。中国作为韩国最大的客源国，中国游客锐减直接导致了韩国入境游人数和旅游收入大幅减少。据韩国观光公社统计，2017 年中国内地赴韩游客约为 416.9 万人次，同比减少 48.3%[①]。同时，作为韩国免税店的消费主力军，中国游客的锐减间接导致了韩国免税店巨大的经济损失。据韩国《亚洲经济》报道[②]，韩媒《韩民族》对韩国主要企业在中国市场因"萨德事件"受到的损失进行了统计，仅 2017 年上半年受损就高达数万亿韩元。现代起亚汽车上半年在中国市场仅售出 42.9 万辆，重新回到了 2009 年刚进入中国市场时的水平，营业损失达 5 万亿韩元。2017 年前 3 个月韩国免税店经济损失高达 6000 亿韩元左右，乐天玛特在中国的 99 家店铺中，有 87 家停业，一直在中国市场热销的零食品牌好丽友也销量锐减，销售额同比减少 40%。韩国媒体普遍引用的一个统计说，韩方因"萨德入韩"一共蒙受了 120 亿美元的损失，拉低了韩国 GDP 0.4 个百分点。由此可见，"萨德入韩"严重挫伤了韩国经济，阻碍了中韩经济关系的持续健康发展。

第三，在中韩文化交流方面。"萨德入韩"对于中韩文化交流造成的负面影响更加明显。萨德入韩前，中韩两国文化交往领域广泛，形式多样，两国在文化领域有着密切且多层次的联系和交流。中韩两国一衣带水，同属东

---

① 韩国观光公社：2017 年中国内地赴韩游客约为 416.9 万人次，同比减少 48.3%[EB/OL]. http://www.199it.com/archives/698026.html.
② 韩媒：韩企因萨德奄奄一息 上半年损失数万亿韩元 [EB/OL]. https://www.sohu.com/a/155407207_123753.

亚儒家文化圈，两国在文化认同和价值观念等方面有诸多相似之处，随着中韩交流的不断推进，两国的文化认同感进一步加强，在文学和艺术等文化领域的交流愈发密切。韩剧和韩国综艺节目、韩范服饰、韩国明星等在中国掀起了"韩流"，而"汉语热""汉风"等也在韩国掀起了学习汉语的热潮。教育部发布的 2014 年来华留学生数据显示，在华韩国留学生人数为 62923 人，位居各国在华留学生人数榜首。同样，中国留学生也是赴韩留学的主力军。据统计，2015 年在韩留学生人数首次突破 10 万大关。从国籍来看，中国留学生共计 6.194 万人，位居首位。两国政府互设奖学金，民间财团积极为中韩留学生交流提供帮助①。但随着"萨德事件"的发酵，中韩文化交流由盛转衰。韩国乐天集团在与韩国政府签署部署"萨德"换地协议后，引起中国国民强烈不满，并自发组织抗议和游行活动，抵制韩国产品和赴韩活动。在旅游产品方面，中国国家旅游局发布官方公告提醒中国公民谨慎赴韩旅游，各大旅行社均下架了赴韩游产品；在影视作品方面，中国限制韩剧和韩国综艺节目的播出，韩国影视剧开播时间推迟，并禁止在中国开展任何形式的宣传活动……"萨德入韩"使"韩流"变"寒流"，中韩文化交流迎来史上最大寒冬。

第五节　朴槿惠"闺蜜门"事件

继萨德问题后，朴槿惠"闺蜜门"事件于 2016 年 10 月 24 日爆发，从 10 月 29 日起韩国民众走上街头抗议崔顺实干政，要求朴槿惠下台，并于每周六举行烛光集会，风雨无阻，每次参加示威的人数从几十万到上百万不等。12 月 3 日，集会人数达到 232 万，创下了韩国宪政史以来的新纪录。除首尔外，在全国各主要城市也纷纷举行规模不等的烛光示威集会。主办方表示，示威活动会坚持到朴槿惠下台为止。2016 年 12 月 9 日，韩国国会以 234 票赞成、56 票反对、2 票弃权、7 票无效，以远远超出所需的 2/3 票数通过了

---

① 在韩留学生首次突破 10 万大关 中国学生人数居首 [EB/OL]. http : // www.chinanews.com/hr/2015/10-27/7591288.shtml.

弹劾总统朴槿惠的议案（国会总议席为 300 席，其中 1 位议员退场）[①]。2017 年 3 月 10 日，韩国宪法法院对总统弹劾案做出裁决，宣布朴槿惠总统弹劾议案成立，朴槿惠立即被罢免，成为韩国历史上首位被弹劾罢免的总统。3 月 11 日，由 1500 多个民间组织联合组成的"要求朴槿惠政府下台的非常国民行动"组织在首尔光化门广场举行第 20 轮烛光集会，参加者宣布宪院做出弹劾判决是烛光民意的胜利，并要求逮捕被罢免成为一介平民的朴槿惠，严惩"亲信干政"案件的共犯，清除朴槿惠政府积弊等。除首尔外，光州、釜山、蔚山、大邱、大田、济州等地区也举行了欢迎宪院弹劾判决的烛光集会。据统计，4 个月间累计有 1600 多万人次参加了周末烛光集会[②]。公民自发的"广场民主"引导政界从观望走向直接参与，成功地促成了国会通过弹劾案，伸张了民意，烛光集会也被韩国媒体和舆论称为"公民革命"，将对未来的韩国政治产生深刻影响[③]。

朴槿惠弹劾案的通过是多方面因素共同作用的结果：第一，韩国执政党新国家党分裂后，执政党多数议员"倒戈"，朴槿惠的执政基础被严重削弱；第二，在韩国国会席位中，在野党占大多数，三大在野党提交朴槿惠弹劾案并全力推动弹劾案的进程；第三，负责"亲信干政"事件的调查人员恪尽职守，秉公执法，严格查明真相；第四，负责审判朴槿惠弹劾议案的宪法法院法官们裁决公正。多方面的合力作用，促成了韩国 56 年宪政史上首次通过弹劾案罢免现任总统的案例。

朴槿惠从韩国历史上第一位女总统到韩国宪政史上第一位通过弹劾被罢免的总统，从执政初期的民心所向、国民拥护到"亲信干政"事件爆发后的民众示威游行、众叛亲离，这一弹劾案对韩国政治、经济、民主、法治等各个领域都产生了深刻的影响。朴槿惠弹劾案作为韩国宪政史上里程碑式的事件，一方面极大地提高了韩国国民的参政意识和政治觉悟，另一方面也为韩国未来的总统制定外交决策敲响了警钟。从全球范围来看，个别国家的政治格局受民粹主义崛起的影响已经发生改变，新的政治时代悄然来临。朴槿惠弹劾案暴露了韩国的政治积弊，揭示了错误的外交政策有可能导致国内的政治危机，而此次政治危机为韩国政治转型和经济发展提供了契机。

---

①③　李敦球. 朝鲜半岛 2016 年十大新闻事件 [N/OL]. 中国青年报，2017-01-04，https：//opinion.huanqiu.com/article/9CaKrnJZy7U?w=280.

②　韩"倒朴"烛光集会收官，"挺朴"团体吹响集结号 [EB/OL]. http：//news.10jqka.com.cn/20170312/c596825590.shtml.

第六节　南北经济合作

为促进南北经济交流合作，文在寅总统非常重视韩国与俄罗斯等北方国家的经济合作，推出了"新北方政策"和"新南方政策"两大经济外交政策，旨在通过两大政策推进朝鲜半岛的经济合作，与俄罗斯、中国加强联系，通过互联互通实现欧亚共同繁荣。

一、新北方政策

文在寅总统上任不久就决定成立总统北方经济合作委员会（PCNEC，简称"经合会"），2017 年 8 月底任命资深议员宋永吉为副总理级的经合会委员长，9 月初在符拉迪沃斯托克东方经济论坛上表示将积极推进"新北方政策"，12 月初经合会召开第一次会议并公布"九桥战略规划"，2018 年 4 月 10 日经合会公布中文版"新北方政策"与"一带一路"对接的政策文件[①]。

2017 年 7 月，文在寅总统在德国柏林发表演讲时提出了"新北方政策"这一构想。之后韩国政府公布"国政百大课题"，明确宣布实施"新北方政策"，由此"新北方政策"成为文在寅政府推动南北经济交流与合作的重要推动力。"新北方政策"主要是通过推动"九桥"战略、地区差异化战略、制度和金融基础设施构建、人文交流、支援企业发展，从而促进多边投资、贸易等多个领域的经济交流与合作。

"九桥"战略作为"新北方政策"的核心内容之一，包含了九个方面的内容：第一，追加引进俄罗斯液化天然气管道，实现天然气进口多元化，并期待未来构筑连接韩、朝、俄的输气管道；第二，利用西伯利亚大铁路，节约物流成本，并将其与朝鲜半岛铁路网连接起来；第三，对远东港口开展现代化建设；第四，在中、韩、俄、日、蒙等国间构建共享电力的广域电网；第五，将北极航线打造成新物流运输渠道；第六，建造破冰液化天然气运输船及相关船厂；第七，开展种子研发、种植研究等农业合作；第八，构建水

---

① 薛力.文在寅政府"新北方政策"评析 [J].世界知识，2018（9）.

产品综合园区，确保水产资源开发；第九，打造韩、朝、俄共同参与的滨海工业园区。而在中韩合作方面，"新北方政策"的注意力集中于与"一带一路"建设对接和与中国东北三省开展合作方面①。

"新北方政策"的合作地区和合作对象包括俄罗斯等独联体国家、中国和蒙古国。但是韩国的首位合作对象是俄罗斯而不是中国。首先，"九桥"战略包含的九个方面内容基本都与俄罗斯密切相关，尤其是引进俄罗斯液化天然气、打造北极航线等。文在寅任命宋永吉为北方经合委委员长，负责推进同欧亚国家的经济合作。宋永吉在访俄时向俄罗斯总统普京表达了韩国希望与俄罗斯探讨开发远东地区相关事宜的想法，俄罗斯方面也给予积极的回应。由此可见，韩国将俄罗斯作为首要合作对象的原因主要有：一是韩国与俄罗斯合作领域广泛，有较大的提升空间；二是韩国通过与俄罗斯的合作，可以更好地发挥本国的比较优势；三是俄罗斯对朝核问题干预较少，两国在合作方面受朝核问题影响较小。

因此，中国受朝核问题和韩美军事同盟等因素的制约，成为韩国"新北方政策"的第二位的合作对象。虽然"九桥"战略主要是强调与俄罗斯的合作，但是中国作为韩国最大的贸易伙伴，两国贸易总额多、贸易领域广、贸易规模大，因此韩国与中国的合作也具有较大的提升空间，中国在朝鲜半岛南北关系中也将发挥建设性的作用。"一带一路"倡议主要包含"五通"，即政策沟通、设施联通、贸易畅通、资金融通、民心相通。由此可见，韩国"新北方政策"与中国"一带一路"倡议在合作领域有较高的重合度，都旨在通过互联互通强化欧亚大陆的合作与交流。因此，韩国有意推进"新北方政策"与"一带一路"倡议对接，从而推进半岛无核化和南北经济合作，实现互惠互利和合作共赢。

二、新南方政策

2017 年 11 月，文在寅总统在访问印度尼西亚时提出"新南方政策"，地区是针对东盟十国兼顾南亚（主要是印度），目的是促进韩国与东盟的经贸合作，目标是构建韩国—东盟共同体。为实现上述目标，韩国提出了 3P 战略，即构建人才共同体（people）、繁荣共同体（prosperity）与和平共同体

① 白云飞. 韩国持续推进"新北方政策"开展多边合作对接"一带一路"[N/OL]. 经济日报，2018-06-29，http：//news.10jqka.com.cn/20180629/c605370602.shtml.

（peace）。同时，韩国计划扩大韩国—东盟基金、韩国—东盟基础设施基金、韩国—湄公河基金等，从而推动韩国与新南方地区的交流与合作，实现共同繁荣。

首先是"新南方政策"的经贸目标，核心目标就是提升韩国与东盟国家的经贸水平和合作规模。韩国计划在 2020 年将与东盟国家的贸易额提升至2000 亿美元。其中，与越南的贸易额提升至 1000 亿美元，与印度尼西亚的贸易额提升至 300 亿美元。为了扩大韩国与新南方地区的经贸合作规模，文在寅上任后便立即派出特使访问东盟国家，开韩国历史之先河。首尔市市长朴元淳作为特使访问菲律宾、印度尼西亚、越南东盟三国时，明确表示东盟国家在政治、经济领域发展迅猛对韩国已有较大影响，韩国十分看重与东盟的关系并愿意与东盟加强外交与合作，建立友好往来的双边关系。

其次是"新南方政策"的核心战略，简单概括起来就是构建"3P 共同体"。[①]

一是构建人与人、心与心相连的人的共同体（people）。构建人的共同体即韩国政府将扩大与东盟国家领导人之间、政府之间、企业和学生之间等多层次的人员交流。文在寅承诺将从自身做起，在任期内遍访东盟十国，缔结与东盟国家首脑之间的友好情谊。文在寅表示，构建人的共同体的出发点是深化韩国与其他国家国民之间的交流。因此，韩国政府为韩国与其他国家国民的友好往来提供了诸多便利条件，如修改签证制度，让东盟国家的国民前往韩国更加快捷和便利。同时，韩国也将大幅增加政府奖学金和研修生名额，增加职业技术教育与培训预算，帮助培养和提高东盟国家中小企业工人的能力，并提出了双方学生相互交流，共同成长为未来杰出青年的愿景。

二是通过互利合作构建生活富裕的繁荣共同体（prosperity）。文在寅认为韩国与东盟应该通过互利合作达到合作共赢、共同繁荣的结果，双方应该一起构建生活富裕的繁荣共同体。韩国对东盟国家的投资不能只局限于投资层面，而应该通过技术共享推动当地相关产业的发展，从而增加东盟国家国民的就业机会。文在寅表示，韩国与东盟的合作领域还有很大的提升空间，并提出了未来将着重与东盟加强区域内联系的四大合作领域：交通领域、能源领域、水力资源管理领域、智能信息通信领域。

---

① 詹德斌. 韩国外交新布局中的"新南方政策"评析 [J]. 东北亚论坛，2018（3）.

三是通过安全合作构建贡献于亚洲和平的和平共同体（peace）。文在寅倡议将韩国与东盟的关系发展为协力应对危机的"和平共同体"。"韩国—东盟和平共同体"将会发展成与朝鲜半岛周边四大国一起引领亚洲和平繁荣的重要一轴。为此，韩国将与东盟进一步加强国防、安全及军工合作，共同应对恐怖袭击、暴力极端主义、网络攻击等复杂的安全风险①。韩国与东盟在朝核问题上不存在利益冲突，双方都没有霸权野心，也不受历史问题的困扰，因此，韩国和东盟是可以真正缔结同盟关系的战略合作伙伴，韩国—东盟和平共同体的建立对于缓和地区紧张局势与稳定地区正常秩序具有重大的意义。

参考文献

[1] 马云鹏 . 李明博政府对朝政策转变的原因及其影响 [D]. 上海：上海交通大学，2011.

[2] 徐宝康 . 朝韩关系起风云 半岛局势遇"寒流"[N]. 人民日报，2008-04-03.

[3] 韩国政府将推进"朝鲜半岛新和平构想"[EB/OL].https：//news.sina.com.cn/w/2010-01-13/214119462188.shtml.

[4] 张键 . 论韩国朴槿惠政府的"信任外交"政策 [J]. 当代韩国，2013（4）.

[5] 韩国外交部 . 迈向国民幸福和希望新时代的信任外交：2013 年外交部工作报告 [R].2013-03-27.

[6] 韩国观光公社：2017 年中国内地赴韩游客约为 416.9 万人次，同比减少 48.3%[EB/OL].http：//www.199it.com/archives/698026.html。

[7] 韩媒：韩企因萨德奄奄一息 上半年损失数万亿韩元 [EB/OL].https：//www.sohu.com/a/155407207_123753.

[8] 在韩留学生首次突破 10 万大关 中国学生人数居首 [EB/OL].http：//www.chinanews.com/hr/2015/10-27/7591288.shtml.

[9] 李敦球 . 朝鲜半岛 2016 年十大新闻事件 [N/OL]. 中国青年报，2017-

---

① 韩国总统文在寅倡议发展韩与东盟"和平共同体"[EB/OL]. https：//www.chinanews.com/gj/2017/11-13/8375210.shtml.

01-04，https：//opinion.huanqiu.com/article/9CaKrnJZy7U?w=280.

[10] 韩"倒朴"烛光集会收官，"挺朴"团体吹响集结号 [EB/OL].http：//news.10jqka.com.cn/20170312/c596825590.shtml.

[11] 朴键一. 文在寅政府的对朝政策全面出台 [J]. 世界知识，2018（3）.

[12] 梁立昌. 文在寅政府对朝政策与朝鲜半岛局势演变 [J]. 东北亚学刊，2019（3）.

[13] 苏英和，刘江永. 韩日关系恶化的成因、背景及前景 [J]. 东北亚论坛，2020（1）.

[14] 李雪威. 韩国人口结构变化与高龄人口就业促进政策 [J]. 东亚评论，2019（1）.

[15] 韩生育率创近十年新低 文在寅：恐面临人口断崖 [EB.OL].http：//news.sina.com.cn/o/2017-08-31/doc-ifykpzey3330983.shtml.

[16] 金万甲，姬宏. 韩国〈青年就业问题特别对策〉实施背景及面临的问题 [J]. 当代韩国，2018（2）.

[17] 解决青年就业难 韩国政府拟补助录用青年单位 [EB/OL].https：//www.chinanews.com.cn/gj/2018/03-15/8468452.shtml.

[18] 赵刚. 韩国推出绿色新政确立低碳增长战略 [EB/OL].http：//finance.sina.com.cn/roll/20090923/18046785386.shtml.

[19] 王琳. 朴槿惠政府"创造型经济"及启示 [J]. 前沿，2014（10）.

[20] 朴槿惠：实现"欧亚合作倡议"需构筑欧亚大陆网 [EB/OL].https：//news.sina.com.cn/o/2015-09-11/111632299413.shtml.

[21] 汪伟民. 韩国欧亚战略的演进：过程、特征与展望 [J]. 韩国研究论丛，2017（1）.

[22] 薛力. 文在寅政府"新北方政策"评析 [J]. 世界知识，2018（9）.

[23] 白云飞. 韩国持续推进"新北方政策"开展多边合作对接"一带一路" [N/OL]. 经济日报，2018-06-29，http：//news.10jqka.com.cn/20180629/c605370602.shtml.

[24] 詹德斌. 韩国外交新布局中的"新南方政策"评析 [J]. 东北亚论坛，2018（3）.

[25] 韩国总统文在寅倡议发展韩与东盟"和平共同体" [EB/OL].https：//www.chinanews.com/gj/2017/11-13/8375210.shtml.

第六章

韩国经济的发展战略

金英姬*

朝鲜半岛于 1945 年 8 月 15 日从日本的殖民统治中获得解放，1948 年 8 月 15 日半岛南部宣布成立独立的新国家——大韩民国。纵观韩国的发展历程，韩国跳过了早期英国那种农业资本主义时期，直接从殖民地进入了资本主义的成熟形式，即工业资本主义。而从资本主义发展阶段来看，韩国的经济体制从殖民地经济直接进入了私人垄断资本主义阶段，这一点与欧美或日本的资本主义发展历程有很大的不同。

韩国曾经是世界上最贫穷的农业国之一，国土面积狭小，自然资源匮乏，市场规模小，经济对国际市场和国外资源的依赖程度很高。自 1962 年开始，韩国着手发展经济，之后的 30 多年保持了年均 8.6% 的高增长率，经济规模、社会财富、基础设施水平和人民生活水平不断提高。在短短 30 多年的时间里，韩国取得了被誉为"汉江奇迹"的经济成就，从成立之初极为贫穷的殖民地农业国一跃而成为国内生产总值和对外贸易总额居世界前列，拥有发达的电子、造船、钢铁、汽车、化工、通信等产业，互联网基础设施名列世界前茅的新兴工业国。1995 年，韩国人均国民收入达到 11432 美元，首次突破 1 万美元。1996 年 12 月，韩国加入被称为"富国俱乐部"的经济合作与发展组织（OECD），成为其第 29 个成员，同年成为世界贸易组织（WTO）的创始国之一。

＊ 中国社会科学院亚太与全球战略研究院副研究员。

现在的韩国是一个发达的资本主义国家，是亚太经济合作组织（APEC）、世界贸易组织（WTO）和东亚峰会的创始成员国，也是经合组织（OECD）、二十国集团（G20）和联合国等重要国际组织的成员。无论从经济制度还是政治制度上来看，韩国都是一个资本主义国家。经济上保护包括私人资本在内的私人财产，政治上实行以三权分立、多党竞争以及分级选举为主要特征的政治制度。资本主义作为一种意识形态已经深深扎根于韩国社会，土地等生产资料由私人所有，国家保护和促进民间资本发展，并以民间资本建设和发展国家。在经济高速发展过程中，韩国形成了具有鲜明特色的、有别于欧美资本主义的韩国式资本主义。这种资本主义可以概括为"政府主导型资本主义 + 财阀垄断资本主义"。经济腾飞时期，国家意志体现在各个经济领域，政府有计划地主导经济发展，并进行强有力的干预。

第一节　培养支柱产业

韩国经济的快速发展得益于政府这只"看得见的手"，而资本主义的概念里作为核心要素的市场这一"看不见的手"在韩国经济快速腾飞时期作用非常有限，政府的强大意志成为推动韩国经济快速发展的最大动力。

在南北分裂之前，日本殖民统治者在朝鲜半岛造成"南农北工"的经济格局。因此在经济起飞之前韩国是典型的农业国家，工业基础十分薄弱。从1950年开始，韩国政府实施"土地有偿征用"和"农田有偿分配"的农村土地所有制改革，提高了农业生产率，农业得到恢复和发展。1956年，在美国和联合国的援助下，韩国基本完成了经济重建工作。当时韩国的经济基础主要是农业和少量轻纺工业，政府开始重点建设铁路、公路、航运码头、电厂电网、通信等基础设施，纺织、制糖、水泥、玻璃等工业有所发展。

1961年5月16日，朴正熙发动军事政变，建立军人独裁政府，开始实行中央集权统治。这成为韩国经济腾飞的重要转折点[1]。朴正熙执政后提出"经济发展第一"的口号，将发展经济、摆脱贫困作为政府工作的首要目标和个人使命，规划经济发展蓝图，制定经济发展五年计划，开展新农村运动，

---

[1]　以下部分内容发表于张蕴岭、李冬新：《东北亚经济概览》之第三章"韩国经济概览"，世界知识出版社，2019年9月版。

在威权政治体制下政府统筹并协调各部门的工作，从进口替代转变为出口导向战略，集中全国的力量全力发展经济。1962 年，韩国开始实施第一个五年经济发展计划（1962~1966 年）①。

1964 年，朴正熙政府提出"出口第一""贸易立国"的口号，确定了出口导向的基本国策，开始实行外向型经济发展战略。结合当时国内国外的经济形势和市场需求，政府重点发展劳动密集型产业，选择一些具有出口竞争力的企业进行倾斜性扶持。

20 世纪 50~60 年代政府实行的是进口替代和出口导向型战略，发展纺织、制糖、造纸等劳动密集型轻工业，解决了部分民生问题。70 年代初，政府调整产业发展战略，将重点从劳动密集型轻工业转向辐射效果大、具有长久竞争力的资金和技术密集型重化工业。1973 年 1 月，朴正熙政府发表"重化工业宣言"，提出了以"出口 100 亿美元，人均 GNP 1000 美元"为目标的10 年计划；3 月，成立国务总理直接领导的重化工业促进委员会，制定并实施《发展重化工业长远计划》（1972~1981 年），确定钢铁、石油化学、汽车、机械、造船、电子、有色金属、水泥、陶瓷器及纤维工业为十大战略投资重点产业，其中钢铁、有色金属、造船、机械、电子、化工为优先和重点培育的"六大战略产业"，要求在计划期间重化工业产品占全部制成品的比例从16% 提高到 60%。政府的经济政策和财政、税收等向重化工业倾斜，同时主导引进技术和生产设备，建立研究机构，帮助国内企业学习、模仿和应用外来技术，促进经济的高速增长。

到了 70 年代末，韩国的工资水平有了较大幅度提高，失去了劳动力低成本优势。进入 80 年代，韩国国内面临工资上涨、出口产品国际价格竞争力下降等压力，国外面临发达国家进一步加强对技术、知识产权和市场的保护，导致引进高新技术的难度和成本加大等压力，因此引进技术的发展方式难以为继。同时，全球范围内高新技术发展迅速。这些因素迫使韩国改变技术引进发展模式，转为"技术立国"发展战略。政府于 1982 年确定微电子产业、机电一体化产业、生物工程产业、精细化工产业、新材料产业、航空产业和光产业七种尖端技术产业为核心战略产业。80 年代中后期，韩国扩大技术密集型产业的比重，重点发展高新科技产业。政府将电子、机械、生

---

① 第二个五年计划期间为 1967~1971 年，第三个为 1972~1976 年，第四个为1977~1981 年，以此类推。

物工程、信息产业、核能利用五个部门列为"国策战略产业"。之后，韩国又提出发展尖端技术产业。1988 年，政府成立"韩国尖端技术产业发展审议会"，提出"韩国尖端技术产业发展战略"。在整个"五五"和"六五"计划时期（1982~1991 年），政府在"技术立国"的指导方针下，产业重点转向技术密集型产业，和企业携手建立了大批研究机构，以加强和促进自主技术研发，发展高新技术产业。这一时期，政府主导引进国外技术，技术研发主体也多为政府部门，企业研发投入有限。政府支持和鼓励企业扩大经济规模，提高效率和产品质量，增加研发投资，开发新技术和差异化产品，增强出口竞争力。同时，政府鼓励企业将已经失去比较优势的一些劳动密集型产业通过对外投资的方式转移出去。

到了 90 年代，金泳三政府（1993 年 2 月 ~1998 年 2 月）为了进一步推动产业升级，将信息产业定为新的经济发展引擎，重点放在电脑、生物工程、智力服务、电子、精密机械、精细化工、新材料、新能源等行业，促进产业结构转向高技术方向。政府鼓励企业加大研发投资，以此来提高产品科技含量，增强出口产品的国际竞争力，促进经济持续增长。

20 世纪 60~90 年代这一时期是韩国经济高速发展时期，政府通过经济企划院、财政部和商工部这三个机构，控制并直接介入产业发展、金融扶持甚至商品定价等大多数重要的经济活动，对企业进行引导和扶持。政府根据每个时期不同的国内外环境和情况，适时调整和制定发展计划，规划重点发展的核心产业和支柱产业，金融、税收、配额等各种政策向这些产业倾斜，同时着力扶持和发展具有国际竞争力的大企业集团。这一时期政府"看得见的手"在经济领域的作用明显并远远大于市场这一"看不见的手"，使得韩国经济能够在短时间内迅速腾飞，半导体、电子、汽车、造船、钢铁、化工、机械、化妆品等产业的产量、订单量、销售额和出口额均进入世界前列。

1997 年底爆发亚洲金融危机之后，通过国际货币基金组织（IMF）紧急贷款援助和政府大刀阔斧的改革，韩国迅速从金融危机中走出来，恢复了正常的经济秩序。同时，韩国强化市场管理功能，逐渐将"政府主导型"经济转变为"市场主导型"经济。金大中、卢武铉、朴槿惠等总统都标榜要实行市场经济，提出"经济市场化""经济民主化"等，并力图铲除政商勾结现象。凯恩斯主义受到质疑，新自由主义一时占据了上风。

即便如此，政府这只"看得见的手"依然在经济领域发挥着重要作用。

金大中政府（1998 年 2 月 ~2003 年 2 月）制定了"2010 年产业进入世界 4 强"的发展目标及促进战略，重点扶持和培育造船等 8 个主力产业、电子等 5 个未来战略产业、商业服务等 4 个知识型服务产业。2001 年，政府提出将 IT（信息技术）、BT（生物产业）、NT（新材料、微细技术）、ET（新能源、环保）四大产业作为新兴产业，加大在上述领域的投入力度，抢占经济制高点[①]。卢武铉执政时期（2003 年 2 月 ~2008 年 2 月），政府明确提出集中国家力量，发展十大新引擎产业。2003 年 8 月，卢武铉政府提出新十大支柱产业（新一代增长动力产业），即智能型机器人、未来汽车、新一代半导体、数字电视、视频传输、移动通信、液晶显示器、智能型家庭网络、数字式数据、软件。政府加强政策保障，加大科技研发投入，调动民营企业的积极性。卢武铉政府将"创新"作为经济发展的基石，"绿色增长""创意经济""第四次工业革命"成为各界继任政府的口号。这一时期韩国大力发展信息通信、生物和新材料、新能源等知识型、高附加值产业。

李明博在竞选总统期间标榜自己为"经济自由主义""发展主义"的代言人。他的当选证明了韩国社会对经济民主以及经济自由主义的普遍追求与认可。李明博政府（2008 年 2 月 ~2013 年 2 月）进一步放松了对财阀的管制，并对大企业实施减税政策。在重点发展支柱产业方面，政府顺应低碳经济和绿色增长等全球经济发展的市场要求，于 2010 年 10 月 27 日发布《主导未来产业的技术开发项目》，计划在 5 年内通过集中培育 5 大产业技术，加强韩国支柱产业的竞争力，构建下一代产业基础。被选定为主导未来产业的五大技术包括：以下一代电气汽车为基础的绿色输送系统、信息技术融合机械用核心系统芯片、韩国能源系统网络、高效大面积薄膜太阳能电池和天然材料新药[②]。

到了朴槿惠执政时期（2013 年 2 月 ~2017 年 3 月），政府颁布了"经济革新三年计划"，提出了"经济振兴""创造经济""经济民主化"三大理念，力图通过调整经济结构，推进经济革新。其中"经济民主化"是核心，即进行财阀改革，消除大企业集团和中小企业之间的严重不平衡，打造新的经济发展模式。

---

①② 韩选定未来 5 大主导性产业技术 [EB/OL]. http : //www.most.gov.cn/gnwkjdt/201011/t20101101_83027.html.

2017 年 5 月 10 日，文在寅宣誓就职①。政府发表了未来五年的施政方向和工作计划——《国政运营五年规划》，包括"国民做主的政府""共同富裕的经济""普济民生的国家""均衡发展的地区""和平繁荣的半岛"五大目标。该国政企划报告提出了建立"民主、正义的"韩国的愿景和未来五年发展规划，即将 2017~2018 两年定为大力革除积弊、调整权力结构的"攻坚期"，将 2019~2020 年定为创造就业岗位、应对第四次工业革命、改革财税体制等彰显成效的"跨越期"，将 2021~2022 年定为建立可持续改革机制的"稳定期"。②

文在寅政府一改之前以投资、供给为重点谋求经济发展的国政运营模式，力图形成促进就业、增加家庭收入、扩大消费、增加投资的良性循环。为此，过去以企划财政部、金融委员会、产业部等经济部门为中心的发展方式调整为经济部门联合雇佣劳动部、保健福祉部等共同追求"增长、就业、福利"的国政运营模式。政府审议并通过了"新政府管制改革促进方向"：一是出台有关新产业、新技术事前放开、事后监管的"全面负面清单监管制度"，将过去限定式、列举式的法律法规改为更加宽泛、全面的法律法规，允许多种形式的新产业、新技术发展，出现副作用后再进行事后监管；二是出台允许示范、试验产业免受现有规定限制的"监管沙盒制度"；三是构建"管制环境改善蓝图"，预判新产业、新技术发展趋势，提前发现并修改限制其发展的规定③。

文在寅在 2020 年 1 月 7 日发表的新年贺词中表示，政府将致力于让国民切身感受到"包容""创新""公正"带来的实际变化。经济方面，政府将加强经济全方位创新，使韩国成为第四次产业革命的引导者，主要有以下六点举措：第一，培育新兴产业。以系统半导体、生物健康、未来汽车三大新产业领域为重点，发展大数据、网络、人工智能等，打造第四次产业革命的坚实基础。第二，改善出口结构。政府将力争出口和设备投资增长由负转正，带动经济增长；加快出口结构改革步伐，争取到 2030 年成为世界出口四强

---

① 以下部分内容作者已发表于《中国远洋海运》2018 年第 2 期，原文标题为《韩国经济：大病初愈？》，资料更新于 2018 年 12 月。

② 中华人民共和国驻大韩民国大使馆经济商务处网站，http：//kr.mofcom.gov.cn/article/jmxw/201707/。

③ 中华人民共和国驻大韩民国大使馆经济商务处网站，http：//kr.mofcom.gov.cn/article/jmxw/20170907/。

国家之一；提升 3 大新兴产业、5G、二代电池等高附加值产品出口；通过 RCEP 最终协议的签订等，扩大"新南方""新北方"地区的出口市场；增加对中小企业出口金融支持，以韩流 K-brand（即韩国品牌）为平台，进一步提升中小企业的出口比重。第三，提升核心竞争力。推进核心材料、零部件、设备国产化。投入更多预算，用于强化材料、零部件、设备产业竞争力，选定 100 家特色领军企业及 100 家小企业，帮助其成长为世界性企业。第四，营造更好的投资环境。启动总额为 100 万亿韩元的大规模投资计划，进一步强化激励投资的"投资促进三件套"。第五，活跃地方经济。实施 23 个项目、总规模为 25 万亿韩元的国家均衡发展计划，增加预算用于提升地方居民生活品质，激发地区经济活力。第六，扩大"韩流"影响力。进一步扩大 K-POP（娱乐文化）、电视剧、美容美妆、文化产业、食品产业等"韩流"影响力，开启"访韩游客突破 2000 万名"时代①。

近期，政府还斥巨资积极打造新型韩流文化。2020 年 9 月，企划财政部表示，政府为推动韩流文化制定了 6961 亿韩元的"K-X"预算。K-X 是指包含 K-POP（娱乐文化）等在内的韩流文化，政府旨在通过推动新韩流文化，拉动文化和经济效益，提升国家品牌价值的目的②。

半导体是 21 世纪韩国的重要支柱产业，2020 年政府着手加强对"系统半导体产业"的全方位支持。韩国产业通商资源部于 2020 年 6 月 29 日在京畿企业成长中心举行"系统半导体设计支援中心"成立仪式，表示政府将对系统半导体设计提供支援，把支援中心培育成系统半导体发展的前哨基地，今后任何人、任何时间均可免费使用支援中心的半导体设计工具（EDA）进行芯片设计。2020 年，产业部已对人工智能、自动汽车传感器等 9 家企业的芯片组设计提供了支持，计划到 2021 年新增 11 家企业。产业部计划与科技信息通讯部将在 2020~2029 年十年间共同投入 1 万亿韩元用于"下一代智能半导体技术开发"。此外，产业部还打算与高校合作，积极培养系统半导体开发的相关高级人才③。

---

① 文在寅发表新年贺词，确定 2020 年施政方向 [EB/OL].http：//kr.mofcom.gov.cn/article/jmxw/202001/20200102929828.shtml.

② 韩政府斥巨资积极打造新型韩流文化 [EB/OL]. http：//kr.mofcom.gov.cn/article/jmxw/202009/20200902999211.shtml.

③ 韩政府着手加强对"系统半导体产业"的全方位支持 [EB/OL]. http：//kr.mofcom.gov.cn/article/202006/20200602978727.shtml.

韩国政府主导的发展路径，即规划重点产业，通过政策、金融等各种手段扶持具有国际竞争力的大企业以促进出口的路线图取得了令世人瞩目的显著成效。韩国在短短的时间内从落后的殖民地农业国跃升为发达的制造业和贸易大国，主要产业部门有电子、钢铁、汽车、造船、化学、纺织等制造业。韩国造船业长期占世界主导地位，半导体、液晶显示器面板等领域多年保持世界领先地位，汽车、纺织、钢铁与化工产量排名世界前五位，电子工业以高新技术密集型产品为主，为世界十大电子工业国之一，半导体集成电路发展尤为迅速。

在政府的主导下，韩国的服务业也取得了快速发展。韩国的金融系统比较发达，银行网络基础设施先进，寿险和财险的保险密度和保险深度等指标位居世界前列，证券市场的主板和二板也很活跃，批发零售、旅游、运输、文化娱乐和商务服务等行业发展迅猛。

据韩国贸易协会国际贸易通商研究院 2020 年 10 月 28 日发表的《5 大新产业的出口竞争力国际比较及国民经济贡献效果》报告书显示，新一代半导体、高端消费材料、生物健康、电动汽车、无人机 5 大新产业出口额从 2008 年的 254 亿美元增加到了 2019 年的 593 亿美元，年平均增长率达 7.2%，在美国、中国、德国、日本等全球主要国家中增长速度最快。2019 年，在韩国整体出口同比减少 10% 的情况下，五大新产业出口反而增加了 2.4%，均高于新兴产业的世界（1.1%）及主要国家平均（1.3%）出口增长率。

报告书利用判断特定商品在世界市场上的数量比较优势时使用的"贸易特色指数"和显示特定商品与本国其他商品相比质量比较优势的"比较优势指数"来对比各产业的增长竞争力。结果显示，韩国在新一代半导体和电动汽车领域在主要国家中竞争力最高。韩国新一代半导体 2019 年的贸易特色指数排名第一，比较优势排名第一，出口占有率排名第三，电动汽车在贸易特色指数中排名第二，比较优势排名第一，出口占有率排名第三。生物健康、无人机、高档消费材料的出口竞争力也呈现出持续改善的趋势。分析显示，五大新兴产业的出口对经济增长及就业等贡献较大。韩国总出口对经济增长的贡献率 2018 年为 –14.4%，2019 年为 –21.4%，连续 2 年呈现负增长，相反 5 大新兴产业出口对经济增长的贡献率在 2018 年为 2.9%，2019 年为 17.0%，呈正增长趋势。以 2019 年为基准，韩国 2.0% 的经济增长率中，五大新兴产业对出口的贡献程度约为0.3个百分点①。在近期全球经济一体化倒退、贸易保护主义加剧、世界贸易增长放缓、总出口对经济增长的贡献降低的情况下，韩国五大新兴产业仍然引领着经济增长，表明韩国一直以来不断调整、提升和优化产业结构，重点发展具有全球竞争力的支柱产业和新兴产业的战略是卓有成效的。

2020年受百年不遇、突如其来的新冠肺炎疫情的影响，全球经济严重下滑，甚至几度陷入停滞状态。为帮助企业渡过难关，政府向支柱产业追加5万亿韩元贷款。韩国副总理兼企划财政部长官洪南基于2000年6月19日召开的第7次"非常经济中央对策本部会议"上表示，从7月开始韩国将在已有的贷款额度基础上向支柱产业的合作企业追加5万亿韩元的运营资金贷款，这将会给相关企业带来实质性的帮助②。

新冠肺炎疫情暴发之后，网络流通成为非接触经济的核心产业。产业通商资源部长官成允模2020年6月10日表示，政府今后将扩大非接触流通基础设施建设，把建立流通大数据基础、扩充物流基础设施、机器人和无人机的创新商用化等作为三大政策方向。政府首先将建立流通大数据，供制造商、分销商和IT服务开发商共同利用。政府计划到2022年把目前的64万个商品信息增至400万个，并将积极支持网上专用高端物流中心进入产业区。韩国已在2020年5月修改了《产业聚集振兴及工厂设立法实施令》，新增允许电子商务企业入驻工业区的产业设施区域的条款。此外，政府正在推动利用无人机、机器人实现配送服务商用化，并将重新修订相关法规和制度。③

游戏产业是韩国第四次产业革命的核心产业之一，是不受全球经济景气影响的"抗衰退（recession-proof）产业"。2019年，韩国游戏产业的销售额为15万亿韩元，出口额为7.6万亿韩元，创造工作岗位8.7万个。政府认为新冠肺炎疫情为游戏产业带来了发展机遇。2020年5月7日文化体育观光部发布《振兴游戏产业综合计划》，主要内容包括：积极改善产业规制，支持创新发展；加大对创业到出口的全环节支持力度；普及游戏产业的价值

---

① 韩国5大新兴产业出口增长率居主要国家之首 [EB/OL]. http：//kr.mofcom.gov.cn/article/jmxw/202010/20201003011713.shtml.
② 韩政府向支柱产业追加5万亿韩元贷款 [EB/OL]. http：//kr.mofcom.gov.cn/article/jmxw/202006/20200602975714.shtml.
③ 韩产业部长官成允模：将扩大非接触流通基础设施建设 [EB/OL]. http：//kr.mofcom.gov.cn/article/jmxw/202006/20200602973031.shtml.

认知，培育电子竞技运动产业；加强游戏产业基础等。政府表示争取推动游戏产业在 2024 年前实现销售额达 19.9 万亿韩元、出口额达 11.5 万亿韩元、就业岗位达 10.2 万个的目标[①]。

为帮助企业克服危机，稳定就业，政府于 2020 年 4 月 25 日召开临时国务会议，决定成立 40 万亿韩元骨干产业稳定基金。该基金的债券将由银行、养老基金等机构投资者在市场上购买，政府提供最多 40 万亿韩元的担保，使机构投资者免除拖欠资金的担忧。骨干产业稳定基金支援对象为航空、海运、汽车、造船、机械、电力、通信等 7 个行业，运营时限为 5 年[②]。

企业是一国经济发展的细胞，尤其是具有创新能力的支柱企业更是国家经济发展的核心推动力。韩国政府决定 2021 年选定"千家国家代表创新企业"来提供多种支持。产业通商资源部于 2020 年 12 月 29 日表示，2021 年将联合金融委员会、中小风险企业部、保健福祉部等相关部门，共同选出富有创新价值和技术能力的"千家国家代表创新企业"，为其特别提供贷款、投资、担保等金融支援。2020 年已选出的国家级创新企业有 247 家，所获金融支援规模约达 6000 亿韩元[③]。

为克服新冠肺炎疫情危机，化危机为发展机遇，并在"后疫情时代"实现可持续的经济发展，政府于 2020 年 7 月 14 日发布了"韩国版新政"综合规划。规划提出三大愿景：推动韩国从追赶型经济体转型为领先型经济体、从煤炭依赖型高碳经济转型为低碳经济、从不平等社会转型为包容社会。"韩版新政"的两大主轴为"数字新政"和"环保（绿色）新政"。规划总共包括 28 项具体的推进课题，其中"数字新政"为 12 项，"环保（绿色）新政"和"强化雇佣和社会安全网"分别为 8 项。政府计划到 2022 年投入 67.7 万亿韩元，到 2025 年总共投入 160 万亿韩元，并通过该规划到 2022 年创造 88.7 万个就业岗位，到 2025 年总共创造 190.1 万个就业岗位。"数字新政"主要包括数据库、智能型政府、智能医疗基础设施等课题，计划投资 58.2 万亿韩元、创造 90.3 万个就业岗位。数据库将通过公开 14 万项公共部门数

---

　　①　韩政府发布《振兴游戏产业综合计划》[EB/OL]. http：//kr.mofcom.gov.cn/article/jmxw/202005/20200502963355.shtml.
　　②　韩政府通过 40 万亿国家担保骨干产业稳定基金 [EB/OL]. http：//kr.mofcom.gov.cn/article/jmxw/202004/20200402959407.shtml.
　　③　韩政府明年将选定"千家国家代表创新企业" [EB/OL]. http：//kr.mofcom.gov.cn/article/jmxw/202012/20201203027638.shtml.

据，加强并构建数据、网络和人工智能生态系统。政府将通过 100 万人的生物大数据推动克服稀少疑难疾病，创造附加价值，并推动 5G 移动通信技术和人工智能与第一、第二、第三产业相融合。其他主要课题还包括培育无接触产业、推动基础设施数字化、在全国所有小初高学校构建高性能无线网络、培育 18 家智能医院、按照疾病类别构建 12 个可进行人工智能精密诊断的体系等。"环保（绿色）新政"计划总共投资 73.4 万亿韩元、创造 65.9 万个就业岗位，主要课题包括推进 23 万户老旧建筑物低能源化、构建 25 座智能环保城市、集中推进学校的数字化和环保化等。另外，为推广低碳分散型能源，政府计划普及 113 万辆电动汽车和 20 万辆氢汽车，并鼓励提前报废 116 万辆柴油车。政府还将进一步扩大太阳能、风能、氢气等新可再生能源的普及范围。雇佣和社会安全网加强计划将投资 28.4 万亿韩元，创造 33.9 万个就业岗位[①]。

"数字新政"的目标在于在社会、经济、教育、产业和医疗等各个领域力推数字化转型，推动韩国成为世界数字强国。"绿色新政"旨在先行应对气候变化，通过解决雾霾等环境问题提高民众生活水平，助推韩国产业在全球环境管制日益收紧的情况下提升竞争力，通过发展绿色产业创造大量的工作岗位。政府希望通过这一新政将疫情危机转化为挖掘新增长动力的发展机遇，克服疫情带来的经济困难，推动韩国向发达国家迈进，改变韩国经济和社会结构，实现国家整体的转型升级。

除了大型企业，政府现在也努力培养具有国际竞争力的中小企业，并根据国际国内形势适时调整重点支持产业。产业通商资源部于 2021 年 1 月 26 日表示，从 2021 年起至 2025 年，将在 23 个项目上为"钢铁产业再腾飞技术开发事业"提供 1076 亿韩元的研发（R&D）支援。该项目将在高附加值化技术开发、环保资源循环技术开发、构建产业共有资产 3 个领域进行。中小、中坚企业在未来汽车、新能源产业等 15 个项目中每个项目最多可获 56 亿韩元支援；为应对"碳中和"和可吸入颗粒物等环保及资源循环技术开发相关的 4 个项目，每个项目 5 年内最多支援 42 亿韩元；为构建实证装备等加强钢铁集群生态系统竞争力的 4 个项目，每个项目最多支援 68 亿韩元。政府力图通过这些项目，集中培养后疫情时代具有全球竞争力的中小、中坚

---

① 韩政府发布"韩版新政"综合规划 [EB/OL]. http://world.kbs.co.kr/service/contents_view.htm?lang=c&board_seq=387820.

钢铁企业和重点产业 [①]。

第二节　出口立国

韩国自 1964 年开始实行出口导向的外向型经济，"出口立国"一直以来是韩国的核心经济政策之一。政府的对外贸易政策重点放在了以下两点：第一，培育核心产业，扶持重点企业，开发新的出口产品，推行国家品牌出口战略。第二，通过自由贸易协定（FTA）来参与区域经济合作，促进对外贸易，扩大出口市场。

韩国作为出口主导的典型的外向型经济体，对外依存度很高。根据韩国贸易协会报告，进入 21 世纪以来出口对韩国经济增长的贡献率平均超过70%，最低为 51%（2012 年），2009 年甚至高达 172%。国际上多次反复的金融危机和此起彼伏的贸易保护主义以及五花八门的贸易摩擦，使其政界和工商界深刻认识到通过自由贸易区战略等积极参与区域经济合作的重要性。

1997 年底爆发的亚洲金融危机促使韩国调整经济发展战略。而随着经济全球化的深入发展，自由贸易区（FTA）成了区域经济合作的重要途径和热点选择。在此背景下，韩国自觉加入了加强区域合作的时代洪流当中。

尤其是在克服 2008 年的全球金融危机方面，韩国有着卓有成效的经验。之前，韩国通过积极商签自贸协定等扩张经济领土。受全球金融危机冲击，韩国 2009 年出口大跌 13.9%，但 2010 年和 2011 年反弹至增长 28.3% 和19%。这其中自由贸易协定贸易伙伴功不可没。2010 年韩国对自由贸易协定签署国的出口增长率为 57.4%，远高于其 28.3% 的整体出口增幅 [②]。

因此，韩国积极参与和推进区域经济合作。政府通过一系列双边和多边自由贸易协定等区域合作制度，延伸了市场的地理范围，开拓了新兴市场，拓展了出口渠道，提高了产品和产业的国际竞争力，改善了出口环境，增加了出口和贸易顺差，吸引了更多外国人直接投资，增加了国内就业。

---

① 为抢占新的钢铁市场 韩国将在 5 年内提供 1076 亿韩元的研发支援 [EB/OL]. http：// kr.mofcom.gov.cn/article/jmxw/202101/20210103034089.shtml.
② 韩研究机构建言"后疫情时代"出口战略 [EB/OL]. http：//kr.mofcom.gov.cn/article/ jmxw/202008/20200802995882.shtml.

截至 2020 年 11 月，韩国已生效的自由贸易协定共 16 件，还有 2 件已签署尚未生效，2 件完成协商，13 件正在协商或已启动谈判或正在积极推进（见表 6-1）。

表 6-1　　　　　　　　　　韩国的自由贸易协定现状

自由贸易协定分类	签署方	现状	意义
生效（16 件）	智利	1999 年 12 月开始协商，2003 年 2 月签署，2004 年 4 月生效	第一个自由贸易协定，中南美洲市场的桥头堡
	新加坡	2004 年 1 月开始协商，2005 年 8 月签署，2006 年 3 月生效	东盟市场的桥头堡
	欧洲自由贸易联盟（EFTA）	2005 年 1 月开始协商，2005 年 12 月签署，2006 年 9 月生效（欧洲自由贸易联盟 4 国为瑞士、挪威、冰岛、列支敦士登）	欧洲市场的桥头堡
	东盟 10 国（ASEAN）	2005 年 2 月开始协商，2007 年 6 月商品贸易协定生效，2009 年 5 月服务贸易协定生效，2009 年 9 月投资协定生效	第一个与超大经济圈签署的自由贸易协定
	印度	2006 年 3 月开始协商，2009 年 8 月签署，2010 年 1 月生效	金砖（BRICs）国家，巨大市场
	欧盟 27 国（EU）	2010 年 10 月签署，2011 年 7 月 1 日临时生效，2015 年 12 月 13 日全部生效（欧盟 27 国为希腊、荷兰、丹麦、德国、拉脱维亚、罗马尼亚、卢森堡、立陶宛、马耳他、比利时、保加利亚、瑞典、西班牙、斯洛伐克、斯洛文尼亚、爱尔兰、爱沙尼亚、奥地利、意大利、捷克、塞浦路斯、葡萄牙、波兰、法国、芬兰、匈牙利、克罗地亚）	全球最大经济圈（GDP 基准）
	秘鲁	2009 年 3 月开始协商，2011 年 3 月 21 日签署，2011 年 8 月 1 日生效	进军资源丰富的中南美洲国家
	美国	2006 年 6 月开始协商，2007 年 6 月签署，2010 年 12 月完成追加协商，2012 年 3 月 15 日生效，2018 年协商修订，2019 年 1 月 1 日修订案生效	世界最大的发达经济体
	土耳其	2008 年 6 月~2009 年 5 月共同研究，2010 年 4 月~2012 年 3 月共四次正式协商，2012 年 8 月 1 日签署基本协定及商品贸易协定，2012 年 11 月 22 日通过国会批准，2013 年 5 月 1 日生效；2015 年 2 月 26 日签署服务贸易协定及投资协定，2015 年 11 月 30 日通过国会批准，2018 年 8 月 1 日生效	进军欧洲、中亚的桥头堡
	澳大利亚	2009 年 5 月开始协商，2014 年 4 月 8 日签署，2014 年 12 月 12 日生效	资源富国、大洋洲主要市场

续表

自由贸易协定分类	签署方	现状	意义
生效（16件）	加拿大	2005年月7开始协商，2005年7月~2013年11月共14次协商，2014年9月23日签署，2015年1月1日生效	北美发达市场
	中国	2007年3月~2010年5月产官学共同研究，2012年5月2日开始协商，2012年5月~2014年11月共14次协商，2015年6月1日签署，2015年12月20日生效	最大贸易伙伴（2015年基准）
	新西兰	2007年2月~2008年3月民间共同研究，2013年12月3日开始协商，2014年2月~10月共5次协商，2015年3月23日签署，2015年12月20日生效	大洋洲主要市场
	越南	2012年8月6日开始协商，至2014年12月共9次协商，2015年5月5日签署，2015年12月20生效	第三投资目的地国（2015年基准）
	哥伦比亚	2009年3~9月民间共同研究，2009年12月~2012年4月共6次协商，2013年2月21日签署，2016年7月15日生效	资源富国、中南美洲新兴国家
	中美洲5国	2015年6月开始协商，2018年2月21日签署，2019年10月1日部分生效（生效时间分别为：尼加拉瓜、洪都拉斯，2019年10月1日生效；哥斯达黎加，2019年11月1日生效；萨尔瓦多，2020年1月1日生效；巴拿马，2021年3月1日生效）	开拓中美洲新市场
签署（2件）	英国	2016年12月成立韩英贸易工作组，2017年2月~2019年5月共7次协商，2019年8月22日签署	继续维持韩英贸易关系
	RCEP（区域全面经济伙伴关系）	2012年11月20日宣布开启协商，2013年5月~2020年7月共31次协商，2020年11月15日签署	有助于东亚经济一体化
完成协商（2件）	以色列	2016年5月开始协商，至2018年3月共6次协商，2019年8月21日宣布韩以FTA协商完成共同宣言	创业国家的典范
	印度尼西亚CEPA	2012年7月~2019年10月共10次协商，2019年11月25日宣布协商完成	有助于扩大东南亚市场
协商中（11件）	韩中日、南美共同市场（MERCOSUR）、菲律宾、俄罗斯、马来西亚、柬埔寨、韩国—东盟自由贸易协定追加自由化、韩国—印度更紧密经贸关系的安排（CEPA）升级谈判、韩国—智利自由贸易协定升级谈判、韩—中自由贸易协定服务及投资后续谈判、韩国—厄瓜多尔SECA		
重启、开始、创造条件（2件）	太平洋联盟（Pacific Alliance，PA，包括墨西哥、秘鲁、哥伦比亚、智利）、欧亚经济联盟（EAEU，包括俄罗斯、哈萨克斯坦、白俄罗斯、亚美尼亚、吉尔吉斯斯坦）		

注：统计截至2021年3月。根据韩国贸易协会FTA中心资料整理，http://www.fta.go.kr/main/situation/kfta/ov/。

2019 年，在中美贸易纠纷不断、世界经济放缓的大背景下，全球十大出口国出口全部减少，而当年韩国进出口额已连续第 3 年突破 1 万亿美元，连续 11 年实现贸易顺差。韩国的主力产业正迅速恢复竞争力，汽车对美国、欧盟、东盟出口增长，液化天然气运输船订单占全球市场份额的逾 90%，电动汽车出口量比上一年翻了一番，氢动力汽车出口量增长两倍，生物保健产品连续 9 年出口增长，动力电池出口连续 3 年增长，食品出口规模超过家电。贸易市场多元化为韩国的出口带来了新希望。2019 年韩国对俄罗斯等独联体国家出口同比增长 24%；对东盟等"新南方"地区的出口比重首次突破 20%。东盟正成为韩国第二大贸易伙伴和核心合作伙伴。韩国政府表示将深化同东盟的合作，并加速《区域全面经济伙伴关系协定》（Regional Comprehensive Economic Partnership，RCEP）以及韩国与印度尼西亚、马来西亚、菲律宾、俄罗斯等的双边自贸协定进程①。

2020 年，政府力促以 FTA 为突破口挽救因新冠肺炎疫情而陷入停滞的出口。10 月 27 日，韩国产业通商资源部、雇佣劳动部、中小风险企业部、农林畜产食品部、食品药品安全处、关税厅等 6 个政府部门和贸易协会、大韩贸易投资振兴公社（KOTRA）等 6 家机构召开视频会议，计划以海外 FTA 支援中心为抓手，强化首都圈、地方、海外地区 FTA 支援机关和 KOTRA 等机构的合作。为帮助受中美贸易摩擦、日本出口限制等影响遭受损失的出口企业，政府决定进一步扩大贸易调整支援制度援助范围②。

尽管 2020 年新冠肺炎疫情在全球蔓延，但韩国关税厅（海关）2020 年 10 月 28 日发布的统计数据显示，2020 年前三季度韩国贸易收支实现了 276 亿美元顺差，出口和进口总额同比分减少 8.6% 和 9.1%。其中，韩国与非 FTA 国家的贸易额同比减少 16.8%，贸易收支出现 128.24 亿美元逆差。相反，韩国与 FTA 生效国的贸易总额为 5135.45 亿美元，实现 404.37 亿美元顺差③。这表明，韩国的 FTA 战略是富有成效的。

2020 年 11 月 15 日，相关国家签署了《区域全面经济伙伴关系协定》。

---

① 文在寅：韩国连续 11 年保持贸易顺差 经济基础稳固 [EB/OL]. http：//kr.mofcom.gov.cn/article/jmxw/201912/20191202920657.shtml.
② 韩产业部计划以 FTA 为抓手拯救停滞的出口贸易 [EB/OL]. http：//kr.mofcom.gov.cn/article/jmxw/202010/20201003011341.shtml.
③ 前三季度韩国与 FTA 生效国贸易顺差 404 亿美元 [EB/OL]. http：//kr.mofcom.gov.cn/article/jmxw/202010/20201003011355.shtml.

这成为近期在区域经济合作领域最大的成就和亮点。RCEP 是东盟十国以及中国、日本、韩国、澳大利亚、新西兰 15 个国家共同参与的多边 FTA，是全球规模最大的自由贸易协定，覆盖 22 亿人口，约占世界总人口的30%，15 个成员国 2019 年 GDP 规模达 25.6 万亿美元，占全球经济总量的29.3%，区域内贸易额 10.4 万亿美元，占全球贸易总额的 27.4%。在新冠肺炎疫情在世界范围内蔓延和加剧、贸易保护主义扩散、多边体系面临危机的情况下，以东盟为中心的成员方为守护自由贸易价值、恢复全球多边主义、维护和发展自由贸易秩序达成共识。韩国认为该协定的签署有利于多边主义的区域自由贸易秩序，有助于加强韩国与各国的经济合作，提升和优化各国产业结构，共同克服疫情造成的困难，还会加快韩国实施"新南方政策"的步伐。

第三节 利用外资 [1]

建国后，韩国主要利用美国援助恢复经济。1958 年 3 月政府制定《外资管理法》，1959 年开始利用国外贷款。美国的救济性经济援助使得韩国经济和社会得以稳定，为轻纺工业等基本的生活物资生产打下了一定的基础，但依附于美国援助却让韩国经济陷入了低收入—低储蓄—低投资—低收入的恶性循环之中 [2]。

朴正熙通过军事政变上台执政后，通过"五年计划"等一系列政策措施开始全力以赴推动韩国经济发展。1962 年，韩美成立第一家合资企业，这是韩国吸收外商直接投资的首例。1965 年，韩国与日本恢复邦交，并签署了《日韩请求权协定》，获得了日本提供的无偿、有偿经济合作资金，解决了财产请求权问题，这实质上是日本对韩国的战争赔款。而这一时期加入《关税与贸易总协定》（GATT）、国际金融公司（IFC）等国际组织以及对韩

---

[1] 以下部分内容发表于张蕴岭、李冬新：《东北亚经济概览》之第三章"韩国经济概览"，世界知识出版社，2019 年版。

[2] 张蕴岭. 韩国市场经济模式——发展、政策与体制 [M]. 北京：经济管理出版社，1997：381.

国际经济协议体（IECOK）^①的成立使韩国外国贷款的来源增加^②。外国的援助资金、公共贷款和商业贷款成为这一时期韩国利用外资的主要形式。

在经济起飞和快速发展时期，企业大规模扩张，而企业自有资金很少，本国债券及股票等资本市场不发达，融资渠道有限，企业生产经营高度依赖银行等金融机构。为弥补和保证企业发展所需资金，政府鼓励企业引进和利用外国商业贷款。1973 年 2 月政府制定《公共借款引进与管理法》。这一时期外国直接投资极少。1962~1966 年的 5 年间，外商对韩投资项目仅 39 项，投资金额为 4740 万美元。1967~1971 年的 5 年间，外商直接投资项目和金额分别为 350 项和 2.19 亿美元，1972~1976 年间分别为 851 项和 8.8 亿美元，1977~1981 年间分别为 244 项和 7.21 亿美元。究其原因，从外部因素来看，国际社会对韩国的不了解和不信任导致韩国能够获得的外资仅限于美国和国际组织的公共贷款；从国内环境来看，在 1984 年之前，政府只在有限领域鼓励外商直接投资，对其他领域则实行严格的保护。在 20 世纪六七十年代，外商对韩直接投资极其有限。

国外贷款为当时韩国的经济快速增长输入了急需的资金，缓解了国内低储蓄率导致的资金需求紧张局面，提高了总投资率，扩充了基础设施，有力促进了当时轻工业和重化工业的发展及出口的增长，扩大了就业。但是，利用外资以贷款为主、商业贷款高于公共贷款、短期贷款比例过高的结构性问题逐渐暴露出了其对经济增长的副作用，即商业贷款还本付息的压力增大，甚至出现了企业债台高筑，不得已拆东墙补西墙、借新债还旧债的情况。

政府和企业意识到了外债剧增的危险性和严重性，一方面采取一系列措施力求摆脱外债危机，另一方面积极寻求外资来源的多元化。1983 年 12 月，政府修改外商投资制度，合并过去有关外资引进和管理的法规为新的《外资引进法》，并于 1984 年 7 月起正式实施，外商投资自由化程度达到 66.6%，外商可投资领域在 999 个基准产业分类中占 666 个。1985 年 7 月，政府再次放宽外商投资限制，外商可投资行业领域增加到 796 个，外商投资自由化

① 该组织于 1966 年 12 月在巴黎成立，有世界银行、国际货币基金组织、联合国开发署等国际组织和美国、联邦德国、法国、日本等 9 个国家参加并协商对韩投资规模、贷款条件等问题，1984 年宣布解散。
② 张蕴岭.韩国市场经济模式——发展、政策与体制 [M].北京：经济管理出版社，1997：382.

比率提高到 79.4%。自 20 世纪 80 年代后期开始，由于日元升值、发达国家产业转移等因素，外商对韩投资有所增加，主要集中在电子、电器、化工等制造业，尤其是政府重点扶持的重化工业领域。

韩国利用外资的特点和重点与韩国经济发展的路径和政府着力扶持发展的产业领域高度重叠。首先，光复后至 20 世纪 60 年代初以美国和国际组织援助及公共贷款为主，主要用于恢复经济、重建基础设施及发展轻纺工业等满足国内生活所需；其次，60 年代中期至 80 年代前半期以公共贷款和商业贷款为主，主要用于扶持和发展轻纺工业、重化工业等国内出口导向型重点产业，投资领域集中在劳动密集型和一些技术、资本密集型制造业；再次，80 年代后半期至 1998 年亚洲金融危机时期外资来源开始多元化，外资主要流向汽车、化工、机械、钢铁、电子、重化工业等资金和技术密集型制造业和金融等一些服务业；最后，亚洲金融危机之后以外国直接投资为主，外资主要投向有竞争力的重化工业领域并逐渐扩展到金融、保险、房地产、物流等更多的服务行业。

值得一提的是，韩国吸收的外资主要来自美、日、欧等发达国家和地区，其中美国和日本为投资主力，但两国的对韩投资又有所不同。首先，美国主要投资机械、电子、电器等制造业和航空运输、金融、保险、仓储、流通、贸易等服务业，日资主要投向纺织、服装、电子、电器、金属等制造业和饭店业等，其中旅日侨胞发挥了重要作用；其次，美国的投资规模较大，日本的投资规模较小，这与资金投向行业有关；再次，美国资本更倾向于通过控股或独资等方式掌握经营权，而日资则更多地选择参股分享红利而非控制企业；最后，美国对韩投资主要是以其技术和资金换取韩国市场，而日本对韩投资是建立海外生产网络，将国内竞争力下滑的产业转移出去[①]。

为了发展本国经济，韩国政府在不同时期审时度势采取不同的吸引外资政策，以更好地实施不同阶段的经济发展战略。同时，韩国不同时期、不同阶段的经济发展战略及对外资方式的偏好对外资也发挥了引导、引流作用。当然，政府对外资的认识也影响了对外资利用方式的选择，因此，其吸引外资政策根据当时政府的认知也有所反复。

① 张蕴岭.韩国市场经济模式——发展、政策与体制[M].北京：经济管理出版社，1997：397.

光复后至 60 年代初，政府在财力极度匮乏、国内经济百废待兴的情况下主要吸收外国援助和公共贷款弥补财政资源的不足。1960 年 1 月，政府制定《外资引进促进法》，1966 年将其改为《外资引进法》，1967 年发布《外资引进合理化的综合对策》，1969 年实行《积极吸收外商直接投资和培育外国人直接投资企业的措施》，1970 年制定《出口自由区设置法》，并通过采取外资企业支援制度、建立马山出口自由区等，力图吸引外商直接投资。之后，政府认为过多和无限制的外商直接投资可能会导致国内产业的主导权落入外资手中，而外资的撤离还会冲击国内产业甚至整个国民经济体系。尤其是日资的大量流入使得摆脱日本殖民统治不久的政府深深忧虑国内产业和经济命脉再次由外国资本掌控。因此，政府修改吸引外资政策的主基调，于 1973 年制定《关于调整外国人投资比例的原则》和《对外国人投资的一般指南》，鼓励合资，规定外资与内资的比例以及投资行业和投资规模，严格限制外资比例，严格要求外资企业义务出口，禁止外资企业在任何市场同本国企业竞争。

到了 80 年代，政府为了推动国内企业提高生产率和生产效益以及产品的出口竞争力，吸收国外的高新技术进行产品和产业的升级换代，于 1981 年发布《批准外国人投资的细则》，之后多次进行修改和补充，放宽对外商直接投资的行业限制和持股比例，简化相关手续。1985 年放宽外资减免税行业的限制；1986 年放宽外资对传统行业的投资限制；80 年代后期放开大部分制造业领域的限制；从 1989 年开始服务业实行外国人投资自由化；1992 年修改《外资引进法》，1993 年 3 月开始对外国人直接投资实行原则上申报、例外审批制，同时减少或取消对一般外国人直接投资项目的减免税优惠，转而向高新技术投资项目倾斜并扩大优惠力度[①]。

1993 年 6 月，政府制定《外国人投资开放五年计划》，进一步放宽外商投资限制，将限制外商投资的 224 个行业中 132 个行业全部放开，76 个行业于 1997 年以后全部对外资开放，仅 16 个行业维持现状。到 1997 年，韩国整个产业对外商投资的开放程度达到 93.4%，服务业开放水平从 1993 年的 70% 提高到 86.9%，合资企业受限行业从 1993 年的 50 个大幅减少到 7 个。

---

① 张蕴岭. 韩国市场经济模式——发展、政策与体制 [M]. 北京：经济管理出版社，1997：403-404.

过去受到严格限制的海运、航运、通航、供水、供油等港湾业务以及建筑、金融等行业也逐步放开，废除外商投资比例限制，简化投资手续，取消审批制度，以备案制度代替，缩短办理投资手续时间，改革对外商不利的税收制度及相关的金融法规①。

　　尽管政府的外资政策做了大幅度调整，但一直到1997年底爆发亚洲金融危机之前，外商直接投资增长依然缓慢。当时韩国主要实行借贷—引进技术—加工出口的外向型经济政策，对外商直接投资限制很多，企业利用外资以举借外债为主，尤其是利用短期外债为主的高负债经营。因此，进入韩国的外商直接投资较少。

　　危机爆发之后，韩国企业难以按时偿还高额短期外债，企业信用一落千丈，融资成本高企，甚至无法融资，大企业集团纷纷倒闭，国民经济陷入绝境。经此一劫，韩国政府再次改革外资政策，大力吸引外商直接投资。1998年5月，政府颁布修订后的《外国人投资促进法》，进一步为外资提供优惠政策。例如，外国人在韩投资企业的持股比例扩大到55%；开放外资银行的外汇贷款业务以及债券市场和股票市场，并实行衍生金融交易自由化；允许外资对房地产等以前禁止的行业进行投资，允许外国企业收购韩国企业；建立由外商自主选择的自由投资区，对重点外资企业减免所得税，提供为期50年的低成本租用土地；改善对外国投资者的服务，简化审批流程，提供一条龙服务等。

　　这一政策的实施使得外资直接投资迅速增加，当年（1998年）外商对韩直接投资88.5亿美元，增长率达到27%，居亚洲国家之首。翌年（1999年）外商对韩投资激增，达到155亿美元。利用外资政策的大幅度转变和外商投资环境的改善为韩国经济的快速复苏和稳步增长注入了新鲜血液②。亚洲金融危机成了韩国利用外资方式的重要转折点，从企业大量举借外国商业贷款转变为以吸收外商直接投资（FDI）为主。韩国通过大力吸引外商直接投资，既弥补了国内资本的不足，也带来了外国的先进技术和生产经营方式，改善了企业的融资结构，为产业的升级换代和提升产业竞争力以及经济发展注入了新的活力。

---

　　① 廖炳才.韩国对外贸易与经济合作[M].北京：东方出版社，1994：104-109.
　　② 宋宇，杨佩卿.中等收入陷阱的东亚式规避：韩国经验及其启示[M].北京：科学出版社，2014：77.

受全球新冠肺炎疫情影响，2020 年前三季度累计外商对韩直接投资额为 128.9 亿美元，同比减少 4.4%，但累计实际到位外资为 79.9 亿美元，同比增加 1.4%。汽车、半导体、显示器等尖端材料、零部件和设备吸引的外商直接投资额（以下均以申报额为准）同比增加 1 倍以上。针对无人驾驶汽车、机器人、人工智能和大数据等新产业领域的直接投资额也不断增加，带动第三季度指标呈恢复趋势。按流入地来看，中国、新加坡、马来西亚等大中华区部分国家对韩直接投资额达 40.5 亿美元，同比增加 47.8%。其中，中国内地的投资额同比增加 172.5%，为 12.5 亿美元，这得益于中国的疫情形势较早趋稳，推动中国投资者扩大对韩直接投资规模。相反，美国、欧盟和日本对韩直接投资额同比减少了 20%~50%[①]。

第四节 "新北方政策"和"新南方政策"

一、"新北方政策"

"北方政策"一词曾经在 1988 年由卢泰愚政府提出，强调与北方地区的合作。但由于朝鲜半岛核危机和国际社会对朝制裁，这一政策一直未见成效。

在 2013 年 10 月韩国对外经济政策研究院（KIEP）举办的"欧亚时代的国际合作"会议上，时任总统朴槿惠提出了"欧亚合作倡议"，强调加强与欧亚国家的多层次合作，实现经济关系多样化，推动韩朝经济持续增长以及朝鲜半岛的和平统一。"欧亚倡议"合作伙伴包括俄罗斯远东和西伯利亚地区、中国东北三省、独联体成员国以及蒙古国，合作领域包括建设贯穿整个欧亚大陆的物流网络、"丝绸之路快车项目"（Silk Road Express，SRX）、综合运输网络集群、连接欧亚大陆与北方航线、扩展能源和交通网络、建设智能电网等基础设施等（见表 6–2）[②]。

---

① 2020 年第三季度韩国吸引外商直接投资创新高 [EB/OL]. http：//kr.mofcom.gov.cn/article/jmxw/202010/20201003007478.shtml.

② 李载荣，马小龙.韩国的新北方政策与俄罗斯远东和西伯利亚开发 [J]. 俄罗斯研究，2015（3）.

表 6-2 　　　　　　　　　"欧亚合作倡议"的主要内容和方向

理想	宗旨和目标		
整体的大陆	（巨大的单一市场）建立物流、能源和贸易网络		
	物流（连接铁路和公路）	能源（开发资源和建立智能电网）	贸易（创建统一市场）
	连接丝绸之路快车和北方航线	共同开发中国境内的页岩气和远东的油气	加快中日韩自由贸易协定、区域全面经济伙伴关系和跨太平洋经济伙伴关系谈判
创新的大陆	在创新经济和扩大文化与人文交流的基础上推动经济合作		
	应用最新的科学和信息技术	推动文化交流	促进人文交流
	在能源、物流领域使用信息通信技术，创造新的附加值	组织文化项目	建立青年交流网络
和平的大陆	实现和平、消解安全威胁，实现更广阔的商业和文化交流		
	朝鲜半岛的信任建设进程	东北亚和平与合作倡议	
	朝鲜—韩国—俄罗斯三方合作，朝鲜—韩国—中国三方合作，实现和平统一	在气候变化、自然灾害、核安全和软议题（知识产权和环境保护）等方面的合作	

资料来源：A Summary of President Park's Keynote Address at the KIEP Conference on Global Cooperation in the Era of Eurasia，October 18，2013.

　　韩国努力寻找未来的经济增长引擎，推行多样化外交，维护地区安全，这给北方政策带来了新契机。文在寅政府延续并调整前任们的区域合作战略，提出了"新北方政策"与"新南方政策"。

　　2017 年 5 月文在寅政府执政后，相继推出了以多边外交和经贸领域为目标的"新北方政策"和"新南方政策"。9 月 7 日，文在寅总统访俄，在符拉迪沃斯托克远东大学举行的"第三届东方经济论坛"上发表主旨演讲时提出了"新北方政策"。该政策的对象是朝鲜、中国、俄罗斯和蒙古国等，旨在加强东北亚国家之间的合作，打造从朝鲜半岛到俄罗斯远东地区再到东北亚和欧亚大陆的巨大经济合作区。为此，文在寅建议在韩俄之间搭建"九座桥梁"（9 Bridges），即在天然气、铁路、海港、电力、北极航道、造船、劳动力就业、农业和水产业九个不同领域开展多重合作，将韩国铁路与西伯利亚大铁路（TSR）相连接，成为连接欧亚大陆和海洋的通道，并建议将"九桥战略"拟定成详细的行动计划[①]。

　　"新北方政策"的重点是通过韩俄合作建立欧亚经济共同体，吸引朝鲜

---

　　① 　王海纳.文在寅在东方经济论坛发表演讲，阐述韩国"新北方政策"[EB/OL]. https：//www.yazhouribao.com/view/20170907144203459.

加入，促进韩朝俄三边合作，以此来扩大韩国的经济版图，缓解东北亚地缘政治紧张局势，为东北亚地区的长期和平与合作创造条件，实现区域共同繁荣。这是连接朝鲜半岛、俄罗斯远东地区及欧亚大陆的经济合作构想，其目标是促进经济增长，实现地区和平。韩国政府还曾经考虑为打造罗津—哈桑跨国工业园的"新北方政策"项目而向韩朝合作基金注资①。

文在寅还提议建设东北亚"超级电网"（Super Grid），促进区域内各国电力合作。他认为，俄罗斯丰富的能源和蒙古国的风能及太阳能相结合，可形成全球最大的能源共同体，并成为东北亚经济共同体和多边安保体系的基础②。

俄罗斯提出"新东亚政策"，希望通过与中国、韩国、日本等亚洲国家的经济和外交合作来加入不断增长的亚洲市场，以此发展远东地区经济，力求东西部均衡发展。这一政策与韩国的"新北方政策"不谋而合。2017年11月14日，文在寅在菲律宾与俄罗斯总理梅德韦杰夫会谈时表示，将以北方经济合作委员会为中心，努力推行"新北方政策"，在韩俄之间架设造船、港口、北极航道等"九座桥梁"，开展多重合作。梅德韦杰夫表示，韩国是俄罗斯在亚太地区的重要伙伴，朝鲜半岛的和平攸关韩俄两国利益，近年来韩俄关系取得了长足发展，俄政府已经做好准备落实文在寅总统提出的"九桥构想"③。

韩国经济副总理兼企划财政部部长洪楠基于2020年10月27日与俄罗斯副总理兼远东地区全权代表尤里·彼得罗维奇·特鲁特涅夫以及两国外交部、产业部等多个主要部门高层人士举行会议，双方决定检查两国主要经济合作项目的进展情况，并扩大相互投资。为此，双方在扩大原韩俄经济合作的基本框架"九桥计划"的基础上签署了"九桥计划2.0"，约定将现有的天然气、电力、铁路、产业园区、造船、港湾、北极航线、农业、水产、保健医疗、教育、环境领域的合作体系重组为能源、铁路、基础设施、造船、港口、航海、农林、水产、保健、投资、创新平台、文化、旅游等领域的合作体系。

---

① 韩政府：新北方政策兼顾对朝制裁 [EB/OL]. https://cn.yna.co.kr/view/ACK20170908002800881.
② 王海纳. 文在寅在东方经济论坛发表演讲，阐述韩国"新北方政策"[EB/OL]. https://www.yazhouribao.com/view/20170907144203459.
③ 文在寅会见俄总理梅德韦杰夫 力推"新北方政策"[EB/OL]. http://world.huanqiu.com/exclusive/2017-11/11379310.html.

两国计划，待疫情稳定后，在韩国正式召开第 19 届经济共同委员会，以"九桥计划 2.0"为基础，积极开展经济合作。2020 年为韩俄建交 30 周年，此前韩俄两国首脑决定将 2020 年作为交流年举行一系列活动，因新冠肺炎疫情影响，两国决定将交流年延长一年，在疫情趋缓后，加快推进纪念活动①。

　　作为"新北方政策"的一环，韩国也努力再续与朝鲜的交流与合作。2020 年，韩朝一度热络的交流与合作因韩方"对北散发（涉及诽谤金正恩）传单"而中断，朝鲜宣布自 6 月 9 日 12 时起完全切断和废弃所有连接朝韩的通信联络线，包括北南当局之间的通信联络线、北南军部之间的东西海通信联络线、北南通信试验联络线②。但韩朝地方政府之间仍然努力进行接触与交流。8 月，韩国光州南区与韩国的南北合作团体携手积极推进朝韩城市合作。光州南区于当月 18 日与南北经济文化协作财团（经文协）签订业务协议，为推进朝韩城市间的交流合作事业迈出了第一步。协议中双方决定尽快选定一个朝鲜城市，推进永久性合作。为此，南区将选定人道合作、农业、森林、保健医疗合作等 5~10 个重点合作领域，并选定适宜合作的朝鲜城市③。

二、"新 南 方 政 策"

　　2007 年，韩国与东盟签署了自由贸易协定，2019 年双边贸易总额超过 1600 亿美元，东盟继中国之后成为韩国的第二大贸易伙伴。韩国对东盟的出口年均增长 7.5%，而对美增长 4.2%，对华增长 4%，韩国与东盟的贸易顺差也逐年增加④。

　　2017 年 11 月，文在寅总统访问印度尼西亚、越南、菲律宾，出席在越南岘港举行的亚太经合组织（APEC）领导人会议、在菲律宾马尼拉举行的东盟系列峰会等。他在访问印度尼西亚时首次提出"新南方政策"，强调韩国将把与东盟、印度的合作提到与"美中日俄四大国外交"同等的水平，进一步加强与东盟国家的经济合作，推进并提升韩国与东盟之间的关系。2018

---

①② 韩俄签署"九桥计划 2.0"，加快推进新北方合作 [EB/OL]. http://kr.mofcom.gov.cn/article/jmxw/202010/20201003011340.shtml.

③ 韩国光州南区与韩南北合作团体携手推进朝韩城市合作 [EB/OL]. http://kr.mofcom.gov.cn/article/jmxw/202008/20200802993836.shtml.

④ 韩国广播公司（KBS）网站，http://world.kbs.co.kr/chinese/program/program_economyplus_detail.htm?No=6364&current_page=.

年 7 月，文在寅总统访问新加坡，强调韩国"新南方政策"的目是通过与新加坡及其他东南亚国家加强合作，建立一个面向人民、繁荣与和平的未来伙伴关系。文在寅将"3P（People、Peace、Prosperity，即人民、和平与繁荣）社区"定义为与东盟进行经济合作的口号，表明韩国与东盟之间的合作不仅在于扩大经济领域的合作，还希望形成一个让参与者共同发展繁荣的大社区 ①。2019 年 3 月文在寅总统访问文莱、马来西亚、柬埔寨，9 月访问泰国、缅甸、老挝，探讨与各国进一步扩大农业、基建、金融等领域的合作。至此文在寅访问了东盟十国，这对于实施和推进他所倡导的"新南方政策"具有重要意义 ②。为进一步深化与东盟的关系，2019 年 11 月 25~26 日，韩国—东盟特别首脑峰会在釜山举行，以纪念韩国—东盟建立对话 30 周年，回顾和总结韩国与东盟之间所建立的对话会议机制，探讨今后的合作关系发展方案并进一步深化具体的协作方案，巩固和发展未来的经济伙伴关系。峰会通过了旨在深化双方伙伴关系的方案的联合声明，公布了"以人为本的共同体""互利繁荣的创新共同体""和平的东亚共同体"三大未来发展蓝图。韩国政府表示，将基于这一愿景全面推进"新南方政策 2.0"，并把对东盟关系提升为对华对美对日对俄关系的水平 ③。

"新南方政策"的对象主要是东南亚国家和南亚国家。作为"新南方政策"的具体经济合作措施，韩国土地住宅公社（LH）首次在海外建设的占地 224.9 万平方米的产业园区"韩国—缅甸经济合作产业园"（KMIC）于 2020 年 12 月 24 日在缅甸仰光举行了开工仪式，正式开始园区建设。产业园的正式开工标志着韩—缅经济合作事业进入了正轨 ④。

"新南方政策"的宗旨是深化与东盟国家的交流合作，形成以人为本、和平共赢的共同体，实现共同繁荣。为此，韩国政府设定目标，至 2020 年将韩国—东盟之间的贸易额增加到 2000 亿美元，这接近目前的中韩贸易总额。但 2020 年因新冠肺炎疫情的影响，这一目标未能实现。韩国如果通过"新南方政策"更积极地开拓东盟市场，未来东盟有望替代中国成为韩国最

---

① 韩国广播公司（KBS）网站，http：//world.kbs.co.kr/chinese/program/program_economyplus_detail.htm?No=6364&current_page=.
② 董向荣，金旭.东南亚何以成为韩国对外经济合作重点 [J]. 世界知识，2019（21）.
③ 韩国—东盟特别峰会闭幕 共同发表"三大未来蓝图"[EB/OL]. http：//intl.ce.cn/specials/zxgjzh/201912/02/t20191202_33751976.shtml.
④ 韩国和缅甸经济合作产业园正式开工 [EB/OL]. http：//kr.mofcom.gov.cn/article/jmxw/202012/20201203025681.shtml.

大的出口市场。

韩国还积极推进以政府间合作促海外投资开发新模式。据国土交通部 2020 年 8 月 25 日公告，韩国海外基础设施城市开发支援公社（KIND）已在当月 19 日与巴拉圭铁路公司（FEPASA）签订了巴拉圭轻轨项目合作协议，为两国政府间（G2G）合作搭建了桥头堡。这是连接巴拉圭首都亚松森（Asuncion）和外围城市伊帕卡拉伊（Ypacarai）间的 44 公里城际铁路 BOT 项目，建设周期约 2 年，项目总金额约 5 亿美元。此次合作是政府间合作投资开发项目的代表性事例，韩国政府将通过政府间合作开拓进军海外建设市场的新模式①。

第五节　地区协调发展

经过几十年的发展，尽管经济总体上取得了巨大成就，但地区发展极不平衡，政治和经济主要集中在以首尔、仁川为中心的京畿地区，工业主要集中在以釜山、大邱为中心的岭南地区，农业则主要集中在以光州、全州为中心湖南地区。这三个经济圈相对独立、各自发展。

政府从 20 世纪末开始着力推进各地区的协调发展。产业通商资源部和中小风险企业部 2019 年 12 月 26 日召开地区经济委员会会议，确定了"2020 年区域产业振兴计划"，计划投入 6749 亿韩元（约合 5.82 亿美元），重点扶持培育地区创新集群、广域合作圈产业、地区特色产业等八个领域，支持地方经济创新。同时，将结合地区特点和发展方向，制定系统化的区域产业、企业培育路线图，由地区主导区域创新工作，实现联动、高效发展。政府将区域创新企业划分为"潜在"（销售额不足 100 亿韩元的成长可能性较大的企业）、"预备"（销售额 100 亿~500 亿韩元的成长潜力得到验证的优秀企业）、"先导"（销售额超过 300 亿韩元的交易核心企业）三类，有针对性地予以扶持。此外，产业通商资源部还制定了 2020 年度地区产业政策推进方向，目标是"在差别化的地区竞争力基础上，将地区主导的制造创新向全国推广"。而中小风险企业部则将重点放在区域创新企业的培育工作上，积极培育潜力

---

① 韩国签订巴拉圭轻轨项目合作协议　积极推进以政府间合作促海外投资开发新模式 [EB/OL]. http：//kr.mofcom.gov.cn/article/jmxw/202008/20200802995884.shtml.

大的企业和区域创新龙头企业 ①。

政府还追加指定了 7 个"管制自由特区"。2019 年 11 月 12 日，韩国国务总理公布蔚山等 7 个地区被指定为可以不受管制地开发和测试新技术的"管制自由特区"。至此，韩国政府共指定了 14 个"管制自由特区"。这些"管制自由特区"将在 2 年后进行评估，讨论特区延长、扩大或解除等问题。韩国中小风险企业部计划向特区内的企业、大学和研究机构等提供研发资金和试制品、专利和销售渠道，支持其进军海外市场，并将推进税收支持，以吸引企业，刺激投资 ②。

政府大规模促进南海岸以及东西海岸地区发展。2020 年 5 月 18 日，政府确定《南海岸圈发展综合计划》，即把从釜山到木浦的南海岸地区发展成具备经济、物流、休闲功能的"南海岸太阳带"（Sun-Belt）。这包含南海岸地区发展的三大目标和四大推进战略。三大目标包括建立东北亚第五大经济圈、建立新的国土增长轴心和建立 2 小时以内的综合生活圈。四大推进战略包括建立全球性海洋旅游和休闲地区、培育全球经济物流基地、建立综合性基础设施网络和培育整合东西部地区发展的据点。"南海岸圈"覆盖釜山、全罗南道、庆尚南道海岸的 35 个市郡，总面积达 1.2753 万平方公里。12 月，根据政府的东西海岸地区经济发展规划，东海岸被规划成为"蓝色能源带"，发展成为以绿色增长为主的能源和旅游中心，其具体内容包括构筑可满足 60% 国家能源需求的能源带，使该地区发展成为国际级旅游区；西海岸被规划为融合知识和尖端产业的综合带，发挥国际交流便捷的优点，打造国际商务区，扶植地区主要产业和新兴产业的发展，构建超一流的尖端产业带 ③。

2020 年 10 月 13 日，韩国经济副总理、企划财政部部长洪楠基在"韩版新政"战略会议第二次会议上宣布，政府将斥资 75.3 万亿韩元（约合人民币 44.1 亿元）推进"地区均衡发展新政战略"。该战略旨在将"韩版新政"的实施范围扩大至全国各地，推动地区经济增长，实现国家均衡发展。韩版新政地方项目按主体分为"中央政府主导型韩版新政地区项目""地方政府

---

① 韩国明年拟投入 5.82 亿美元支持地方经济创新 [EB/OL]. http://kr.mofcom.gov.cn/article/jmxw/201912/20191202926914.shtml.

② 韩政府追加指定 7 个"规制自由特区"[EB/OL]. http://kr.mofcom.gov.cn/article/jmxw/201911/20191102914807.shtml.

③ 以上信息综合中国驻韩大使馆经济商务处网站 2020 年资料而成。

主导型新政项目""公共机构主导型新政项目"三大类。根据规划，中央政府主导型地方项目的相关预算为75.3万亿韩元，占"韩版新政"预算总额的47%。具体包括智慧城市建设、灾害智能管理系统建设等地方政府提议后由中央政府推进的项目，以及绿色智能学校、高新道路系统等中央和地方间配对项目等。另外，地方政府主导型项目包括全罗南道新安海上风力发电园区建设、江原道氢能园区建设等项目。公共机构主导型项目包括唐津LNG生产基地智能工厂建设、仁川港智能物流中心建设等项目。政府表示，将积极扶持地方政府和公共机构主导推进的新政项目，为此将新设专职部门，简化审批环节，扫除各种障碍①。

为了与"韩版新政"相衔接，促进地区均衡发展，2020年11月26日韩国经济副总理兼企划财政部长官洪楠基在"非常经济中央对策会议"及"韩版新政部长会议"上表示，将把现有的地方骨干产业划分为三大领域48家企业，即数码领域20家、绿色环保19家、高附加值9家。特别是2021年至2022年，将在7个道、市挖掘100个有潜力的企业，大力支持其研发和开拓市场，将其培养成地方创新领先企业。2021~2025年政府将建立1.4万亿韩元的地方新政风险基金，为企业研发、地方新政协议等提供担保、融资，促进公共机关采购，支持出口、销售渠道、人才培养等，并以"自由特区"为地方新政试验基地，增加数字、绿色环保等与新政有关的特区试验点，2021年将建设1个绿色创业城、2个中小企业智能创新区等②。此外，新万金开发提速，该地区将成为"韩版新政"中心。11月24日，国务总理丁世均主持召开第24届新万金委员会会议，决定加快新万金建设步伐，到2050年将其建成韩国"绿色新政"和新产业中心。政府将以2050年为目标，每10年制定新万金阶段性开发规划，并适应新形势，将新万金定位从目前的全球自由贸易中心调整为"韩版新政"和新产业中心，以清洁能源和绿色产业枢纽、生态旅游中心等为核心推进该地区建设③。

---

① 韩政府拟斥资44亿元扶持韩版新政地方项目 [EB/OL]. http : //kr.mofcom.gov.cn/article/jmxw/202010/20201003007473.shtml.
② 韩计划至2022年培育百家创新领先企业 [EB/OL]. http : //kr.mofcom.gov.cn/article/jmxw/202011/20201103018455.shtml.
③ 新万金开发提速，将成"韩版新政"中心 [EB/OL]. http : //kr.mofcom.gov.cn/article/jmxw/202011/20201103018182.shtml.

参考文献

[1] 中华人民共和国科学技术部网站，http：//www.most.gov.cn/index.html.

[2] 中华人民共和国驻大韩民国大使馆经济商务处网站，http：//kr.mofcom.gov.cn/index.shtml.

[3] 张蕴岭，李冬新．东北亚经济概览 [M].北京：世界知识出版社，2019：第三章"韩国经济概览".

[4] 张蕴岭．韩国市场经济模式——发展、政策与体制 [M].北京：经济管理出版社，1997.

[5] 廖炳才．韩国对外贸易与经济合作 [M].北京：东方出版社，1994.

[6] 宋宇，杨佩卿．中等收入陷阱的东亚式规避：韩国经验及其启示 [M].北京：科学出版社，2014.

[7] 李载荣，马小龙．韩国的新北方政策与俄罗斯远东和西伯利亚开发 [J].俄罗斯研究，2015（3）.

[8] 王海纳．文在寅在东方经济论坛发表演讲，阐述韩国"新北方政策" [EB/OL]. https：//www.yazhouribao.com/view/20170907144203459.

[9] 韩政府：新北方政策兼顾对朝制裁 [EB/OL]. https：//cn.yna.co.kr/view/ACK20170908002800881.

[10] 文在寅在东方经济论坛发表演讲阐述韩国"新北方政策" [EB/OL]. https：//www.yazhouribao.com/view/20170907144203459.

[11] 文在寅会见俄总理梅德韦杰夫 力推"新北方政策" [EB/OL]. http：//world.huanqiu.com/exclusive/2017-11/11379310.html.

[12] 董向荣，金旭．东南亚何以成为韩国对外经济合作重点 [J].世界知识，2019（21）.

第七章

韩国的财阀经济体系*

金英姬

财阀是韩国经济的特色之一。德国、日本等国家在现代化进程中都采取过财阀经济体制，但与韩国的财阀经济不同。王泠一、许悦联（1997）指出，以血缘和亲缘为核心纽带的家族控制和家族经营是韩国财阀企业的显著特点和典型特征。所谓财阀就是某个家族通过控股和支配经营管理权实际掌握一系列企业所形成的企业集团。财阀的统帅通常任财阀企业母公司的会长（董事长），往往还兼任其他企业的会长职务，会长及整个家族控制母公司的大部分股份，而母公司又控制其他企业的大部分股份，由此构成家族的股份控制和经营管理上的统治[①]。张树焕（2010）指出，韩国的财阀经济体制是在国家指导下大力发展私营大企业的经济运行模式，政府的目标是着力培养一批经济效益好、竞争力强的私营大企业。韩国作为后发现代化国家，靠企业的自发竞争不可能在很短时间内发展起一大批私营大企业，因此政府在财阀形成过程中发挥了极其重要的作用，它通过税收、贷款等方面的优惠政策培育了一批具有强大竞争力的财阀企业。财阀模式中政府和企业的关系是：政府追求经济发展计划，而企业追求利润[②]。

＊　本节部分内容已发表于《上海经济研究》2017 年第 11 期，原文标题为《韩国财阀企业功过得失及启示》。
①　王泠一，许悦联 . 韩国经济五缘结构变幻 [J]. 上海经济，1997（1）.
②　尹保云 . 韩国为什么成功 [M]. 北京：文津出版社，1993：180. 转引自张树焕 . 经济成长与社会公平向度下的韩国财阀模式研究 [J]. 当代韩国，2010（夏季号）.

少数财阀企业在韩国的国民经济中占据举足轻重的地位。财阀企业数量虽少，但创造的价值在国民经济中所占比重超过 50%。韩国在经济发展过程中打造了财阀企业，财阀企业为"汉江奇迹"立下了汗马功劳，也滋生了政经勾结现象和家族企业带来的生产和市场垄断、内部交易等各种弊端。

第一节　财阀垄断资本主义的发展历程 [①]

南北分裂之前朝鲜半岛的产业格局为"南农北工"，韩国以农业为主，工业和私人资本底子极其薄弱。为了快速实现工业化和经济增长，韩国选择了威权政治和强势政府来主导经济运行，对企业进行积极引导和大力扶持。

20 世纪 50 年代，韩国实行进口替代战略，改善了韩国的经济状况，轻纺和食品等劳动密集型产业得到较快发展，为下一阶段的出口战略和经济起飞打下了一定的基础。这一时期，政府接管和整顿日本殖民统治时期留下来的企业，分配外国经济援助，出现了财阀企业的雏形。首先，在李承晚（任期为 1948 年 7 月 24 日~1960 年 4 月 27 日）政府处理"归属财产" [②] 的过程中出现了一批私营大企业。二战结束后，美军没收被日本当局和日本人侵占的朝鲜财产，并于 1948 年移交给韩国政府处理。当时"归属财产"的售价远远低于实际价值，政府还为购买者提供银行低息贷款，允许他们用长期付款方式支付。在通货膨胀率高达 30000% 的情况下 [③]，许多"归属财产"几乎是无偿送给购买者，一些私营大企业很快涌现。其次，美国的巨额经济援助进一步促进了私营大企业的发展。1945~1961 年间，美国以"占领地区救护援助"等名义对韩国经济援助达到 31.1 亿美元 [④]。由于政府规定的援助美元汇率不到美元市场价格的一半，把援助美元拿到市场上出售就可以获得一倍以上的收益，因此谁能分到这些援助谁就会成为富人。李承晚时期，只有与政府官员关系密切的人才有信息和资格购买这些财产，因此韩国的私营企业

---

　　① 以下部分内容发表于张蕴岭、李冬新：《东北亚经济概览》之第三章"韩国经济概览"，世界知识出版社 2019 年版。

　　② "归属财产"是日本殖民统治时期殖民当局和日本人占有的朝鲜财产。

　　③ 转引自张树焕．经济成长与社会公平向度下的韩国财阀模式研究 [J]．当代韩国，2010（夏季号）．

　　④ 陈龙山等．韩国经济发展论 [M]．北京：社会科学文献出版社，1997：120．转引自张树焕．经济成长与社会公平向度下的韩国财阀模式研究 [J]．当代韩国，2010（夏季号）．

和财阀天生带有政企不分、政经勾结的性质[①]。

　　20 世纪 60 年代，韩国工业基础依然薄弱，资源短缺，资本缺乏，技术落后，市场狭小，只有低价劳动力资源可资利用。恰逢国际上劳动密集型产业和一些低附加值技术密集产业进行第一次转移，韩国企业承接了一些产业，轻纺、日用品等以轻纺工业为主的劳动密集型产业得到迅速发展，同时韩国的民族企业也开始发展壮大。

　　1961 年 5 月 16 日朴正熙（任期为 1962 年 3 月 24 日~1979 年 10 月 26 日）发动军事政变上台执政后提出了"出口第一"思想，政府确定了出口导向型经济发展战略，许多财阀企业进入纺织品、鞋类等劳动密集型产业。1970 年韩国纺织品出口总额达到 3.41 亿美元，占韩国对外出口总额的 40.8%，其中金星纺织等四家企业垄断了纺织品出口的 90% 以上[②]；胶合板出口占据了世界胶合板 70% 以上的市场，其中东明木材等三大财阀的出口占 80% 以上[③]。这一时期与劳动密集型产业出口有关的财阀在国民经济中的地位突出，如东明木材长期占据韩国 50 大财阀的首位[④]。

　　朴正熙时期是韩国财阀经济体制正式形成的最重要的时期。朴正熙政府改变了李承晚时期的做法，减少了对经济的过多干预，理顺了政府与企业的关系，对企业不是剥夺和放任不管，而是有意筛选、积极支持和大力推进。朴正熙政府按照企业经济成果的大小给予不同的支持与鼓励。在政府的业绩和成果导向扶持原则下，只有那些出口成绩突出或者政府希望推动发展的产业部门才能够得到优惠支持和照顾。政府通过各种政策来扶植私营大企业的发展。在这种激励机制下，企业效益越好得到的优惠越多，得到优惠越多，效益越好，这样很快就形成了良性循环。而绝大多数中小企业由于资金困难，设备落后，管理水平低下，经营成果不突出，因此与政府的优惠政策无缘[⑤]。经过朴正熙时期的大规模私营化，到 20 世纪 60 年代中后期私营大企业集团大量出现，1970 年私营经济已占 GDP 的 90.8%[⑥]。

---

　　①④⑤　张树焕 . 经济成长与社会公平向度下的韩国财阀模式研究 [J]. 当代韩国，2010（夏季号）.

　　②　车东世，金光锡 . 韩国经济半世纪——各时期出口产品排行榜 [R]. 韩国开发研究院，1995：358.

　　③　张英，曹丽琴 . 韩国财阀比较研究 [M]. 北京：东方出版社，1994：19. 转引自张树焕 . 经济成长与社会公平向度下的韩国财阀模式研究 [J]. 当代韩国，2010（夏季号）.

　　⑥　张蕴岭 . 韩国市场经济模式——发展、政策与体制 [M]. 北京：经济管理出版社，1997：117.

　　20 世纪 70 年代，政府重化工业发展战略的推行又极大地加速了企业的集中。1971 年，韩国发布《重化工业宣言》，将资金和技术密集型重化学工业确定为发展和扶持的重点，财阀企业转向发展与重化学工业相关的产业，如现代集团创办现代尾浦造船等企业积极涉入造船领域。这一时期大企业（包括财阀企业）在国民经济中的比重进一步上升。60 年代初中小企业在企业总产值中的比重约为 50%，此后中小企业的比重大幅度下降，到 1973 年仅占 34%[①]。相反，大企业在国民经济中的比重从 1/2 上升至 2/3。1977 年私营经济达到 GDP 的 92%。[②] 发展重化工业时期，政府有意识地扶持财阀企业，在财政、税收、外汇、信贷、关税、建设项目等方面实行倾斜政策，加强财阀企业的国际竞争力。尤其在朴正熙执政时期，政府将有限的资源有意向积极执行政府政策且成效显著的大企业倾斜，包括金融支持、所得税减免、关税减免、土地政策和劳动力政策等，资源不断向少数财阀企业集中。朴正熙每月亲自召开例会，与政府官员和企业家共同讨论出口政策成效，直接废除影响出口的旧政策，消除企业家的政策障碍。1978 年，韩国有大中型企业 200 多家，其中财阀企业约 80 多家，这些企业成为韩国的经济支柱。到 1980 年，韩国十大财阀营业收入占 GDP 比重已高达 48.1%。作为私营大企业的财阀在韩国经济中逐渐占据支配地位[③]。

　　20 世纪 80 年代，韩国提出 "振兴教育和科学技术，实现技术升级" 的战略，政府鼓励企业引进外国技术，支持大企业通过合并重组 "做大做强"，增强竞争力。据韩国学者丁炳和梁英植的研究，1982 年，前 30 家财阀在韩国制造业中的比重为 47.90%，1983 年上升到 51.26%，1985 年进一步提升到 55.24%[④]。大量国有企业转为私有，到 1986 年国有企业只剩下 13 家。财阀还加强了科技创新的投资力度，最主要的表现是财阀企业纷纷建立了研究院，如三星成立了经济研究院，大宇成立了高等技术研究院。1981 年财阀建立的研究院只有 53 家，到 1991 年 4 月财阀附属研究所已超过 1000 家[⑤]。

---

① 延边大学朝鲜问题研究所．朝鲜研究丛书（一）[M]．吉林：延边大学出版社，1987：186.
② 张蕴岭．韩国市场经济模式——发展、政策与体制 [M]．北京：经济管理出版社，1997：117.
③ 张树焕．经济成长与社会公平向度下的韩国财阀模式研究 [J]．当代韩国，2010（夏季号）.
④ 丁炳，梁英植．韩国财阀部门的经济分析 [R]．韩国开发研究院，1992：55.
⑤ 中国贸促会驻韩国代表处．韩国企业加大研发投入提高竞争力 [N]．中国贸易报，2004-09-14（07）.转引自张树焕．经济成长与社会公平向度下的韩国财阀模式研究 [J]．当代韩国，2010（夏季号）.

因此，韩国政府提出的"科技国民化"很大程度上是由财阀实施的，财阀企业通过建立一系列研究所取得了不少自主创新技术，大大提高了韩国的技术水平。这个时期韩国主要重化学工业部门几乎全部由大财阀垄断和控制。20世纪60~80年代的30年间，韩国的企业发展迅速，形成了一批具有强大经济实力和国际竞争力的财阀企业。从轻纺工业到重化工业，财阀企业在政府的大力支持下积极发展制造业，大力促进出口，韩国的产业政策和经济发展战略取得了巨大的成功①。

20世纪90年代之后，韩国进一步推动"技术立国"战略，重点发展信息产业，开发高新信息产品和技术。这一时期政府提出大中小型企业都参与的方针。然而，高科技创新是一项高投入的资金密集型产业，由于中小企业财力和研发能力有限，这一战略最终还是主要依靠财阀企业得以实现②。到了90年代中期，拥有雄厚资本和技术支持的三星、LG电子、现代汽车等财阀企业开始大规模投资电子、机械和汽车等技术和资金密集型产业。这段时期财阀企业快速发展，三星集团（创始人为李秉喆）成立了三星电子、三星重工业、三星造船厂、三星精密化学、三星综合建设等；现代集团（创始人为郑周永）设立了现代建设、现代汽车、现代重工业、现代电子等；LG集团（创始人为具仁会）成立了乐喜油脂、金星社（LG电子的前身）、韩国电缆工业（LG电缆的前身）、湖南炼油（GS Caltex的前身）等③。财阀集团日臻成熟与壮大，通过设立各种分子机构以及母公司和子公司、子公司之间互相交叉持股，各自形成了相对封闭而垄断的庞大商业帝国，触角伸向国民经济各个领域。

第二节　财阀垄断资本主义的问题④

德国的Ch-K.科（1997）认为东亚经济发展模式最引人关注的可能就是独特的资本结构：一是工业、财政和商业资本之间的联系；二是等级制和大

---

①②　张树焕.经济成长与社会公平向度下的韩国财阀模式研究 [J]. 当代韩国，2010（夏季号）.
③　蔡晶.韩国怎么了？ [J]. 中国中小企业，2019（12）.
④　以下部分内容发表于张蕴岭、李冬新主编：《东北亚经济概览》之第三章"韩国经济概览"，世界知识出版社，2019年9月版。

企业对中小企业的控制。例如日本的三菱集团。三菱集团的核心业务是汽车、化学、钢铁、船舶、飞机、酿造、机器制造等，三菱集团通过分布在各行业的子公司，在国内外进行从墨斗鱼到卫星的各种货物的交易。"三菱银行"和"三菱信托银行"则（曾经）是世界上最大的银行，从事一切与钱有关的事务。韩国的三星集团有着类似的结构。日本的 6 个企业集团以及韩国的 5 个企业集团控制着国家 1/4 的销售额。除了东亚地区之外，其他任何国家的企业都不可能有这样的资本结构和结果。这种经济的优势在于少数大企业把数以万计的中小企业划分成不同等级并加以控制，这是东亚经济的主要结构特征[①]。

韩国的财阀资本主义亦是如此，庞大的商业帝国极大地促进了经济发展，但在几十年的发展过程中形成了各种弊端。这源于韩国财阀企业的特征及其发展历程。

首先，韩国的财阀企业具有以下特征：一是所有权和支配权属于某个家族，受家族控制，企业集团内部交叉持股；二是由多家企业组成，经营范围涉及多个产业，多元化经营；三是企业规模庞大，具有强大的经济实力；四是进行家长式的管理，企业文化强调长幼有序、忠孝服从等儒家传统文化。由于这些特点，韩国形成了财阀垄断资本主义。韩国一般将经济规模列前 30 位的财阀作为研究对象，目前三星、现代、LG、SK、乐天 5 大财阀的影响力巨大，对韩国经济的贡献也最大。

其次是财阀发展壮大的历程。财阀得以发展壮大的最重要的两个因素就是：第一，财阀与政府联系密切，依靠政府的政策和倾斜性扶持；第二，依赖外部资金，靠外延式增长发展壮大。

财阀企业的先天特征及发展路径，造成了很多政治、经济、社会矛盾。

第一，从组织结构和管理体制来看，财阀企业一般是家族企业，或者是原来的家族企业演变而来。财阀家族拥有企业，家族的某一人或几个人高度控制企业的所有权和经营权，并采取独断专行的家族经营方式，企业管理缺乏民主。即使有一定比例的职业管理者，但他们的作用也有限。而且，由于财阀是控股股东，他们很容易利用其股权和内部操作，剥削公司财产，侵犯小股东利益。譬如，通过人为定价，控股股东可以将利润从一家公司转移到

---

① Ch-K.科.日本和韩国资本主义发展的特点 [J].国外社会科学，1997（2）.

其持有大量股份的另一家公司，或者通过研发、广告和营销开支以及捐助基金会或以其他名义转移公司财产。[1]

韩国财阀企业的这种组织结构和管理体制和日本的系列企业如出一辙，连系列企业、综合商社这些名称韩国也沿用了日本的方式。美国的罗伯特·L. 卡茨（1992）在《日本的资本主义：卡特尔和系列制度》中指出，日本的资本主义与西方企业典型的模式完全不同，日本的系列制度（Keiretsu）（供应厂商与客户之间长久的密切关系）是日本经济的基本特征。这种独特的形式不是根据诸如联席董事会和交叉所有制等正式的法定关系，而是更多地依靠传统和习惯结合在一起。日本的系列企业有两种：分配系列企业和制造商系列企业。分配系列企业控制产品流程、零部件、服务以及从工厂到消费者手中的产品价格；制造商系列企业则由许多供应商组成。日本社会主要由这些非正式的卡特尔（Cartel）及其衍生物——系列企业织成的网络捆绑在一起，政治、社会和商业浑然一体，所有商业活动都是这个或那个系列企业或卡特尔的一部分，商业活动、经济利益与政治集团相互联系甚至勾结在一起共生，这种现象影响着国民经济的各个方面[2]。孙凤珍、李景峰（1994）也认为，日本的卡特尔（Cartel）通常是以非正式的、无法律依据的公司间协定来控制价格和限制同行业之间的竞争。日本社会是靠利益集团——官、产、学相结合支撑的，政治、社会和商业等在许多方面被非正式的卡特尔及其衍生体——系列企业（Keiretsu）的巨网所束缚。[3]

这也是韩国财阀企业的真实写照，内部以家族企业和交叉持股形成企业集团（商业帝国），外部以系列企业形式编织成庞大的供销网络。而且，韩国一直都有重视血缘、亲缘、姻缘、地缘、学缘的文化传统，并以此为核心构成人际关系、企业关系、社会关系网络，财阀企业的组织结构延伸到且覆盖经济、政治、教育、司法等社会各个领域，影响了整个社会的各种活动。从这一角度看，韩国的资本主义也可以被称为"裙带资本主义"。

第二，从资本结构来看，政府对财阀企业提供各种激励和信贷、税收政策优惠，助长了财阀企业"大而不死"（too big to fail）的心理，导致财阀

① 周建军. 韩国财阀改革的政治经济学：以小股东运动为例 [J]. 开放时代，2010（12）.
② 卡茨. 日本的资本主义：卡特尔和系列制度 [J]. 朱维安摘译. 国际经济评论，1993（8）.
③ 孙凤珍，李景峰. 浅谈日本资本主义的独特经济体系——卡特尔和 K 系列 [J]. 现代日本经济，1994（4）.

盲目扩大规模,进入多种相关或不相关的行业,举债投资急速扩张,负债过多。亚洲金融危机时期韩国最先倒闭的韩宝钢铁公司当时负债5万亿韩元,负债为自有资本的20倍。亚洲金融危机前,韩国企业的资产负债率都很高,前30家大企业集团的平均自有资本比率仅为18.2%,平均负债高达518%,一些财阀企业的负债率甚至达到了近4000%(当时美国为154%、日本为193%、中国台湾地区为86%),全国企业平均负债率逾400%[①],财务结构非常脆弱。受益于政府的倾斜性政策扶持,财阀企业大肆扩张规模,重复投资严重,资本充足率极其低下。金融危机之后企业接连破产,银行呆坏账急剧上升,企业风险转化为金融系统风险。由于财阀企业在韩国经济中占据巨大份额和不可忽视的地位,政府默许或纵容财阀采用负债经营方式急速扩大规模,使得资金配置扭曲,市场信号失灵,企业风险社会化。

第三,从发展历程来看,一些财阀直接来源于或者受惠于韩国国有企业及其他公共资产的私有化。据相关统计,1945~1960年,约占韩国经济30%的公共资产(包括工厂、生产设备和存货)被政府以资产的账面价值出售给私人企业,韩华、斗山、三星、SK和现代等接收了这些资产[②],为财阀企业的快速发展壮大提供了得天独厚的条件。到了20世纪60~80年代,政府在金融、税收、出口等各方面的政策扶持使财阀企业的规模迅速扩大。财阀企业极大地受益于政府制定的金融政策、贸易政策、产业政策和劳工政策,以及银行信贷支持、出口补贴、税收减免、政府的产业指导、对劳工的管制等。政府强力干预经济,为了获得政府的政策扶持以及更多的特殊优惠政策,企业千方百计寻求政府的支持,与政府相关机构和政府要员进行密切来往与接触,形成了长期而根深蒂固的"权钱交易"。不仅在朴正熙时期,在全斗焕、卢泰愚、金泳三、金大中政府时期,财阀企业向总统候选人提供政治资金的比比皆是,政经勾结现象严重,导致政企不分,腐败盛行,社会不公加剧。

因此,韩国历届总统中不少人因本人或亲属涉及贪污腐败而锒铛入狱,或者结局悲惨。比如,金泳三政府以贪污罪名拘捕了两位前总统全斗焕和卢泰愚,而金泳三之子也因涉及腐败入狱;金大中执政后期出现公司丑闻,给

---

① 朱乃新.找准转变经济发展方式的视角——以韩国经济转型升级为例[J].经济纵横,2008(5).

② 周建军.经济增长作为不稳定力量:基于韩国财阀模式的考察[J].经济社会体制比较(双月刊),2011(2).

其政治生涯蒙上阴影；卢武铉卸任后因亲属涉嫌贪污于 2009 年接受司法调查，5 月 23 日跳崖身亡；2017 年朴槿惠涉嫌闺密干政和涉嫌受贿被国会弹劾下台，并锒铛入狱接受刑罚。

第四，从政府与财阀的关系变迁来看，为了经济的快速发展，政府有意识地扶持且严重依赖财阀，这些企业在政府各种优惠政策的扶持和保护之下迅速发展壮大。到 20 世纪 80 年代特别是 90 年代以后，韩国从威权主义向民主化转型，而财阀变得非常强大，甚至可以影响政府政策，财阀企业要求政府取消管制，实行经济自由化，政府在某种程度上失去了对财阀的绝对控制。

第三节 财阀集团的整顿、改革与后效

1997 年底爆发的亚洲金融危机使韩国经济遭受了沉重打击，作为"东亚模式"典范的"政府主导、出口导向、财阀牵引、举债为主"的韩国财阀经济发展模式受到严峻考验和强烈质疑。亚洲金融危机彻底暴露了韩国长期赖以发展的财阀经济的脆弱性和各种弊端，严重打击了经济，国民经济摇摇欲坠，国家处于破产边缘。这极大地增强了政府变革的决心，也成为韩国经济发展方式转变的重要转折点。江瑞平（1998）曾指出，日本的"法人垄断资本主义"模式在 20 世纪 50~60 年代的日本经济高速增长中成效显著，但也在 90 年代的经济长期停滞中暴露出一系列严重问题。正是这些问题不断显现并日趋恶化，才促使日本的法人垄断资本主义模式发生了深刻的变革[①]。

在国际货币基金组织的推动下，韩国政府一方面利用其 570 亿美元紧急贷款援助度过危机，一方面转变经济发展模式。针对财阀企业过度重视数量的无序扩张和盲目多元化，政府指出企业需要注重和突出主营业务，尽快调整经营内容和企业结构，把"大而全"的经营转化为核心业务经营，使得企业能够持续良性发展。1998 年，政府制定了企业结构调整方针，从年底开始，财阀企业在政府的推动下大刀阔斧进行产业结构调整，力图解决重复投资的

---

① 江瑞平.法人垄断资本主义——关于日本模式的一种解析 [J]. 中国社会科学，1998（5）.

弊病，提高核心竞争力，降低财务风险。现代、三星、大宇、LG（前身为乐喜金星）、SK（前身为鲜京）五大财阀企业与政府达成《推进五大集团结构调整协议》，通过出售、合并或设立分公司的方式，各企业进行产业互换，收缩规模。例如，三星只经营电子、金融、物产和服务业，使原有下属企业总数由 269 个减至 150 个。政府还取消了大企业集团在贷款、税收、融资等方面享受的优惠政策和所有特权，以图割断政经裙带关系。政策调整之后，当时深陷短期外债危机的五大财阀之一——大宇集团因失去资金来源和政策扶持而倒闭。

金融危机使韩国政府认识到，国家经济发展不能只依靠一些财阀企业。因此，政府采取了以下措施：第一，修订法律法规，废除阻碍中小企业发展的条款，采取一系列措施促进中小企业良性发展；第二，清理整顿民营企业，改革国有企业；第三，改善企业内部管理，提高经营透明度，按照国际标准全面实行复式会计制度，加强控股股东和高管的责任等[①]。

自亚洲金融危机之后，通过大幅度的整顿和改革，韩国经济走出了危机的泥潭，经济运行和企业经营步入正轨。但时隔 20 年，韩国财阀企业再次接二连三陷入困境。

乐天集团自 2015 年开始不断出现状况：乐天世界塔施工出现问题，开业时间多次延迟；辛氏兄弟争权；高层领导自 2016 年 6 月起因涉嫌渎职、贪污公款、非法筹措资金等接连受到检方全面调查，二号人物李仁源自缢身亡，集团的业务扩张发展受到牵连[②]。

之后，在海运业世界排名第七位、韩国排行首位的韩进海运巨额亏损，2016 年上半年累计亏损高达 4730 亿韩元，不得不于 8 月 31 日向首尔中央地方法院申请破产保护，9 月 2 日向美国方面提出破产保护[③]。韩进海运在全球有 60 多条航线，每年向世界各地运输货物上亿吨，在世界贸易和海运业占据重要地位。韩国经济高度依赖进出口贸易，韩进破产导致 140 多亿美元的货物滞留海上，出口交货延误，港口吞吐量下降，造船厂订单减少，对韩国的进出口造成了巨大冲击，也震动了全球海运业。

随后大宇造船陷入困境，银行面临 13 万亿韩元（约合 118.9 亿美元）

① 陈汉林.对韩国经济发展模式的重审与反思[J].经济纵横，2003（1）.
② 网易新闻，http://news.163.com/16/0926/07/C1SDVJLU00014JB5.html.
③ 网易财经，http://money.163.com/16/0912/08/C0OFTQTK002580S6.html.

的巨额损失。而韩国最负盛名的三星集团子公司三星电子的旗舰手机 Galaxy Note 7，在 2016 年发布不到一个月因电池板问题造成数十起爆炸事件，在全球召回 250 万部，还成为多家航空公司禁止携带物品。三星电子和 Note7 电池供应商 SDI 自召回声明后股价大跌，这次手机爆炸事件成为三星电子有史以来最大的危机。

三星集团是韩国最具代表性的企业，是韩国经济的中流砥柱，也是科技创新方面的领头羊，在经济界地位举足轻重。三星电子 2015 年营业收入占同期韩国 GDP 的 13%。再加上三星集团的其他子公司，年营业收入总额约占韩国 GDP 的 20%[①]。三星电子在处理器芯片、图像传感器、屏幕等手机核心零部件方面都处于行业领先地位。2015 年，三星在芯片市场的占有率 11.6%，全球半导体市场排名第二。2016 年一季度三星图片传感器出货量排名全球第三，三星手机的全球市场份额为 24.5%，超过苹果和华为的总和[②]，在同行业遥遥领先。目前三星集团利润主要来自三星电子，而智能手机的利润约占三星电子利润的一半。全球智能手机市场竞争日趋激烈，此次手机爆炸事件严重影响了三星的销售业绩和利润，使三星的品牌价值、企业经营效益和企业形象受损，也给韩国经济带来了不小的冲击。

现代汽车也深陷困境。工会自 2016 年 9 月 26 日起因提高薪水等待遇改善问题全面罢工，现代汽车蔚山、全州和牙山工厂生产线停工。这是自 2004 年以来现代汽车工会又一次大规模罢工，参与人数达到 5 万人，接近在韩现代汽车工人总数的 75%，导致 134 亿韩元损失[③]。

韩国几大财阀企业接连陷入困境，与这些企业有关的众多供货商、经销商、出口商等中小企业更是连投资资金也难以回收。过去一直被三星、现代、韩进等大企业集团牵引的财阀经济发展模式一时成了软肋。

从上述财阀企业发生的一系列事件中可以看出，除了经营管理不善和技术瑕疵等常规问题之外，韩国的财阀经济仍然存在根深蒂固的顽疾：一是政经勾结；二是财阀企业持股结构、所有权与经营权问题；三是严重依赖财阀企业，中小企业薄弱。韩国社会对财阀垄断的批评声以及要求"经济民主

① 网易新闻，http：//news.163.com/16/0926/07/C1SDVJLU00014JB5.html。
② http：//finance.ifeng.com/a/20160919/14887163_0.shtml。
③ 包雨朦. 韩国现代遭遇 12 年来最大危机：5 万人参与全面大罢工 [EB/OL].http：//www. thepaper.cn/newsDetail_forward_1534625.

93

化"①的呼声越来越高，外部压力又要求政府尽快实现新经济自由主义。但是，财阀企业富可敌国，实力非常雄厚，又掌握着国家的经济命脉。财阀企业已经成为韩国经济的主体，近年来仅三星、现代、SK、LG、乐天这五大财阀企业在韩国国民经济产出中所占比重就超过 50%，接近 60%，前 30 家财阀企业占韩国总出口的 80%（其中仅三星一家财阀企业就占总出口的 1/3）、GDP 的 80%。据统计，截至 2017 年 3 月，包括优先股在内的三星集团证券市值总额占韩国综合股价指数（KOSPI）（主板）和科斯达克（KOSDAQ）（二板）市值总额的 28.0%。同期，韩国 10 大企业集团市值总额占 KOSPI 和 KOSDAQ 两市的 52.2%②。仅三星集团 2017 年的总资产就达到韩国 GDP 总量的 20%，而三星、现代等所有财阀加起来的总资产约占韩国 GDP 的 75%③。

　　财阀企业涉足行业范围之广、影响之深已经渗透到国民经济的各个层面，它们拥有的市场规模、技术水平，以及市场开拓能力和技术研发能力等也正是韩国的核心竞争力，面对激烈的国际竞争，韩国经济还需依赖财阀企业来实现经济增长。控股股东（或家族）在不同子公司和部门间交叉持股，形成了网络般复杂的股权体系，并通过不透明的管理来控制财阀企业，政商关系也根深蒂固。"官商勾结"的现象渗透到各行各业，严重影响了经济，也加深了社会矛盾和民众对财阀企业的反感。涉及前任总统朴槿惠亲信干政调查的很多是财阀企业，一些人认为现在财阀正在毁掉韩国经济，要求进行处罚。韩国历届总统都承诺"经济民主化改革"，但受经济结构的制约，改革成效相对有限。

第四节　财阀企业的发展现状

　　财阀企业具有很强的技术研发能力和出口竞争力。以韩国最著名的三星

---

　　① "经济民主化"主要是指对财阀进行监管，限制其扩张，维护市场公平竞争，保护中小企业，增加雇用的稳定性，从而实现对社会财富的更均衡分配。
　　② 中华人民共和国驻大韩民国大使馆经济商务处网站，http : //kr.mofcom.gov.cn/article/jmxw/201703/。
　　③ 刘逸群. 韩国财阀在新自由主义经济改革中屹立不倒的原因分析 [J]. 全国流通经济，2019（29）.

集团为例，2017 年三星电子首发全球最大容量 V–NAND 闪存，在当年 8 月于美国举行的"2017 年闪存峰会（Flash Memory Summit 2017）"上还提出了新的 SSD 标准，即"NGSFF"（Next Generation Small Form Factor）[①]。尽管经历了 2016 年手机电池爆炸带来的巨大冲击，销售量、利润以及品牌影响力受到严重打击，但 2018 年二季度，在全球智能手机市场上，韩国三星仍以发货量 7950 万台继续保持领先，市场占有率达 22.1%，远远超过第二名美国苹果（发货量 4100 万台，市场占有率 11.4%）和中国华为、OPPO、小米（市场占有率分别为 10.7%、8.2% 和 6.4%）。

2020 年，三星 OLED 被美国 DisplayMate 评定为最高等级。8 月，美国画质评价企业 DisplayMate 将 Galaxy Note 20 ultra display 评定为最高等级"excellent A+"。此次推出的三星 Display OLED 结合了最尖端的显示屏技术[②]。

2020 年底，三星电子在 DRAM 和 NAND Flash 等存储器半导体领域位居世界第一，总市值（2619.55 亿美元）在全球半导体企业中排在台积电（3063.45 亿美元）之后，位居世界第二，SK 海力士（501.9 亿美元）排名第九[③]。ICInsights 数据显示，以 2019 年为基准，韩国企业的全球半导体市场占有率为 21%，继美国（55%）之后位居世界第二，其中三星电子、SK 海力士等韩国综合半导体企业（IDM）取得了 29% 的世界市场占有率[④]。

2020 年上半年，三星电子的全球电视机市场占有率排名第一。据市场调查企业 OMDIA 2020 年 8 月 19 日的数据，受新冠肺炎疫情影响，2020 年上半年全球电视机的销售规模为 9187.2 万台，销售金额为 397.53 亿美元，同比分别减少了 7.7% 和 17.8%。但在这种情况下，以高端电视机为主导的韩国企业大体上表现良好。上半年，三星电子在全球电视机市场的占有率为 31.3%，销售额为 124.28 亿美元，以压倒性的优势占据首位，并连续 5 个季度市场占有率保持在 30% 以上。LG 电子电视机市场占有率 17%，销售额

---

① 中华人民共和国驻大韩民国大使馆经济商务处网站，http：//kr.mofcom.gov.cn/article/jmxw/201708/。

② 三星 OLED 被美国 DisplayMate 评定为最高等级 [EB/OL]. http：//kr.mofcom.gov.cn/article/jmxw/202008/20200802993449.shtml.

③ 全球半导体企业市值台积电居首位三星排名第二 [EB/OL]. http：//kr.mofcom.gov.cn/article/jmxw/202007/20200702983914.shtml.

④ 半导体设计企业成长势头迅猛 销售额 10 年间翻番 [EB/OL]. http：//kr.mofcom.gov.cn/article/jmxw/202012/20201203027644.shtml.

67.75 亿美元，位居第二①。

近期韩国现代的氢能汽车超过日本丰田跃居世界第一。根据韩国汽车产业协会（KAMA）2019 年 12 月底的统计，现代汽车集团 2019 年氢能汽车销售达 3666 辆，超过丰田跃居世界第一。韩国在世界氢能汽车市场中所占比重为 52.4%，美国为 29.4%，日本为 9.7%，欧洲为 6.5%②。

2020 年，全球电动车市场受疫情影响陷入低迷，而韩国电池企业的市场份额却急剧增加。SNE Research 发布的数据显示，1~6 月 LG 化学在全球电动车电池市场的份额为 24.6%，电池使用量 10.5GWh，与上一年同期相比增长 82.8%，从第 4 位跃升到第 1 位。三星 SDI 和 SK Innovation 也以 6.0%（第 4 位）和 3.9%（第 6 位）的市场份额进入前 10 名。韩国 3 家电池企业全球占有率合计为 34.5%③。

在生物制药领域，财阀企业也提交了不俗的成绩单。2020 年，三星生物制剂销售额共计 1.1648 万亿韩元，比上年增长 66%。这是其自 2015 年正式进入市场以来年销售额首次突破 1 万亿韩元，较 2015 年增加了 12 倍以上，5 年间销售额年均增长率高达 66.4%。据初步统计，三星生物制剂 2020 年营业利润为 2928 亿韩元，同比增长 219.14%；净利润为 2410 亿韩元，同比增长 18.76%。三星生物制剂公司仅 2020 年与跨国制药公司 GSK 签订的单个 6.27 亿美元委托生产（CMO）订单的价值就达到了 2019 年全年销售额的近 2.5 倍。④

韩国财阀企业多次跻身全球品牌榜前列。据国际品牌咨询机构 Interbrand 于 10 月 20 日发布的 "2020 年全球最佳品牌" 排行榜，继苹果、亚马逊、微软、谷歌之后，三星电子以 623 亿美元的品牌资产价值位居第五。自 2000 年开始进行相关统计以来，三星电子的品牌价值和排名逐步提升，从 2000 年的 50 亿美元（第 43 位）起步，逐渐升至 2010 年的 195 亿美

---

① 三星电子上半年全球电视市场占有率第一 [EB/OL]. http://kr.mofcom.gov.cn/article/jmxw/202008/20200802993838.shtml.

② 现代氢能汽车超过丰田跃居世界第一 [EB/OL]. http://kr.mofcom.gov.cn/article/jmxw/201912/20191202920674.shtml.

③ 在前 10 名竞争企业中，中国（5 家）市场占有率为 36.8%，日本（2 家）为 22.5%。不断跃进的 "K- 电池" 应全力扩大技术差距 [EB/OL]. http://kr.mofcom.gov.cn/article/jmxw/202008/20200802989820.shtml.

④ 三星生物制剂 2020 年销售额首次突破万亿韩元 [EB/OL]. http://kr.mofcom.gov.cn/article/jmxw/202101/20210103034478.shtml.

元（第 19 位）、2012 年 329 亿美元（第 9 位）、2017 年 562 亿美元（第 6 位）、2019 年 611 亿美元（第 6 位）。现代汽车以 142.95 亿美元的品牌价值排在第 36 位，并在"全球百强汽车品牌"排行榜位居第 5 位 [①]。

　　韩国 30 大集团的资产规模排名在 10 年间发生了巨大变化。2020 年 7 月 8 日企业评估网站"CEOSCORE"公布的过去 10 年间（2009~2019 年）韩国 30 大集团资产排名变化情况显示，10 年间新进入 30 大集团的有农协、未来资产、现代百货、永丰、韩国投资金融、教保生命保险、KAKAO、夏林（HARIM）、KT&G 9 家；而 STX、DB、现代、KCC、韩进重工、韩国 GM、东国制钢、现代建设等企业则退出了 30 大集团之列。前六名排序没有变化，三星以 424.85 万亿韩元稳居榜首，现代汽车（234.71 万亿韩元）、SK（225.53 万亿韩元）、LG（136.97 万亿韩元）、乐天（121.52 万亿韩元）、POSCO（80.34 万亿韩元）位居二至六位，资产超百万亿韩元的集团由此前的 2 家增至 5 家。第七至第十位的排名与 10 年前相比变化较大，韩华从第 13 位跃升至第 7 位，GS 集团从第 7 位降至第 8 位，现代重工从第 8 位降至第 9 位，农协目前居第 10 位。30 大集团 2019 年的总资产（3156 万亿韩元）、总市值（1037 万亿韩元）、总销售（1423 万亿韩元）较 10 年前分别增长 101.8%、76.2% 和 54.0%。30 大集团总市值在 10 年前仅为 588.82 万亿韩元，但 2020 年 7 月 3 日增至 1037.46 万亿韩元，占整个股市总市值的 59.6%。其中，三星以 519.04 万亿韩元位居榜首，SK（136.31 万亿韩元）、LG（100.45 万亿韩元）、现代汽车（71.47 万亿韩元）、KAKAO（25.81 万亿韩元）位居第二至第五位。[②]

　　2010 年 12 月 2 日，按市值排名的 10 大集团依次为：三星、现代汽车、现代重工、LG、SK、乐天、锦湖、韩亚、韩进、浦项。到了 2020 年 11 月 23 日，韩国十大集团总市值超过 1000 万亿韩元，10 大集团 102 家上市子公司总市值为 1069.5 万亿韩元，比 2019 年末（874.3 万亿韩元）增加了 22.3%。总市值超过 100 万亿韩元的集团从 2019 年底的三星和 SK 两家增至 2020 年的四家（新增 LG 和现代汽车）。三星公司总市值比 2019 年末增加 23.7%，

---

　　① 三星电子跻身全球品牌榜前五 [EB/OL]. http：//kr.mofcom.gov.cn/article/jmxw/202010/20201003009362.shtml.
　　② 韩 30 大集团排名 10 年间变化巨大 [EB/OL]. http：//kr.mofcom.gov.cn/article/jmxw/202007/20200702980970.shtml.

以 588.7 万亿韩元占据了 10 大集团总市值的一半多，其后是 SK（17.1%，151.9 万亿韩元）、LG（44.5%，122 万亿韩元）、现代汽车（22.2%，107.5 万亿韩元）、韩华（42.5%，15.1 万亿韩元）等。[①]

以这些财阀企业为核心的大企业集团在韩国经济中占据举足轻重的地位。2020 年 6 月的一项调查显示，资产规模达 5 万亿韩元以上的韩国 64 家集团共 2284 家企业的销售额为 1617 万亿韩元，相当于 2019 年韩国名义 GDP（1919 万亿韩元）的 84.3%。在 64 个集团中，三星集团的销售额（314 万亿韩元）比重最大，达 19.4%，其后依次为现代汽车（185 万亿韩元）11.5%、SK（161 万亿韩元）10%。三星集团的销售额约占韩国 GDP 的 16.4%，其中仅三星电子一家公司的销售额就约占 GDP 的 8%[②]。

财阀企业也是科技研发投入的主力军。企业评价网站 CEO SCORE 2020 年 4 月 14 日对韩国 500 强企业中公布研发费用的 208 家企业进行调查的结果显示，2019 年企业研发投资额达 54 万亿韩元，比上一年增长 7.8%。研发投入最多的企业是三星电子，2019 年投资 20.2 万亿韩元，比上一年增加了 8.3%，其后是 LG 电子、SK 海力士、现代汽车等财阀企业，研发投入均超过了 1 万亿韩元[③]。

以上数据显示了韩国财阀企业的现状：首先，财阀企业实力雄厚，富可敌国，在韩国的国民经济中占据中流砥柱的地位；其次，财阀企业在多数行业形成了垄断地位，短期内难以撼动；最后，财阀企业是进出口贸易、自主科技研发和国产产品及产业升级换代的主力军。由此可见，财阀企业已经成为韩国经济发展和国民日常生活不可或缺、难以替代的核心支柱。

第五节　财阀企业的顽疾

韩国在经济发展过程中打造了财阀，也形成了政府和财阀企业之间密不

---

① 韩国 10 大集团总市值超过 1000 万亿韩元 [EB/OL].http：//kr.mofcom.gov.cn/article/jmxw/202011/20201103018179.shtml.
② 韩国 64 大集团整体销售额占 GDP 的 84.3%[EB/OL].http：//kr.mofcom.gov.cn/article/jmxw/202006/20200602973019.shtml.
③ 2019 年韩国大企业研发投入达 54 万亿韩元 [EB/OL].http：//kr.mofcom.gov.cn/article/jmxw/202004/20200402955063.shtml.

可分的关系。财阀企业成为引领韩国经济发展、产业升级换代的火车头，财阀经济体制在韩国的经济发展过程中发挥了至关重要且不可替代的作用，使得韩国陷入路径依赖，既习惯于以财阀企业为支撑和先导的经济发展模式，也滋生了"政经勾结"现象和家族企业带来的各种弊端及难以根治的顽疾。

第一，韩国的财阀经济体制就是政府利用各种政策措施积极扶持和培育财阀企业，并为其保驾护航。在韩国的财阀企业建立和发展阶段，政府直接干预和介入与企业生产经营有关的主要领域。政府通过向财阀倾斜经济资源来实现经济发展目标，财阀通过获取经济资源实现发展壮大，这促成了韩国财阀企业的快速发展壮大，也滋生出了"政经勾结"等一系列社会问题。财阀和政府有关部门、有关人员之间利益交换、寻租等活动成为普遍存在的现象。三星、现代、LG、SK、韩华和乐天等财阀的会长都曾因筹集秘密资金、挪用公司资金、逃税等罪名遭受刑事审判，但绝大多数终审判决都以缓刑告终。据统计，1996~2018 年期间，三星会长李健熙和其子李在镕、现代汽车会长郑梦九、SK 会长崔泰源、韩华会长金昇渊共有过 9 次生效刑事判决，其中 6 次为缓刑，最终都被时任总统特赦[①]。尽管政府的干预已经大幅度减少，经济体制从政府主导型转变为市场主导型，但在整个社会依然存在企业需要依靠政府支持和关照的现象和心理。

第二，韩国的财阀企业在政府的倾斜性扶持下迅速发展壮大，靠政府的优惠贷款、配额、外汇政策等进行规模扩张和多元化经营，在不少领域形成了垄断。韩国 75% 的公司资产被最大的 10 家财阀企业所控制，其中四大财阀掌握着韩国主要大宗商品 70% 的市场。如目前韩国排名的第一企业三星集团，其业务遍及物产、电子、造船、建筑、保险等领域。韩国人自称一生不可避免的三件事是死亡、税收和三星：在三星公寓醒来，打开三星电视机看新闻，用三星手机打电话，出门开雷诺三星汽车，在三星乐购刷三星信用卡购物，看希杰（CJ）娱乐公司（CJ 公司曾经是三星集团的子公司）拍的电影，病了去三星病院……近期三星集团的产值相当于韩国当年 GDP 总量的 1/6 左右，旗舰公司三星电子的年出口额接近韩国出口总额的 1/5，三星在全球的影响力可见一斑[②]。再比如现代集团，其下属几十家企业从事的行业

---

① 蔡晶. 韩国怎么了？[J]. 中国中小企业，2019（12）.
② 张蕾，王军，宇杰. 难以寿终正寝的韩国财阀经济 [J]. 廉政瞭望，2008（11）.

涉及汽车、船舶、建筑机械、工业设备、半导体、电脑、电话、家具、电梯、雷达、建筑、运输、保险等多种行业。其他财阀企业也大抵如此①。这反映出韩国财阀的无限扩张，既参与主营业务从原材料到成品的上下游生产链，还扩张到并无关联性的产业领域。这不利于企业之间公平竞争，也压制了中小企业的成长，使韩国的中小企业多数要依附并服务于大财阀，限制了经济增长的新活力和新动能②。

造成韩国在1997年亚洲金融危机中受到严重冲击的一个重要原因便是财阀企业无节制的章鱼腕足式的扩张。因此当时对财阀企业实行改组便成为首选对策。时任总统金大中一上台便与各大财团会面，要求他们改组大企业集团。政府提出的措施主要有：清理整顿子公司和不动产，要求各大财阀集团除保留3~4家或5~6家核心企业外其余一律清理掉；要求整顿和改组企业领导层，吸纳企业外部专家管理公司；修改法律，取消先前赋予大企业的所有特权等。同时，政府加速国有企业的私有化，促进企业的自由兼并和收购等。韩国非常经济对策委员会发布了《企业结构调整方案》。1998年1月19日韩国两个大企业集团LG（乐喜金星）和现代集团宣布改革计划，随后5月7日大宇、鲜京、三星等也宣布了产业结构调整方案③。当时的金融危机彻底暴露出了财阀企业利用政府的财政和金融支持无节制扩张的弊端，因此通过清理整顿，有些企业永远退出了历史舞台。

但韩国的大企业集团两极分化仍然不断加剧，5大财阀垄断市场的情况没有改变。以2017年9月数据为基准，在资产规模达5万亿韩元以上的57家大企业集团中，三星、现代汽车、SK、LG、乐天等排名前五位的大企业集团资产合计占57家大企业集团的52.96%，销售收入占56.2%，净利润更是占到70.48%。而排名靠后的26家大企业集团资产总额占比10.27%，销售收入占9.49%，净利润占9.59%④。

第三，韩国财阀企业本质上是私有私营企业、家族企业，其所有权和支配权属于某一家族，决策权集中在总裁等人手中，绝大部分公司高层管理人员由大股东担任或指定，少数人独断专行；企业集团内部交叉持股，大股东

① 王泠一，许悦联．韩国经济五缘结构变幻 [J]．上海经济，1997（1）．
② 蔡晶．韩国怎么了？[J]．中国中小企业，2019（12）．
③ 金英姬．韩国金融危机后的改革及其对我国的启示 [J]．国际观察，1998（4）．
④ 中华人民共和国驻大韩民国大使馆经济商务处网站，http://kr.mofcom.gov.cn/article/jmxw/201709/．

其至家族成员之间进行利益输送，转移利润，剥削小股东，盈利私人化，以家族为核心的大财阀、大股东对经济的控制程度很高，风险和损失社会化。由于财阀企业的家族化特性，企业集团内部交易等多年来的顽疾仍然未能消除。2019 年韩国财阀企业内部交易 94% 为随意合同。根据韩国企业评价网站 CEO SCORE 于 2020 年 6 月 24 日发布的调查分析报告，对公平交易委员会指定的 64 家财阀企业集团中的 55 家的 2113 个子公司的内部交易形式进行分析的结果显示，2019 年上述公司内部交易金额共计 167.4925 万亿韩元，其中 94.0%（157.3603 万亿韩元）为随意合同。随意合同金额规模最大的为 SK 集团，达 40.1184 万亿韩元，占其整体内部交易金额 40.7273 万亿韩元的 98.5%。此外，55 家财阀企业中的 17 家内部交易 100% 为随意合同，包括新世界、NAVER 等 [①]。根据韩联社 2021 年 1 月 26 日的报道，韩国反不正当市场竞争政府机构——公正交易委员会正在着手加快调查三星集团子公司三星 Welstory（悦思意）是否涉嫌不正当内部交易行为。三星 Welstory 是三星电子副会长李在镕及其家人持有大量股份的三星物产旗下全资子公司，主要经营范围为餐饮业。以 2019 年为基准，三星 Welstory 的年销售额为 1.9768 万亿韩元，其中 38.3% 的销售额被标记为三星集团子公司内部交易。三星集团被认为是以不正当内部交易方式获取了经济利益。公平交易委员会从 2018 年 7 月开始对三星电子、三星物产、三星 Welstory 和三友综合建筑事务所等企业进行现场调查 [②]。2021 年 6 月 24 日，三星集团因涉嫌以不正当方式帮助子公司三星 Welstory 获取巨额利润一案，被韩国公平交易委员会开出高达 2350 亿韩元（约合 13.46 亿元人民币）的史上最高罚单。

另外，财阀企业通过家庭成员直接或间接持股等复杂的方式交叉持股，使企业所有权和经营权变得非常集中。这种股份持有模式很容易产生连锁反应，或形成合力，一荣俱荣，或一损百损，玉石俱焚。一个财阀分公司或子公司的倒闭有可能牵动整个财阀集团，而一个财阀集团的倒闭会引发更加严重的多米诺骨牌效应，牵连下属公司以及上下游企业，造成众多相关企业连锁破产。例如，大宇汽车在韩国曾经有 402 家直接合作的企业，加上间接合

---

①　去年韩国大企业集团内部交易 94% 为随意合同 [EB/OL]. http：//kr.mofcom.gov.cn/article/jmxw/202006/20200602977989.shtml.

②　韩公正委调查三星 Welstory 案或于近期判决 [EB/OL].http：//kr.mofcom.gov.cn/article/jmxw/202101/20210103034092.shtml.

作企业，合作企业数量达到 9360 多家，涉及职工 50 多万名，大宇汽车公司的破产直接或间接地影响了这些企业，引发关联中小企业连锁倒闭，对韩国经济造成了巨大冲击[①]。

第四，随着经济的快速发展，韩国的财阀企业也迅速成长壮大，成为强大的市场力量和社会力量。特别是在 20 世纪 90 年代的民主化转型和新自由主义经济改革之后，政府和财阀之间的力量对比发生了重大变化。一方面，国民经济严重依赖财阀企业，而另一方面，政府的权力、对经济活动以及市场的控制力和自主性却大幅减弱。据统计，2017 年 7 月，韩国前十大集团总市值占其股市总市值的比重达 51.66%，仅三星一家财阀就占韩国 GDP 的约 1/5，以至于一些人将韩国称为"三星共和国"；同期三星集团股票市值占韩国股市总市值的 30.83%，其中仅三星电子的市值就占韩国股市总市值的 21.28%[②]。财阀企业们强大的市场力量使得政府在经济和社会等各领域的影响力和话语权降低，财阀企业成为不可忽视的政治力量和潜在的政治矛盾导火索。

第六节　财阀企业的未来

韩国在雁阵模式中急速追赶上来，但即使在政治环境发生巨大变化、专制的政治体制转变为民主体制之后，依然由财阀企业控制着一系列企业活动，生产、经营、流通等经济活动大都在内部进行，中小企业的发展受到很大限制。

财阀企业依赖政府支持的同时，也掌控了经济命脉。韩国经历了以财阀为中心的经济增长和产业化之后积累了大量的政治矛盾、社会矛盾和经济矛盾。因此，改革财阀企业的呼声从未间断过，历届政府也都对财阀企业进行过整顿与改革，并取得了一些成效。随着财阀企业等民营经济主体的发展壮大以及政治领域的民主化走向成熟，政府在经济领域的主导作用有所减弱，其在经济领域的权威和影响力远不及过去。政府承认财阀企业代表着韩国的

---

① 蔡晶. 韩国怎么了？[J]. 中国中小企业，2019（12）.
② 中华人民共和国驻大韩民国大使馆经济商务处网站，http://kr.mofcom.gov.cn/article/jmxw/201707/.

先进生产力，表示政府的经济管理权已经转移到了市场。

2019 年 4 月，韩国新任驻华大使张夏成撰文分析财阀与韩国经济的矛盾。他认为，韩国的财阀问题主要集中在三个方面：首先，财阀在韩国国民经济中占据的比重过大；其次，财阀几乎涉足所有产业和领域；最后，财阀缺乏透明性和责任感[①]。

尽管财阀经济有各种弊端和问题，但不可否认的是，财阀企业在韩国经济中仍然占有十分重要的地位，韩国经济离不开财阀，财阀在韩国经济中的地位和作用无法替代。韩国严重依赖国际市场，是典型的外向型经济体，自然资源匮乏，国内市场相对狭小。韩国的先天缺陷使其经济形成了对财阀企业的依附。韩国不仅要面对美欧日等国家和地区的竞争，也面临着中国等新兴国家的崛起。在资源和市场竞争日益激烈的今天，财阀企业的业务分散在世界各地，可借助全球化的进程，通过旗下的跨国公司进行网状资源整合，有利于利用全球资源，扩大市场范围，提高影响力。未来在经济领域、技术领域和文化领域，国家的软实力和硬实力仍然需要企业尤其是有竞争力的大型集团企业来实现。

财阀企业对韩国经济的腾飞与短时间内实现现代化功不可没，而且可以预见的是，韩国的财阀经营模式带有极强的惯性，未来仍会长期存在。由于经济发展和社会稳定等微观及宏观层面的各种原因，财阀改革不可能一蹴而就。正如刘逸群（2019）的分析，财阀在多年新自由主义改革中屹立不倒的原因，是因为从现代化开始财阀企业和韩国经济就是相辅相成、共同成长起来的，财阀为韩国的经济发展做出了不可替代的卓越贡献，出色地实施并完成了韩国政府制定的各种经济发展战略，并为韩国普通民众的生活带来了巨大改变。首先，政商特权阶层相互之间形成了彼此扶持又彼此制约的复杂关系，使改革政策制定者和实施者投鼠忌器，很难有效地去解决财阀的问题。其次，财阀在国际市场上承担了绝大部分的出口，确保了韩国"出口立国"战略的实现和韩国出口大国的地位以及在多个产业领域的领先优势。财阀企业在技术创新和产业升级方面也发挥了排头兵的作用，促使韩国的支柱产业一步步从劳动密集型转向技术和资金密度型。最后，平民百姓在没有财阀的情况下很难保持正常的生活。财阀企业不仅解决了大量韩国人的就业问题，

---

① 蔡晶 . 韩国怎么了？ [J]. 中国中小企业，2019（12）.

还解决了人们从衣食住行到医疗、教育、娱乐、旅游等各层次各方面的需求。财阀企业在韩国经济中的地位难以撼动。因此，财阀的改革会对韩国经济造成牵一发动全身的巨大影响，其负面影响可以说是立竿见影的，而以整顿改革财阀为重要内容的经济民主化的正面效果则要经过一段很长时间才能显现出来，韩国经济恐怕很难承受财阀改革带来的经济震荡。所以，财阀改革不可能一蹴而就，也不能贸然行事，需要谨慎衡量改革财阀对政府、各产业部门甚至普通民众带来的风险①。

财阀改革的关键在于如何消除或减少财阀经济体制带来的弊端。在韩国这样典型的东亚威权主义国家，要保持稳定持续健康的发展，避免过去政经勾结和家族企业带来的积弊，不仅仅需要技术和财力等硬实力，更需要在制度和文化领域不断改革，提高软实力，完善法律法规，进一步改善商业环境。

参考文献

[1] 中华人民共和国科学技术部网站，http：//www.most.gov.cn/index.html。

[2] 中华人民共和国驻大韩民国大使馆经济商务处网站，http：//kr.mofcom.gov.cn/。

[3] 金英姬.韩国财阀企业功过得失及启示 [J].上海经济研究,2017（11）.

[4] 王泠一，许悦联.韩国经济五缘结构变幻 [J].上海经济，1997（1）.

[5] 尹保云.韩国为什么成功 [M].北京：文津出版社，1993：180.转引自张树焕.经济成长与社会公平向度下的韩国财阀模式研究 [J].当代韩国，2010（夏季号）.

[6] 陈龙山等.韩国经济发展论 [M].北京：社会科学文献出版社，1997：120.转引自张树焕.经济成长与社会公平向度下的韩国财阀模式研究 [J].当代韩国，2010（夏季号）.

[7] 车东世，金光锡.韩国经济半世纪——各时期出口产品排行榜 [R].韩国开发研究院，1995.

[8] 张英，曹丽琴.韩国财团比较研究 [M].北京：东方出版社，1994：19.转引自张树焕.经济成长与社会公平向度下的韩国财阀模式研究 [J].当代

① 刘逸群.韩国财阀在新自由主义经济改革中屹立不倒的原因分析 [J].全国流通经济，2019（29）.

韩国，2010（夏季号）.

[9] 张树焕.经济成长与社会公平向度下的韩国财阀模式研究 [J].当代韩国，2010（夏季号）.

[10] 延边大学朝鲜问题研究所.朝鲜研究丛书（一）[M].吉林：延边大学出版社，1987.

[11] 丁炳，梁英植.韩国财阀部门的经济分析 [R].韩国开发研究院，1992：55.

[12] 中国贸促会驻韩国代表处.韩国企业加大研发投入提高竞争力 [N].中国贸易报，2004-09-14（07）.

[13] 蔡晶.韩国怎么了？ [J].中国中小企业，2019（12）.

[14] Ch-K.科.日本和韩国资本主义发展的特点 [J].国外社会科学，1997（2）.

[15] 周建军.韩国财阀改革的政治经济学：以小股东运动为例 [J].开放时代，2010（12）.

[16] 卡茨.日本的资本主义：卡特尔和系列制度 [J].朱维安摘译.国际经济评论，1993（8）.

[17] 孙凤珍，李景峰.浅谈日本资本主义的独特经济体系——卡特尔和K系列 [J].现代日本经济，1994（4）.

[18] 朱乃新.找准转变经济发展方式的视角——以韩国经济转型升级为例 [J].经济纵横，2008（5）.

[19] 周建军.经济增长作为不稳定力量：基于韩国财阀模式的考察 [J].经济社会体制比较（双月刊），2011（2）.

[20] 江瑞平.法人垄断资本主义——关于日本模式的一种解析 [J].中国社会科学，1998（5）.

[21] 陈汉林.对韩国经济发展模式的重审与反思 [J].经济纵横，2003（1）.

[22] 刘逸群.韩国财阀在新自由主义经济改革中屹立不倒的原因分析 [J].全国流通经济，2019（29）.

[23] 张蕾，王军，宇杰.难以寿终正寝的韩国财阀经济 [J].廉政瞭望，2008（11）.

[24] 金英姬.韩国金融危机后的改革及其对我国的启示 [J].国际观察，1998（4）.

第八章

韩国十大财团企业的发展现状与未来

李冬新[*]

第一节 三 星

一、三星财团简介

三星集团（Samsung）是韩国最大的跨国企业集团，总部位于韩国京畿道城南市盆唐区书岘洞 263 号三星广场大厦。1938 年，创始人李秉喆在大邱创立了三星商会。此后，他在三星商会设立多个分公司，扩大了其规模。20 世纪 50 年代后期，三星作为收购合并的代表成长为如今韩国财界排名第一的企业集团，2020 年总资产达 3204 亿美元。历时 70 多年，如今的三星集团已经从一个小型的出口公司扩张成遍布整个商业界的大型企业。三星集团是家族企业，旗下产业均为家族产业，并由家族成员管理，集团领导人已传至李氏第三代，李健熙为现任集团会长，其子李在镕任三星电子副会长，是三星集团现今实际掌门人。2020 年 5 月 6 日，李在镕就接班、工会等问题发表声明称，不会让子女继承经营权，并承认围绕自己和公司引发的众多

   * 山东大学东北亚学院国际政治与经济系主任，副教授，中日韩思想库网络研究基地（威海）执行主任。感谢山东大学东北亚学院 2018 级国际政治专业的吕紫烟和牛萌悦参与此章的资料整理和汇总。

争议归根结底是由接班问题引起的。这也意味着从创始人李秉喆到李健熙会长再到李在镕副会长的三代家族经营血缘继任模式告终，诸多韩国媒体评价称，李在镕是韩国财阀中公开表态终结"世袭"的第一人[①]。

三星集团涉及行业众多，旗下子公司包含三星电子、三星SDI、三星SDS、三星电机、三星康宁、三星网络、三星火灾、三星证券、三星物产、三星重工、三星工程、三星航空和三星生命等，业务涵盖电子、金融保险、化工、汽车、造船、造纸、贸易等众多领域。

三星集团旗下公司在2015年总销售额为217.9万亿韩元。其中三星电子的销售总额为135.2万亿韩元，占三星集团总销售额的67.7%。三星集团的电子行业旗下公司的销售合计184.1万亿韩元，达到三星集团总销售额的67.7%。三星Display（9.7%）、三星SDI（2.5%）、三星电池（1.9%）等均属于上述行业。三星旗下子公司均由家族内的李氏成员管理，集团有3家子公司进入美国《财富》杂志评选的世界500强行列，分别为三星电子（第15名）、三星人寿保险（第426名）、三星C&T公司（第444名）[②]。

2017年三星电子销售占韩国GDP的13.8%，员工人数占韩国就业人数的0.4%。与2000年相比各增长了2.5%和2%。三星电子2018年营业利润58.9万亿韩元、净收益达44.3万亿韩元、净销售额为42.1万亿韩元；地区销售额占比中，美洲占比34%、欧洲和中国各占18%、韩国本土占14%、亚洲和非洲其余国家和地区共占比16%，与往年相比差别不大；全球员工总数超过32万人[③]。三星集团的销售额大部分由三星电子贡献，即使说三星集团是三星电子集团也毫不夸张。三星电子是韩国规模最大的企业，也是引领三星集团成功的公司。三星电子的销售额与股票变动对三星集团产生的影响很大，对韩国经济产生的影响也很大。

三星集团的品牌价值2001年为64亿美元，排在全球第42位，排名相对较低。2003年首次突破百亿美元，高达108亿美元，在全球最佳品牌100强中排名第25位，品牌价值比2002年提升31%，连续两年成为品牌价值提升最快的企业。2006年，三星集团的品牌价值为161.69亿美元，世界排名第20位，2012年，三星品牌价值近328亿美元，位列世界第9位，是近

① 白云飞. 三星能否成为韩国"财阀世袭"破局者[J]. 经济日报，2020-05-13.
② 2019年财富世界500强排行榜[EB/OL].http://www.fortunechina.com/fortune500/c/2019-07/22/content_339535.htm.
③ Samsung Electronics Sustainability Report 2019，三星官网，https://www.samsung.com。

年来品牌价值上升最快的一年。2014 年三星在全球企业品牌价值 100 强排名中位居第 7。继 2014 年、2015 年、2016 年位居第 7 位之后，2017 年品牌价值为 562 亿美元，升至第 6 位。另外，在 2017 年 Brand Financh 公布的"世界 500 强企业品牌价值评价"中，三星集团以品牌价值 662 亿美元排到第 6 位。排在第一位的是谷歌（Google），苹果（Apple）和亚马逊（Amazon. com）的价值分别为 1071 亿美元、1063 亿美元，位居第二位和第三位。由此可见，三星集团在世界市场上颇具竞争力，占据很高的地位。

二、主要涉及的产业和国内经济活动

三星集团是韩国最大的企业集团，同时也是一家大型跨国企业集团，多元化经营是三星成功的秘诀之一。三星集团涉及行业众多：三星电子、三星 SDI、三星 Corning Advanced Glass、三星 SDS、三星 Display、三星重工业、三星物产；金融领域有、三星信用卡、三星火灾、三星生命、三星证券、三星资产运用、三星风险投资、三星工程；服务领域有三星物产（度假村、建设、时装）、新罗酒店、杰尔广告、三星经济研究所、三星首尔医院、三星 Bio Logics；体育领域有三星 Lions、三星 Blue Wings、三星 Thunders、三星 Blue Fangs；社会贡献与文化艺术领域有三星福利财团、三星社会服务团、三星生命公益财团、Mydog & Samsung、三星安全环境研究所等[①]。

（一）三星集团产品多元化的国内战略

1. 起步阶段（1938~1969 年）

1938 年，"三星商会"成立在于韩国大邱，1951 年成立了三星物产、1953 年成立了第一制糖、1954 年成立了第一毛织，主要经营的业务是出口果蔬、干鱼等，随后独立生产并销售面粉和糖。1969 年，三星电子成立。日本殖民统治时期的三星，通过提供生活必需品，为因战争而疲惫不堪的韩国提供了很大的帮助。1960 年韩国经济增长率为 2.3%，1969 年达到 14.5%。因当时韩国政府开始主导经济开发，包括三星在内的许多企业快速发展，影响到韩国的经济增长。

---

① 陈根.三星集团产品多元化战略研究 [D].宜昌：三峡大学，2016：22-30.

2. 产业时代阶段（1970~1979年）

朝鲜战争以后，随着经济的发展，通过参与电子及半导体事业和重工业等，三星集团不断壮大。1973年三星进入"第二个五年管理计划"时期，公司致力于重工业、化学及石化工业，在此期间建立了三星重工业、三星造船厂等公司。与此同时，三星又将一部分精力投入家电业，发展迅猛，其产品不仅在国内销售，更是出口到世界各国，扩大了市场规模。1974年三星收购了国内半导体市场50%的股票，自此成为韩国电子、半导体领域的领导者。20世纪70年代和80年代，在韩国政府迅速实现重化工业目标的政策支持下，三星的电子和半导体产业迅速发展，为韩国的经济增长做出了巨大贡献。

3. 进入全球技术市场阶段（1980~1989年）

有了在韩国半导体行业的垄断地位后，三星逐步进入国际市场，成为半导体市场的一方巨头。1985年成立三星数据系统公司，1986年成立三星经济研究院，为三星半导体发展提供技术支持，1987年成立三星综合技术院。1988年三星开始了"二次创业"，即对电子、半导体和无线通信业务进行合并，开拓了新领域，踏上了新征程，以"21世纪世界超一流企业"为目标努力前进着。20世纪80年代，三星集团不仅多元化程度达到了一个新的顶峰，其科技水准在国际市场上也是首屈一指。

4. "新经营"阶段（1993~1996年）

20世纪90年代初期，以并购、联合为主进行竞争的商业行为非常普遍，高科技行业面临着巨大的挑战，于是三星在1993年宣布实行"新经营"运动。这是一场战略革新运动，旨在实现由数量制胜到质量制胜的转变，以产品质量和服务的提高来带动经营质量的提高，最终使三星成为21世纪超一流企业。"新经营"运动是三星集团发展过程中重要的战略转变，以此为动机，三星开始提升产品品质以及提高国际化管理水平。

5. 数字前沿（Digital Frontier）阶段（1997~1999年）

为应对1997年的金融危机，三星开始进行大规模调整改革，清理了34项产业和国外12家长期亏损的公司，解雇了四成员工，甚至卖掉了10个事业部。这一系列的措施不仅使三星从困境中解脱出来，加上三星一流的数字技术和其他各方面的妥善经营，还使三星集团快速崛起并在国际市场上更加具有竞争力。由于金融危机，1997年韩国GDP同比下降33%，商品出口额同比下降35%。在金融危机时，三星通过实行结构调整，撤销了汽车事业，但在海外市场半导体事业取得了成功，成为国际化企业。金融危机后，三星电子在韩国经济中的比重与影响力总体扩大，加深了三星等少数大企业的经济集中现象。总而言之，金融危机后三星提高了在韩国经济中的影响力。

6. 引领数字时代阶段（2000年至今）

数字时代的到来让市场诞生了众多产业和品牌，也给予了龙头企业——三星集团新的机会，使其发展达到了新的高度。三星的业绩不止可以用优秀来描述，仅在数字领域内它就有13种产品的市场占有率达到世界第一，其中包括半导体产品、显示器、手机等。2000年以后韩国GDP保持了增长趋势，2007年，韩国海外直接投资额同比增长212%，原因在于海外并购投资增加、海外资源开发参与范围扩大、房地产投资增加。但在2009年，因世界经济危机的影响，韩国经济增长速度放慢，海外直接投资额也减少了。21世纪以来，三星凭借雄厚的经济实力，在韩国的政界、媒体等整个韩国社会取得了控制力。

三星公司在全世界都有着巨大的影响力，其旗下有十多种产品的市场占有率排名第一，更有许多产品拥有独一无二的专利权利。除了在电子行业外，三星在金融业也有着突出的表现：万事达卡（Master Card）将三星的信用卡公司评定为"新千年最佳信用卡公司"；同时《财富》《欧洲货币》等多家世界知名的金融杂志也对其表现进行了肯定。三星最开始在轻工业领域有着极高的知名度，随后以此为基点制定了多元化的发展策略，在20世纪80年代开始进入数字行业，并且逐渐拥有了自己的优势品牌。现在三星集团的核心为电子业，并以此展开多元化①。

（二）三星多元化战略的优势

为了成为世界一流品牌，三星实施了产品多元化策略，主要体现在以下几个方面：

1. 强大的研发能力

三星集团在市场调研的基础上，能较准确预测到消费模式的变化，并准确地把握市场的脉搏，在20世纪80年代数字技术有兴起势头之时三星就开

---

① 王汉龙.韩国大企业集团多元化战略绩效研究：以三星集团为例[D].沈阳：辽宁大学，2013：25-27.

始入市，并且随后多年都在不断地大力研发各种相关技术，确立了自己的研发体系，拥有了众多高含金量的专利。同时三星集团还广纳贤士，为自己的发展储备了充足的人才。

2.提升品牌价值

一流的品牌需要一流的产品质量作为保障，三星在很早之前就认识到这一点，董事长李健熙于1992年提出了"新经营"思想，三星开始由重视外在的"重量思考"转向重视品质性能的"重质思考"。英国品牌研究机构Brand Finance 在2016年发表的《全球500强企业年度报告》中的信息显示，三星这个品牌的价值达到832亿美元，仅落后于苹果和谷歌，位列全世界第三位。

3.设计注重革新

一流的产品，不仅要求产品性能优良、质量上乘、不断创新，并且还要在产品的风格和设计上有独到之处，以吸引消费者的目光。为此三星格外注重产品的外观设计，强调设计革新。这主要体现在以下三个方面：

（1）设计上贴近消费者的需要。为了满足市场中消费者的需求，三星在全世界建立了13家研发中心，专门负责面向本地市场产品的研发。

（2）在设计方面巨额投资。三星投入了大量资金用于设计，以在设计方面进行创新，公司不仅聘请了外国教授、著名设计师，还为公司的重要设计师们创造机会，让他们与美国同行中的优秀人才一起开发，这使三星的设计师们有了极大的提升。从2000年开始，公司的设计预算一直以年均20%~30%的速度上升。

（3）时尚、人性化的产品设计。三星为了体现设计独创性，总是从用户体验的角度出发进行产品设计，注重"人性化"设计理念和"个性化"的外观设计。

4.完美的售后服务

三星作为手机界的大家，拥有完美和良好的售后服务，这也体现了三星人文文化以及企业形象，且三星的返修率较低，信誉较好[1]。

---

① 陈根.三星集团产品多元化战略研究[D].宜昌：三峡大学，2016：25–26.

三、三星的跨国经营活动和国际合作

（一）三星的跨国经营战略

1. 多元化战略和"拷版"战略

1997 年亚洲金融危机以前，三星公司将业务从米面磨坊拓展到电子、金融、机械、化学等多个领域，所采纳的就是多元化战略。当时的三星公司主要关注主营的相关产品，同时引入了一部分不相关产品，极大地提升了其产品的市场份额，获取了一定的利润。与此同时，三星公司的另一个战略，即"拷版"战略，也同步进行。"拷版"战略是指一个企业所生产产品的技术、设计和零部件完全依赖外界的供给，该企业就像另一家企业的一个生产车间，只是依样画葫芦地进行组装。

三星公司 1969 年进入家电和电子产业，当时的家电和电子产品尤其是电视机迅速普及，而彩色电视机也已经成为炙手可热的产品。然而，由于三星电子在成立之初并不掌握最起码的电子技术，而那些掌握彩色电视机技术的外国公司不愿转让最先进的核心技术，只提供黑白电视机成套散件和组装技术，因此三星电子选定的第一项产品是已经进入衰退阶段且利润率不高的 12 英寸黑白电视机。由于低收入发展中国家依然存在对这种低档产品有需求的细分市场，加上韩国三星员工求知的文化氛围，在较短时间内就把技术学到手并以低成本进行生产，这让初出茅庐的三星电子公司受益不少。这一战略体现了当时条件下的市场、产品和技术的匹配。

2. 品牌战略和模仿战略

1997 年，亚洲金融危机波及韩国，众多韩国公司艰难度日，三星公司业务也全面告急。此时，三星集团及时启动了"新经营"运动，抛弃以往一贯的二流产品形象，转而专注高端市场。在美国，三星公司果断全面停止和世界上最大的连锁企业沃尔玛的合作，转而和西尔斯（Sears）等迎合高层次消费者的专卖店合作，以提高品牌在美国和全球市场的形象，并确立三星独特的设计风格。走向国际的三星公司认真汲取其他公司高端产品的技术，在品牌战略得到肯定后，开始走模仿战略。三星公司根据自己所处的品牌地位以及现有的技术，在模仿的同时对产品的设计做出改进，使自己的产品与其他企业的同类产品有所不同，更适合特定市场的需要。21世纪初，三星在智能手机市场上不停地追赶各个手机大牌。现在，凭借其智能手机的大屏、良好的性能、成功的营销以及优秀的消费者体验，其市场份额已经超越苹果。

3. 合作战略和技术战略

1997年亚洲金融危机给三星公司带来了深刻的教训。从多元化战略和"拷版"战略升级为品牌战略和模仿战略，三星公司逐步掌握了电子行业的核心技术。除此之外，三星公司也逐步拓展其他技术领域，比如VR技术。VR又叫虚拟现实，是综合利用计算机图形系统和各种现实及控制等接口设备，在计算机上生成的、可交互的三维环境从而提供沉浸感觉的技术，可以把虚拟世界呈现在人们眼前。三星能自给自足的包括芯片、显示器、镜头、头显外壳与电池模组以及其他半导体器件。这些硬件优势与三星公司多年来在技术上狠抓不放、虚心求教、努力创新息息相关。但仅有技术支撑还不够，还需要有软件的配套。这时，三星公司就着眼于合作战略。Oculus公司是一家专门开发虚拟现实技术和产品的初创公司，拥有较高的软件技术。在两家公司的合作中，Oculus公司仍生产它的虚拟现实头盔产品，专注于游戏类应用，因此它也非常需要三星的高像素密度的OLED显示屏。所以，Oculus允许三星使用其移动软件开发工具并协助开发用户界面。三星公司想尽快进入虚拟现实市场，但它不像Oculus和索尼那样花大量的时间和资金，因此允许Oculus公司使用其下一代OLED显示屏。这种双赢的技术合作，不但为三星公司提供了更多的技术领域和市场份额，也将它的品牌又一次提高了一个层次。

（二）三星国际化战略的优势

1. 学习并涉足其他行业

三星原本是一家经营鱼干、蔬菜、面粉和砂糖的小公司，却因战争受到重挫，损失了近一半的财产。由于当时的韩国生活用品主要依赖进口，三星的原材料供应也亮起了红灯，促使其转向生产领域，因此其目标也调整为服务全国。在这样的大背景下，三星公司开始摆脱起初的小产业，慢慢拓展到其他领域。1953年三星创立砂糖生产公司，1954年建立自产自销的羊毛公司，1969年正式成立三星电子公司，为未来韩国的电子行业打下基础，之后又建立了韩国自己的化工厂。三星公司以恢复韩国经济为目标，关注韩国薄弱行业并向世界其他知名公司学习，进而建立相关产业，使得自身从原本的小公司变成涉足多个领域的巨型公司，从原本的原材料生产到后来的日用产品生产，它采纳的正是多元化战略和"拷版"战略。而这些战略的选择和实施，也正是因为当时韩国动荡的社会环境。

2. 模仿并推动品牌国际化

三星公司曾经是"价格低廉"的代名词，在三星公司走上高端国际化品牌之路后，开始孜孜不倦地追求设计、技术等核心竞争力，而模仿就是它的敲门砖。以手机为例，2006年三星发布的Samsung's X830就是典型的MP3造型。这个设计想法来自当时流行的MP3。推出这款以MP3的外形和功能作为基点，再配上电话功能的产品，目的就是让消费者能拥有当时最流行的手机。2008年，三星推出了Samsung Cleo这款小巧玲珑的翻盖手机，配上新颖的全键盘模式，上市后风靡一时。一年后，同样的翻盖手机配上横屏，这样大胆而新奇的创意博得了许多求新人士的喜爱……三星不断地在模仿中追求卓越，在模仿中追求创新，在创新后追求更新，使自己的品牌和技术永远先人一步。

3. 唯技术优先，谋互补合作

在普通电子产品市场饱和后，三星公司开始谋求其他出路以转变难以突破的现状。VR作为三星公司新的关注点之一，在经历了几年的技术研究后，三星的VR硬件和技术得到质的飞跃。但是对于这样一个大型跨国公司而言，VR毕竟是一个新的方向，有很多的不确定性，它不可能将其他产品的利润拿来大量投资于VR的研发。所以，对于VR软件的技术缺失，三星公司选择了互补合作的战略模式。这样，三星公司就既可以紧紧抓住VR硬件核心技术，不落入外人手中，又可以挑选和匹配对自己有利的伙伴，形成一个组合，占领各大巨头互相争夺的VR市场。另外，在合作的过程中，三星公司可以向不同公司学习相关VR技术，并应用于未来新的VR产品研发上，不断适应多变的市场，从中获利。

（三）三星的国际化发展历程（以三星电子为例）

1. 三星电子国际化发展历程

随着急剧的环境变化和海外事业战略的展开，三星电子不断进行国际化扩张。以在全球化的过程中经历的大大小小的成功和失败的经验与教训为基础，三星电子在积累全球竞争力的过程中，逐渐成长到现在的位置。三星电子的国际化发展历程大致可分为四个阶段。

（1）海外进军期。1992 年以前，三星电子的全球经营得益于韩国国内生产的产品的直接或间接输出。1971 年三星首次向巴拿马出口黑白电视。1978 年在美国设立了当地销售法人（SEA）。到 80 年代中期为止，三星电子主要致力于通过销售法人和出口事务所开拓发达市场。三星电子 1982 年在葡萄牙建立了彩色电视机的工厂，这是其设立的第一家海外生产工厂。此后，为了规避发达国家的反倾销等，三星在各国设立了海外生产厂。1992 年，三星电子将服务技术组派往东欧地区，并在主要地区引入了从三星产品故障到产品使用教育的制度。在这样的努力下，1992 年末，三星电子的海外据点法人和分行以及事务所达到 49 个。在这个时期，三星电子的海外据点大都是海外当地的销售法人，主要由从韩国派遣。

（2）海外扩张期。20 世纪 90 年代初期，因 WTO 等体制出台，全球化趋势飞速发展，特别是从 1993 年开始执政的金泳三政府把全球化当作政策基调进行了推进，三星也以 1993 年"新经营"中提出的复合化和国际化概念为基础，重新改组了海外事业部，迎来了全球化的新转机。其间，三星集团以公司相关部门或事业部为单位推进了海外的计划，以海外子公司制和生产复合园区的概念整合了这一概念。继 1994 年 1 月日本本部成立后，三星海外部 1995 年成立了美洲、欧洲、中国、东南亚本部。海外子公司将调整地区战略，从长远角度出发，确保海外经营的基础，提升全球经营水平。三星电子还完善了其旗下各公司、部门之间的关系，并对各公司单独推进的方式进行了整合。另外在同一园区同时建立生产设施，从而使技术、经济上的巨大协同效应得以显现。

在这一时期，随着海外直接投资的迅速增长，包括海外联络点和驻外工作人员在内的海外人员数量急剧增加。特别是从 1995 年开始三星公司确立了"1 个国家 1 个据点"的原则，在扩大海外投资的基础上，更多地进军新兴市场。另外，三星公司还以低工资的迂回出口基地构筑及抢占当地内需市场为目的，建立了海外市场的生产基地。由此，三星电子的海外据点在 5 年内增加了两倍以上，1995 年末达到了 100 个。

（3）内实追求期。1997 年末爆发的亚洲金融危机成为三星电子全球化的重要转折点。此前，三星电子一直致力于海外事业的量化宽松。针对海外据点中丧失竞争力的法人和品种，三星电子进行了结构调整，合并海外资产，追求全球化经营。三星电子注重收益的国际化，果断清理了亏损的海外法人和据点。此后，三星电子还定期对海外法人进行经营诊断，如果不具备市场竞争力或没有改善的可能性，就中断生产及营业活动。这样的努力使金融危机后出现赤字的多数海外法人在1999年转为盈利。

（4）全球跳跃期。2003年以后，三星电子在全球事业方面经历了全面成长。原以国内为主经营的事业，为了实现全球经营资源的有效调配和扩大市场，将积极地转移到海外，全球化经营将多样化，并迅速满足当地消费者的需求，谋求构建本土化经营体制。为此，三星不仅在当地生产和销售，而且还将研究开发、设计、物流等功能转移到当地，从而使海外据点多样化和复合化现象变得更为明显。与此同时，加强区域内总揽的共享服务（Shared Service）功能，并为了确保当地人力资源开发等而加强了本土化，如各地区加强地区市场营销战略的执行，发挥市场营销、财务、人事等经营管理及调整职能，并整顿当地优秀人才和各地区领导人培养项目等。

2. 三星电子国际化发展现状

2014年，三星电子登记了4952件美国专利（世界排名第二），在"CES 2015"中有36个产品荣获创新奖，在波士顿咨询集团评选的"最佳革新企业"中获得了第3名，进一步提升了革新企业的形象。在2014年世界电视机市场上，三星电子的领导力变得更加稳固。在LCD、LED等平板电视机领域，公司以28.3%的市场占有率连续9年位居世界首位，在60英寸以上超大型电视机市场上创下了39.1%的占有率，在UHD电视市场的占有率也达到了34.3%，均居世界首位。在同年Interbrand公布的"全球百大品牌"排名中，三星电子以452亿美元的品牌价值位居世界第7位，在《财富》世界500强企业中排名第13位（2015年）。三星电子的总销售额在2015年达到了200.7万亿韩元，营业利润达到26.4万亿韩元。经过30年的成长，三星电子成功实现了国际化。

随着国际化的实现，三星电子扩大了海外销售的比重，1992年销售总额为6.1万亿韩元，其中59.1%（3.6万亿韩元）来自海外销售。随着三星电子国际化的发展，海外销售比例逐年上升，从2013年开始，销售总额的90%来自海外，2015年，海外销售总额达到179.8万亿韩元。从海外不同地区销售额所占比重来看，美国的销售在 2013 年占比达到 30%，并逐年上升，而占比排名第二、第三的欧洲和中国的销售比重呈现出持续减少趋势。智能手机和家电市场销售不振导致了这些现象。从手机市场来看，新产品上市效果下降、中低价智能手机的比重扩大、营销费用的增加影响到销售额。从家电市场来看，原材料价格的上涨，导致家电销售整体出现停滞现象[①]。

三星电子作为三星集团最重要的组成部分之一，为三星集团创造了巨大的经济效益。2018 年 4 月 22 日，2017 年全球最赚钱企业排行榜发布，三星电子排名第五。2019 年 7 月 22 日，三星电子以 398.95 亿美元的利润，在 2019 年世界 500 强最赚钱的 50 家公司中排名第 4。2021 年 5 月，三星电子位列 "2021 年福布斯全球企业 2000 强" 第 11 位。2022 年 2 月 20 日，韩联社报道称，根据市场调研机构奥姆迪亚（Omdia）发布的数据，以销售额衡量，2021 年三星电子的全球市场份额为 29.5%，以数量衡量的市场份额为 19.8%，连续 16 年获得冠军。这些荣誉，无不体现出三星电子乃至三星集团强大的生命力和国际化战略的优越性。

四、未来发展方向

（一）5G

三星早在 2011 年就开始研发 5G 技术，并成为 5G 技术的领导者之一，2013 年三星成功研发出毫米波波段自适应阵列收发器，其数据传输速度是 4G 的数百倍，这奠定了三星集团在 5G 领域的地位。目前，三星通过验证、受到承认的 5G 专利数目在全球名列前茅。

三星以不断创新的思想与技术激励世界、塑造未来，重新定义电视、智能手机、可穿戴设备、平板电脑、数码电器、网络系统、存储、系统集成电路、半导体代工制造及 LED 解决方案。2020 年 2 月 27 日，三星电子正式在中国发布三星 Galaxy S20 系列旗舰智能手机。伴随着 5G 时代的到来，通信行业进入了又一个新的十年，Galaxy S20 系列作为三星旗下新一代 5G 旗舰，全系搭载了 5G 技术，旨在将优质的网络通信体验带给更多消费者。

---

① 王文倩. 动态能力理论下跨国公司的战略选择研究——以韩国三星公司为例 [J]. 现代营销，2017（1）.

同时，Samsung Pay（三星智付）也进一步丰富了银行卡、交通卡可添加的种类，还支持智能门卡、二维码等多种功能，为更多用户的日常生活、支付及出行提供了智能便捷的体验。此外，在云存储服务方面，三星已开始与腾讯微云合作，以满足用户扩展云存储容量及相关增值服务的需求[①]。

（二）6G

2020 年 7 月 14 日，三星发布了一份名为《全民的超链接体验》的白皮书，概述了公司对下一代通信系统（即 6G）的愿景。白皮书涵盖了与 6G 相关的各个方面，包括技术和社会的大趋势、新服务、需求、候选技术以及预期的标准化时间表。

三星对 6G 的愿景是将下一个超链接体验带入生活的每个角落。为了加速 6G 的研究，三星电子 SET 业务中的高级研发中心三星研究部于 2019 年 5 月成立了高级通信研究中心。

在白皮书中，三星预计 6G 标准的完成及其最早的商业化日期可能会早在 2028 年，而大规模商业化可能会在 2030 年左右发生。人和机器将是 6G 的主要用户，而 6G 的特点是提供高级服务，如真正的沉浸式扩展现实（XR）、高保真移动全息图和数字副本。

6G 的架构要求包括解决由于移动设备的计算能力有限而引起的问题，以及从技术开发的初始阶段就实施 AI，并实现新网络实体的灵活集成。可信赖性要求解决了由于用户数据和 AI 技术的广泛使用而引起的安全性和隐私问题[②]。

（三）能源领域

1. 原油

2020 年初，三星工程公司与阿尔及利亚的 Sonatrach Hassi Messaoud（HMD）炼油厂签署了约 37 亿美元的合同。该项目位于阿尔及利亚首都阿尔及尔东南 600 公里处的哈西迈斯欧德（Hassi Messaoud）。

此外，三星工程公司将与 TR 作为合资伙伴执行 HMD 炼油厂项目，后

---

① 开辟 5G 时代 奠定未来十年 [EB/OL].https：//www.samsung.com/cn/news/#.
② 三星 6G 白皮书 [EB/OL].https：//news.samsung.com/global/tag/6g-white-paper.

者还将合作进行其他正在进行的项目。与 TR 的相互熟悉可以降低风险，并最大程度地提高 HMD 精炼厂项目的协同作用。

其中，三星重工在 LNG 动力原油运输船的全球市场占有率已超过一半，达到近 57%，在该领域居世界首位，其在 LNG 动力船领域的全球竞争力得到了认可，这也推动了三星集团原油战略的实施。

2. 甲醇

三星石油工程公司于 2020 年初在马来西亚砂拉越州民都鲁的砂拉越石油化工有限公司（Sarawak Petchem）甲醇工厂举行了奠基仪式。

该工厂将建在马来西亚沙捞越州民都鲁，预计每天生产 5000 吨甲醇，并获得了液化空气工程与建设公司的许可。三星石油工程公司从预可行性研究阶段就与世界领先的甲醇技术许可方液化空气工程公司建立了战略合作伙伴关系，并负责开发项目流程和主要设施的前端工程[①]。可以说，三星石油工程公司在马来西亚的石油化工领域已取得突出的成绩。

参考文献

[1] 白云飞 . 三星能否成为韩国"财阀世袭"破局者 [J]. 经济日报，2020-05-13.

[2] 2019 年财富世界 500 强排行榜 [EB/OL].http：//www.fortunechina.com/fortune500/c/2019-07/22/content_339535.htm.

[3] Samsung Electronics Sustainability Report 2019[R]. 三星官网，https：//www.samsung.com.

[4] 陈根 . 三星集团产品多元化战略研究 [D]. 宜昌：三峡大学，2016.

[5] 王汉龙 . 韩国大企业集团多元化战略绩效研究：以三星集团为例 [D]. 沈阳：辽宁大学，2013.

[6] 王文倩 . 动态能力理论下跨国公司的战略选择研究——以韩国三星公司为例 [J]. 现代营销，2017（1）.

[7] 开辟 5G 时代 奠定未来十年 [EB/OL].https：//www.samsung.com/cn/news/#.

---

① Samsung Engineering 公司网站，http：//www.samsungengineering.com。

[8] 三星 6G 白皮书 [EB/OL].https：//news.samsung.com/global/tag/6g-white-paper.

[9] 李敏镐．三星凭借 Galaxy Book 系列开始新的计算时代 [EB/OL].https：//news.samsung.com/global/.

[10] Samsung Engineering 公司网站，http：//www.samsungengineering.com.

第二节　现代（起亚）

一、现代财团简介

现代汽车公司是韩国最大的汽车企业，原属韩国现代集团，总部位于韩国首尔，是全球 20 家最大汽车公司之一，成立于 1967 年，创始人是原现代集团会长郑周永。

韩国前首富郑周永于 1947 年创建了韩国现代集团。现代集团是一个综合性的企业集团，集团的主业为建筑、造船和汽车生产，兼营钢铁、水泥、运输、贸易、机械、冶金、金融、电子等几十个行业，为韩国近现代经济的发展做出了突出的贡献。一直雄踞韩国大企业集团排行榜榜首的现代集团，其鼎盛时期总资产高达 97 万亿韩元，年销售额与韩国政府全年的预算相当。

然而，在韩国政府和债权银行的强大压力下，2000 年 5 月 31 日，现代集团创始人、集团名誉董事长郑周永被迫从管理前线引退。郑周永和他的两个儿子，即现代集团主席郑梦宪和现代汽车公司主席郑梦九，今后将不再参与集团的日常管理工作。郑周永称现代集团将通过出售股份和集资的方式来偿还高达 52 万亿韩元（约合 511 亿美元）的巨额债务。这标志着韩国现代集团创造的"现代神话"破灭，同时也给当时的韩国经济造成了沉重打击①。

二、主要涉及的产业和国内经济活动

在日本统治朝鲜半岛期间，现代集团的创始人郑周永当过码头搬运工、

---

① 史青宇．韩国现代集团管理模式弊端探析 [J]．华北水利水电大学学报（社会科学版），2014，30（4）．

建筑工地杂工和大米配送工，办过米行和汽车修理厂。日本投降后，郑周永建立了一家规模不大的汽车修理厂，趁韩国经济百废待兴之机开始了资本的原始积累。1947 年，郑周永靠办汽车修理厂的钱办起了现代土建社，正式走上了现代集团的发展之路。以现代土建社为基础的现代建设公司在 20 世纪 50 年代主要利用建设美军兵营和军事设施而获得发展，形成了建筑业集团化的萌芽。

在经济大开发的热潮中，政府将许多重大工程交给现代建设公司，现代建设公司则通过承建这些工程积累了资金，开始向其他经济领域扩展。在政府的支持下，有办汽车修理厂经验的郑周永于 1976 年正式成立现代汽车公司，很快就成为韩国汽车业界的龙头老大。此外，郑周永建立现代造船重工业公司，即后来的现代重工业公司，随后又成立了专事船舶修理的现代尾浦造船公司。郑周永的企业帝国向着企业多元化和集团化的方向迈出了一大步。20 世纪 70 年代的中东石油危机形成“中东特需”[①]，现代建设公司看准时机进军中东，承建工程，为现代集团积累了巨额财富，郑周永又运用这些财富加速在韩国财界扩张。此后，现代集团又通过兼并方式先后进军钢管、炼铁、制铝行业。现代集团的子公司在 1974 年到 1978 年的四年间得到快速扩张，由 9 个增加到 31 个。1971 年到 1983 年，现代集团的资产年增长率为 32.1%，被形容为“从土豆片到芯片全都生产”[②]。自成立金刚开发公司、现代汽车服务公司、国际综合金融公司和接收国日证券公司后，现代集团的触角伸展到除轻工业以外的几乎所有领域。到 20 世纪 80 年代现代集团达到鼎盛，郑周永麾下共有 80 多家子企业，为韩国数一数二的大财团。

从 20 世纪 80 年代后期起，韩国政府的经济政策发生重大变化，由朴正熙时期推行的“政府主导型经济”转向“民间主导型经济”。政府不再像以前那样培育财团经济，失去了政府输血的现代集团开始走下坡路。

现代集团是典型的家族企业，郑周永的至尊地位和由他个人专断的经营体制，在按照市场原理运营的商业经济海洋中逐渐显露出弊端。郑周永办企业习惯于在政府支持下，利用国有银行提供的贷款和融资引进国外先进技

---

① “中东特需”：20 世纪 70 年代的中东石油危机使得中东产油国获得大量美元，从而中东大规模基础设施建设的需求猛增。

② 吴杉彬. 韩国“财阀时代”走向衰落的启示 [J]. 决策与信息，1998（9）.

术,这样的企业十有八九获得成功。可是,20世纪80年代郑周永投巨资设立现代电子公司的时候,政府不再成为靠山,国有银行也不再是后盾。在国内外激烈的市场竞争中,后起的现代电子公司在技术、产销等方面被抛在后面,经历了关停的阵痛。现代集团在20世纪80年代末和90年代初对石油、证券、信贷领域的投资也经历了挫折和困难。也是在这个时候,现代集团的两大台柱子企业现代汽车和现代重工业公司长期闹工潮,成为韩国劳资双方角力的中心。工潮使现代集团遭受了严重的经济损失,削弱了企业的竞争力,阻碍了企业的长期发展。

1988年10月,郑周永会见了朝鲜领导人金正日,与朝鲜亚太和平委员会就开辟金刚山旅游达成了协议。当年11月,金刚山就开始接待来自韩国的游客,金刚山旅游项目开启了韩朝合作的先河。韩国政府的支持是现代集团开展对朝合作的基础和保证。此时主张缓和合作的金大中任韩国总统,对于郑周永与朝鲜开辟金刚山旅游项目表示支持。现代集团的子公司现代峨山公司原本希望通过组织大量韩国游客到金刚山旅游获得回报,但是因为游客人数不足始终维持着"赤字经营",这就给原本就处于困境中的现代集团以沉重一击。从这一角度来说,开发金刚山旅游项目失败也是"现代神话"破灭的一个原因①。

1992年底举行的总统大选,是现代集团与政府分道扬镳的起点。年届七旬的郑周永图谋国家最高权力,组国民党参加总统竞选,结果败在久积政治经验的金泳三手下。金泳三登上总统之位后,郑周永和现代集团饱受政府的税务调查,他领导的国民党则坠入"非法筹集政治资金"的陷阱,郑周永与政府作对,将现代集团加速推向下坡路。

经历了1997年的金融危机,韩国的财团发生了巨大的"地壳变动"。那些曾靠政府滋养的财团纷纷倒下,侥幸挺过金融危机的现代集团得益于金大中政府推行的财团改革,获得了喘息的机会。经过三次结构调整,现代集团由鼎盛时期的80多家子公司压缩为21家,负债率由4.49%降为1.81%,自有资本由13.7万亿韩元增至34.6万亿韩元。然而,现代集团的结构调整成果是兄弟间财产分离和子公司增加出资形成的,其继续兼并

---

① 夏润园.朝鲜半岛形势的新变化——从韩国现代集团打开"北"门谈起[J].国际展望,1998(22).

其他企业又部分抵消了结构调整的成果。这就为郑梦宪的后现代集团危机埋下了伏笔。

郑周永对五子郑梦宪十分信任，欲将现代集团的掌门权交给他。2000年，年事已高的郑周永委任郑梦宪为现代集团总裁，郑周永的次子郑梦九不服父亲的决定，将现代集团内最大的企业——现代汽车拉了出去。郑周永的小儿子郑梦准也带走了他控股的现代重工业公司。现代汽车公司另立山头后，兼并了起亚汽车公司，成立了现代—起亚汽车集团，以30万亿韩元的资产列韩国财团榜第五位。现代重工业公司继续着造船的辉煌，以12万亿韩元的资产列财团榜第十位。而由郑梦宪名义上统率的后现代集团仅有10万亿韩元的资产，滑落到财团榜的第十五位。现代集团的另三家较大企业现代建设公司、现代哈依尼斯公司和现代综合商社等则处于债权团的监管之中。曾经以韩国最大财团自居而傲视群雄的现代集团从此分崩解体，"现代神话"就此告结[①]。

三、跨国经营活动和国际合作

1976年现代汽车公司成立，先由组装汽车起步，经由与美国福特汽车公司和日本三菱汽车公司的技术合作生产汽车，很快就成为韩国汽车业界的龙头老大。在韩国政府容许汽车业垄断和反对竞争的政策下，现代汽车公司主导了韩国汽车国产化和向海外出口的进程，形成了以现代汽车公司为代表的韩国汽车工业的迅速发展浪潮。

韩国现代汽车公司在汽车行业中属于后起之秀，最初依靠福特的技术支持以组装的方式介入汽车制造产业，此后在技术和规模方面不断成长，如今已经成为世界主要汽车公司之一。2009年上半年以215万辆的销量超越福特汽车排名世界第四，仅次于丰田、通用和大众。现代汽车曾属韩国现代集团，如今现代汽车业已建成独立的现代汽车集团

（一）从引进到创新的技术演化历程

（1）零部件组装阶段（1962~1972年）由于技术能力几乎为零，现代公

① 张锦芳.物竞天择 适者生存——从现代集团兴衰看韩国财团经济的取向[J].中国经贸导刊，2003（18）.

司从组装外国车型开始，采用向外国企业出让股份的办法来获得外国技术。

（2）国产化阶段（1973~1983年）。政府转变了对汽车工业的政策，现代公司以此为契机，开始了零部件国产化的路程。1974年，现代汽车开始引进日本三菱的发动机总成、变速箱和后桥生产技术，同时请意大利公司进行造型设计，开发出了Pony型汽车。

（3）二次创新阶段（1984~1994年）。现代公司把以国内市场为主导转变为以出口为主，1994年首次自主设计、生产出名为Accent的轿车。

（4）自主开发阶段（1994年以后）。1994年之后，现代公司进入全面自主开发阶段，投入巨额研发资金，注重对先进技术的追踪，在法兰克福、日本等地建立了技术研究与开发中心，不断推出自主研发的车型，在国内和国际市场都大获成功。从自主技术成长的角度看，现代公司从技术复制（Pony型车）起步，到技术改进（Pony II型车），再推进到合作开发（Grandeur型车），最后上升到完全自主研发（Accent型车），每一个阶段都比前一个阶段在自主技术能力上有所提高，从而构成了现代公司的完整技术成长路径。早在20世纪70年代早期，公司的创始人郑周永就做出了一个至关重要的决定，即不再仅仅依赖于外国车型的授权许可，而是要同步地开发现代自主拥有所有权的轿车车型。在经历了短暂的散件组装阶段，现代汽车不断吸收初始引进的先进技术，为今后进行自主开发奠定了基础。

（二）系统的技术学习

为了实现赶超目标，现代以团队的方式对工艺技术和设计技术进行了持续、系统学习。现代最早开始学习的是工艺技术。现代公司在成立早期与福特签订了"海外装配协议"，获得许可权以全散件组装（CKD）方式装配福特的小型汽车，消化吸收了全套技术图纸；现代的工程师还在福特的生产基地接受培训，以团队方式主动学习如何高效地生产。随着自主研发程度的提高，现代也加强了设计技术方面的学习。20世纪80年代以后，现代开始尝试设计外包战略，为了系统地学习最先进的汽车技术，现代还广泛搜罗各类人才，并带动内部人才成长，通过吸引韩裔技术人才回流、吸引外籍专家加盟、选派技术人员赴海外培训等方法，现代迅速缩短了公司与先进汽车发动机制造公司在技术上的差距。

（三）博采众长的技术来源

现代从多元渠道获取各种模块技术，并将它们集成在一起，形成了自有技术体系的技术传统。韩国现代汽车的第一代产品是以技术转让的形式从福特公司引进的，几年后现代汽车推出的自有品牌车型是由意大利设计公司的外观、福特的底牌部件和日本三菱的发动机组成的。随着现代公司在业内地位的上升，先进国家的公司不愿继续向现代提供技术，现代则发掘出一条新的获取技术的渠道：汽车及其零部件专业研发公司。这些公司的业务不是去生产和销售汽车，而是销售技术，现代利用这种新出现的机会从国际技术市场继续获得技术支持。如此一来，公司不仅可以保持对外国技术提供商的独立性，还可以保持在技术转移和竞争价格方面的优势地位。为了博采众长，当世界各国汽车公司的研发部门都设在本土时，韩国现代汽车公司却把自己的汽车研发部门设立在了世界汽车产业的大本营美国、德国、日本，研究汽车的尖端技术与设计，并体现在自己的产品上，保证了韩国现代汽车公司紧随世界汽车潮流不断更新，生产出技术先进、质量过硬、外形时尚的汽车。

（四）坚持自主创新

自主创新是企业依靠自身的资源，通过研究、探索产生技术突破，攻克技术难关，并在此基础上推动创新的后续环节，完成技术的商品化，获取商业利润，达到预期目标的创新活动。自主创新要求企业有很强的研发能力、较雄厚的经济实力及管理组织能力。企业要想在全球经济中占有一席之地，最终必须依靠自主创新。自主创新企业在行业中有稳固的地位，能够极大地增强企业的竞争力。20世纪90年代以后，在技术路线上，现代汽车主要采取自主创新模式。经过大量的技术积累之后，现代汽车开始转向自主研究和开发，通过投入巨额研发资金和在世界各地建立技术研发中心，进行技术创新，开发新产品。现代汽车在20世纪90年代独立开发了多款发动机，在可靠性、排放、动力性和经济性等方面堪称世界一流水平。现代汽车还研制开发了一系列的电动车、混合动力车以及燃料电池汽车等新型汽车，以保持在行业内的技术竞争力。在强力研发投入、灵活研发管理等措施的指导下，现代围绕市场进行自主创新，实现了可持续发展。

20 世纪 70 年代，韩国政府学习日本的经验，推出培育综合商社的政策，现代集团又成为进入流通业和对外贸易领域的幸运儿。现代建设公司积累了大量资金，开始向其他经济领域扩展。在支持现代汽车公司发展中起到重要作用的现代建设公司，在 20 世纪 80 年代初遇到了海外大发展的良机。当时的国际石油危机使中东产油国得到了更多的石油美元，形成了大规模基础设施建设猛增的"中东特需"，为现代建设公司创造了进军海外的良机。现代建设公司在中东承建了一个又一个超大型工程，为郑周永带来了巨额的财富。郑周永运用这些财富加速在韩国财界的扩张，使现代集团向着大财团的方向发展。

四、未来发展方向

（一）氢动力

现代汽车公司于 2020 年 7 月 1~3 日在韩国举行的 2020 H2Mobility+Energy Show 2020 上展示了其氢和汽车解决方案，并展示了其智能交通生态系统的模型。

首届 H2 Mobility+Energy Show 展示了从氢生产、存储到运输的全球氢工业生态系统的概况。现代汽车计划通过与政府官员和行业专家的互动，为燃料电池系统创造商机和需求，从而使该公司加强在氢迁移方面的领导地位。

现代汽车还在活动中展示了其移动式燃料电池发电机，暗示有可能将燃料电池系统的应用扩展到各个行业。现代的移动式燃料电池发电机利用了 NEXO 中使用的两个燃料电池堆，NEXO 是世界上第一台专用燃料电池电动汽车（FCEV），最大输出功率为 160 千瓦。充足的功率使发电机可用于多种应用，如同时为两个 EV 或电动公共汽车和卡车充电。移动燃料电池发电机正在逐渐取代柴油发电机，成为新的更为清洁的发电形式。

现代汽车计划将燃料电池系统整合到智能出行生态系统中，特别是针对空中城市交通（UAM）。该公司的团队将致力于减轻燃料电池系统的重量，同时增加用于移动解决方案的功率输出。这也将允许燃料电池系统用于除商用和乘用车以外的火车和轮船中。

现代汽车正在与大量国内外公共和私营部门组织开展合作，通过供应燃料电池汽车、建造更多的氢充电站以及将燃料电池系统的应用扩展到各个行业，来建立和激发全球氢经济。

现代汽车与全球发动机和发电机领导者康明斯合作，于 2019 年 9 月开始为北美商用车市场提供氢燃料电池系统。现代汽车目前正在与美国和欧洲的主要公司讨论氢燃料电池的应用。公司与瑞士公司 H2 Energy 合资，加速进入欧洲氢动力重型卡车市场。现代汽车于 2020 年初与美国能源部就燃料电池技术创新和扩展应用签署了谅解备忘录（MOU），并承诺将分享其在氢能领域的专业知识和证明数据[1]。

（二）可持续发展

现代汽车公司致力于创造经济价值，同时也深思社会的可持续发展，并与利益相关者共同创造社会价值。现代集团基于 CSV（创造共享价值）战略系统，传播社会影响并确保可持续竞争力，从而对社会产生积极影响。围绕生态友好、交通创新、交通安全、子孙后代和社区这五个领域，现代建立了一个可持续发展的生态系统，并将在全世界实现其价值和愿景。

1. 消费者

现代通过有效应对汽车市场的快速变化，为客户提供独特的价值。现代以客户为中心的业务战略专注于五个关键领域：移动即服务（MaaS）、智慧城市、能源、机器人和人工智能（AI）。特别是正在扩大业务并在相关领域加强基础，包括移动性，基于 AI 的自动驾驶和互联汽车。此外，现代还通过改善基于沟通的服务来提高客户价值并建立更好的客户关系。我们建立了客户声音（VOC）和 H-Ombudsman 渠道，可以更有效地听取客户意见。

现代为应对瞬息万变的环境，并通过致力于这一任务的内部组织确定未来的收入来源，努力开发新的增长动力。汽车行业的价值链正在从开发、生产和销售扩展到金融租赁和汽车租赁等领域。现代正在增强应对行业变化的能力，并制定扩展新业务的战略，还将继续开发和投资未来的技术，包括出行服务、自动驾驶、联网汽车和开放式创新。

2. 环境

现代汽车致力于响应全球日益严格的环境法规以及环保汽车市场的快速增长。通过加快环保型汽车的生产和开发以及提高内燃机的燃油效率，将汽

---

① 现代汽车在 2020 H2 Mobility + Energy Show 上展示氢的未来 [EB/OL]. http：//worldwide. hyundai.com/.

车对环境的影响最小化，减少汽车零部件中使用的有害物质的数量，使用更加环保的材料，并回收废物资源。

由于汽车工业的特征，汽车制造商使用大量能源并排放大量温室气体（GHG）。随着全球环境法规的实施，现代汽车致力于确保生产符合所有全球标准，建立了全球能源和温室气体管理中心，并且在业务中进行了许多改变，包括使用更多的太阳能和改善氢基础设施。

3. 合作

现代汽车致力于与供应商进行透明，公平的贸易，以为客户带来更高的质量。公司制定了严格的公平贸易合规计划和风险评估，以提高供应流程的透明度，奠定了共同增长的基础。通过与供应商合作，现代建立了共同成长的生态系统，以确保现代和供应商都能向客户提供最高质量标准。

现代与供应商共同成长的战略是培养其全球竞争力、巩固可持续发展的基础并建立共同成长的文化。为了巩固可持续增长的基础，现代汽车正在帮助供应商加强可持续管理的基础，建设增长基础设施以及扩大全球销售渠道。为了建立共同成长的文化，现代将加强供应商与公司之间的协作网络，扩大对二级和三级供应商的支持，并营造共同成长的文化。

现代制定了政策和程序，以确保供应链的可持续性，保证稳定的供应来源并应对因供应商问题引起的风险。现代在业务运营中与许多供应商合作，旨在建立透明且具有竞争力的价值链；通过对经济风险和非经济因素（如质量、交付、技术、安全、生态友好和合作共赢）进行综合分析，努力将供应链中的风险降至最低[①]。

参考文献

[1] 史青宇. 韩国现代集团管理模式弊端探析 [J]. 华北水利水电大学学报（社会科学版），2014，30（4）.

[2] 吴杉彬. 韩国"财阀时代"走向衰落的启示 [J]. 决策与信息，1998（9）.

[3] 夏润园. 朝鲜半岛形势的新变化——从韩国现代集团打开"北"门

---

① 2019 现代汽车公司可持续发展报告 [EB/OL]. https：//www.hyundai.com/worldwide/en/company/sustainability/about-sustainability.

谈起 [J]. 国际展望，1998（22）.

　　[4] 张锦芳 . 物竞天择 适者生存——从现代集团兴衰看韩国财团经济的取向 [J]. 中国经贸导刊，2003（18）.

　　[5] 王家栋 . 韩国现代集团的创新战略 [J]. 企业改革与管理，2010（12）.

　　[6] 现代汽车在 2020 H2 Mobility+Energy Show 上展示氢的未来 [EB/OL]. http：//worldwide.hyundai.com/.

　　[7] 2019 现代汽车公司可持续发展报告 [EB/OL].https：//www.hyundai.com/worldwide/en/company/sustainability/about-sustainability.

第三节　乐喜金星集团

一、乐喜金星集团（LG）简介

　　乐喜金星集团是生产电子产品、移动电话和石化产品等的韩国大型集团，员工超过 8.4 万人，在全球拥有 112 个营运据点，总部位于首尔市永登浦区汝矣岛洞 20 号。LG 集团在 171 个国家与地区建立了 300 多家海外办事机构。乐喜金星集团的前身"乐喜化学工业会社"（Lucky Chemical Industrial Co.）建立于 1947 年，是韩国第一家化学企业，也是具氏（Koo）家族和许氏（Heo）家族共同投资的企业。1958 年，公司以"金星电子公司"的名义将经营范围扩大到家用电器生产领域，这也是韩国第一家电器公司。从那以后，公司就成了 Lucky-Goldstar 集团，"LG"这个名称就来源于其首字母缩写。LG 集团的统一标识——"未来的脸"表示不断尝试研发新技术、追求全球第一、生机勃勃的年轻人，其形象代表着世界、未来、年轻、人、技术这 5 个概念。在改名之前，公司的许多电器产品是以"Goldstar"（金星）的品牌进行销售的，而其他家用产品则使用的是"Lucky"（乐喜）。在韩国，乐喜品牌以家用清洁产品和洗衣店清洁剂而闻名。在韩国社会工业化以前，乐喜甚至就是牙膏的同义词。LG 旗下子公司有 LG 电子、LG display、LG 化学、LG 生活健康等，事业领域覆盖化学能源、电子电器、通信与服务等领域，旗下有五大事业体：家庭娱乐、移动通信、生活家电、冷气空调以及企业解决方案，其主要竞争对手为三星集团。

二、主要涉及的产业和国内经济活动

LG 集团涉及化工、能源、电子、电气、金属、机械、建筑、工程、贸易、金融、保险等领域，LG 电子则是在家庭娱乐、移动通信、生活家电、冷气空调、显示器、商用显示器、车用资讯娱乐系统等领域发展。它曾经在1959 年、1965 年、1966 年先后研制并生产出韩国第一台晶体管收音机、冰箱、电视机，1969 年研制出韩国第一部洗衣机、空调器和电梯，1982 年研制出韩国的第一台微机和摄影机，在出口贸易和跨国直接投资方面在韩国家电行业里面也是领先行的。

（一）轻化学工业起步（20 世纪四五十年代）

1945 年，刚从日本殖民统治下解放出来，资本主义开始萌芽的韩国为LG 集团的两大支柱产业化学和电气电子产业奠定了基础。LG 集团的创始人具仁会于 1947 年创建了乐喜化学工业社（现 LG 化学），从此在这片一穷二白的土地上开始谱写 LG 集团的历史。

LG 集团通过生产化妆品"乐喜乳霜"开始了企业经营活动。为了研发不易破碎的化妆品瓶盖，LG 集团在韩国首次打入塑料产业领域，先后生产出梳子、香皂盒、牙刷、餐具等塑料产品，为提高国民生活水平做出了贡献；1954 年，LG 集团凭借自主技术成功地开发出韩国最早的牙膏，战胜了美国"高露洁牙膏"，迅速占领了韩国国内市场，为提高国民的健康水平做出了贡献；LG 集团于 1959 年成立了乐喜油脂，开始了香皂和甘油的生产。

同时，LG 集团在扩大塑料产业领域的过程中，于 1958 年成立了金星社（LG 电子），并于 1959 年生产出韩国第一台真空管式收音机 A–501，开创了韩国电子产业的新纪元，设立了韩国国内第一家综合电子产品工厂。借此，LG 集团于 20 世纪 50 年代就已经奠定了其企业活动的两大支柱化学和电气电子产业的基础，为韩国产业发展发挥了排头兵的作用。

（二）发展重化学工业（20 世纪 60 年代）

1962 年，LG 集团成立了韩国电缆工业公司（现 LG 电缆），扩大了电气电子产业领域。1967 年，LG 集团成立了韩国首家民营炼油厂湖南炼油（现 GS Caltex），打入基础原料产业领域，为其进军重化学工业奠定了基础。此外，乐喜化学（现 LG 化学）于 1964 年生产出韩国最早的合成洗涤剂 "HAITAI"，还于 1967 年生产出厨房洗涤剂和液体洗发剂 "洗发膏"。

金星社（现 LG 电子）分别于 1960 年、1965 年、1966 年、1969 年在韩国率先生产出电风扇、冰箱、黑白电视机、空调、洗衣机和电梯等产品。至此，LG 集团跻身于化学、能源、电气、电子产业的韩国龙头企业，迎来了充满希望的 70 年代。

（三）奠定地位（20 世纪 70 年代）

1972 年，乐喜化学（现 LG 化学）销售额突破 11 亿韩元，出口额达到 530 万美元；金星社（现 LG 电子）电子产品的出口实绩比前一年增加了 170%；湖南炼油（现 GS Caltex）完成了第一期和第二期扩建工程，工厂启动仅 3 年就把生产能力提高了 3 倍，从而奠定了主力企业发展基础。与此同时，LG 集团于 1970 年接收凡韩火灾海上保险（现 LIG）进军保险业，于 1973 年成立国际证券公司，开始涉足证券业等，成功地将事业领域由制造业扩展到服务业。

与此同时，LG 集团致力于将企业利润回馈社会，展示了贴近于国民的成熟企业形象。继乐喜化学之后，金星社（1970 年）、金星通信（1975 年）、半岛商事（现 LG 商事）（1976 年）、金星电气（1976 年）、金星电线（现 LG 电缆）（1977 年）、金星机电（1978 年）、韩国 continental carbon（1979 年）等公司相继上市，翻开了韩国企业史上的崭新篇章。LG 集团于 1973 年成立了学校法人莲庵学院，开始通过教育服务社会。1975 年 LG 成立中央研究所，1977 开始生产彩色电视机，1977 年销售总额达到了 1000 亿韩元。可以说，20 世纪 70 年代，LG 集团通过扎扎实实的发展，不断扩大事业领域，服务于社会，发展成为国民企业，树立了成熟的企业形象。

（四）发展重点领域（20 世纪 80 年代）

在化学与能源领域，LG 集团以乐喜（现 LG 化学）于 1983 年后重点发展的石油化学工业为中心。湖南炼油（现 GS Caltex）于 1988 年竣工了年产 12 万吨聚丙烯（PP）工厂和年产 45 万吨芳香族（BTX）工厂，同时还动工了年产 20 万吨的 TPA 工厂等，开始致力于在石油化学领域多元化发展。LG 不断深化和发展塑料、生活用品、精密化学等已有领域，并重新进入化妆品行业，在扩大合成产业的同时，进入医药品事业领域，实现了事业领域的多元化。

在电气与电子领域，进入 80 年代后，LG 集团主导了彩电、VCR、电脑等高端产品的开发，并集中投资于半导体事业领域，引领了高端技术时代的发展。同时，金星半导体开发出标准交换机，开辟了韩国通信事业的新天地。金星电线（现 LG 电缆）迅速实现了铜通信向光通信、普通电线向超高压特殊电线的转换，引领了电缆事业质的转换。

LG 集团于 1984 年成立了 LG Ad，开始涉足综合广告事业领域，于 1987 年接收了 Korean Express（现 LG Card），成立了 STM（现 LG CNS），进入信用卡和电算系统专业事业领域。

1987 年 LG 集团竣工了汝矣岛 LG 双子大厦，进一步提升了集团的整体形象。1988 年 LG 集团在墨西哥、泰国、埃及、菲律宾、意大利、英国设立生产基地。随后，LG 集团又实施了"F-88 计划"和"V 计划"，制定了长期发展蓝图，坚决推行企业改革。

（五）企业改革（20 世纪 90 年代至今）

1990 年，具滋暻会长发布了以组织结构与运营体制的改革、自律经营与人才培养为基础的"21 世纪经营构想""为顾客创造价值，以人为本的经营"的新的经营理念，指明了 LG 集团的未来蓝图，确立了企业经营的理念基础。

1995 年，为全力打造鲜明的企业形象，集团通过将名称更名为 LG 等一系列企业文化识别修订工程，发动了面向全球化的引擎。继具滋暻会长之后，具本茂就任 LG 集团第三代会长，开辟了新的 LG 集团时代，打响了第二次经营革新战役，同时收购了美国杰尼斯公司。

即便在 1997 年底出现的金融危机使韩国经济陷于瘫痪的情况下，LG 集团仍然以"选择和集中"为基本原则，扎扎实实地推进企业结构调整，成为韩国企业的经营楷模。

三、跨国经营活动与对华合作

（一）跨国经济活动

1969 年 12 月 31 日，LG 集团创始人具仁会会长与世长辞，具滋暻就任第二代会长。具滋暻会长上任后表示"70 年代是 LG 集团走向国际化的转折时期"，决定把扎扎实实的发展政策和国际化确定为 70 年代的主要政策。为此，LG 集团将 1970 年和 1971 年确定为"经营稳定年"，夯实了扎实的经营基础。

在化学与能源领域，LG 集团以石油化学工业为中心，建立了多个工厂，并开始致力于石油化学领域多元化发展。LG 不断深化和发展塑料、生活用品、精密化学等已有领域，并重新进入化妆品行业，在扩大合成产业的同时，进入医药品事业领域，实现了事业领域的多元化，并通过积极的海外投资，开始步入跨国企业的行列。

（二）对华合作

1. 发展历程

LG 化学非常重视中国市场，将其看作是第二个地区市场。目前该公司已经在中国成立了杭州乐金化妆品公司、宁波乐金永兴化学公司、天津乐金大沽化学公司、天津乐金精密化学有限公司、天津乐金新型建材公司、连云港乐金化学有限公司和北京乐金日用化学品公司 7 家合资公司。这些公司的注册名称中均以"乐金"代替 LG，而且公司在北京、上海、广州和香港设立了办事处。

LG 进入中国大致经历了三个阶段：

第一阶段是在中国建立雄厚的多元化业务基础。1992 年中韩建交后，LG 开始进入中国进行投资生产，投资额累计达到 14.4 亿美元。LG 电子进入中国的方式是与中国最有实力的企业联盟，并且采取了多元化发展的方式。LG 电子现在中国区的十多个工厂，多是与中国的企业采取合资或合作的方式建立的。如与春兰合作生产冰箱和压缩机，与广电股份合作在上海生产录像机。2001 年，LG 电子还与联想集团、海尔集团、长虹集团等中国电子巨头进行交流合作，产品拓展到电脑显示器、微波炉、彩电、洗衣机等一系列产品。

第二阶段是规模化发展阶段。中国是一个有潜力的巨大的消费市场，LG集团在中国经历了几年的发展，取得了一系列的成功，开拓了自己的市场，积累了相当丰富的经验，试图趁大好机会在中国大展宏图。LG集团对一些处于生命周期成长期或成熟期的电子产品进行规模化生产，通过规模生产降低生产成本，采取全面成本领先战略。LG电子的电视机对华出口超过松下、索尼等世界著名企业，居在华企业之首。

第三阶段是数码创导阶段。经济全球化面临数字化的挑战，数字化产品、网络及电子商务都是潜力无限的发展机遇。许多跨国企业都把未来的方向定位在数码创导，LG也不甘落后。

2. 本土化的生产策略

LG在中国的目标是要做一家成功的中国企业，而不是在中国市场取得成功的外国企业。LG电子力争实现人才本土化、产品本土化及生产本土化。人才本土化是跨国公司在中国发展的趋势。在生产布局上，LG电子在中国的各生产基地主攻一条产品线，而全部生产基地又几乎涵盖了所有的LG电子产品，从而实现了专业化与多样化的协同生产，其系列产品在中国市场表现不俗，往往以相关产业的技术突破带动其他产业的发展。LG电子在中国的市场定位为生产使用世界一流技术的中国本土企业。正是这样，许多技术都是在中国进行研究和开发的，这与其他许多国家把研发放在本国大不一样。LG电子充分考虑了中国消费者的生活习惯，生产出了一系列适合中国百姓的电子产品。LG还参加一系列的产品评比，获得了国内外一致的认可，获得了消费者的青睐，为自己的产品建立了良好的品牌知名度。

3. LG电子的低价策略

跨国公司进入中国市场的营销策略多种多样，LG以价格策略为重点，追求低成本和低价格，显示出巨大的竞争优势。中国电子产品近几年发展迅速，一大批国内企业实力强劲，市场很快由卖方市场转化为买方市场，价格成为重要的销售手段。从20世纪90年代中期开始，LG电子陆续在中国建成多个生产基地。通过物资流通基地化和以战略基地为中心的综合性生产基地化建设，LG产品的生产成本、配送成本大为减少，本土销售相应提高，70%~80%的零配件本地化率为LG电子产品带来了价格上的优势。

4. LG 电子的渠道传播策略

同其他跨国公司进入中国一样，LG 也有自己独特的渠道。LG 电子对各个产品采取营销管理责任制，对各个地区采取营销员责任制。将城市、农村分为一、二、三级市场，针对不同的市场提供不同的产品并采用不同的营销策略。为了提高品牌知名度和渠道效率，LG 电子投资 4 亿美元，在上海和北京建立了 LG 电子专卖店，在吉林省吉林市建立了服务中心。在华南地区，LG 采用两条渠道战略：中间商和百货商场，以中间商为主经销商，以百货商场为产品展示地，以提高产品品牌知名度，并且入驻百货店可以使 LG 电子及时掌握每天的销售情况和消费者的各种要求。为了在中国迅速扩大影响，LG 电子积极开展各种传播活动，包括户外广告、展销会、赞助公关活动等①。

四、未来发展方向

（一）化学领域

LG 化学以中央研究所为中心，进行核心基础技术培养，为新一代业务领域提供技术保障，并在事业部直属研究所，按各事业领域进行基础研究及产品开发，强化核心技术竞争力，并促进新一代技术革新。

1. 基础技术 / 未来技术领域

LG 不断强化粘附、涂层、工序、仿真及分析技术等核心基础技术，以此来强化现有事业竞争力，并通过运营下属的未来技术研究中心，挖掘培养环保 / 能源材料、高性能新材料、无机材料等充满希望的未来新事业机会。

2. 石油化学领域

在石油化学研究所，以中和、催化、工序技术为核心技术基础，强化业务竞争力及开发研究新产品，以积累开发力量为背景，为高性能、环保材料及开创新业务而集中研究开发力量。

（1）催化剂研究开发中心通过开发本公司独有的茂金属催化剂技术，凭借独家技术实现高附加值聚烯烃产品商业化，从基础油分到高分子制造，研究并开发各个领域的催化剂。

---

① 张建军、马向群、杨华辉.韩国LG电子在中国的营销创新分析[J].沿海企业与科技，2003（5）.

（2）技术中心起到进行石油化学事业本部的聚合物产品技术开发和支持、材料开发、新适用领域及市场开发、技术培训等 TS&D（Technical Service & Development）作用。此作用不仅在韩国，而且在中国（上海、南京、广州、宁波）、美洲和欧洲也不断扩展。

3. 电池领域

电池研究所（电池研究所、电池开发中心）以电池化学、有机和无机材料、金属、高分子等多样技术力量为基础，研究阳极、阴极、隔离膜、电解液等电池材料，并以此为背景开发用于电动汽车及 ESS 中的高容量、高输出电池和系统。

4. 尖端材料领域

尖端材料事业本部正在研发核心平台技术和应用技术，以开发电动汽车（e-Mobility）和可持续性（Sustainability）领域的市场领先产品。

5. 生命科学

生命科学研究所以增进人类健康为目的，研究合成新药和生物医药、诊断医药，通过不断的研发投资，集中力量，为开发未来生物医药做努力。

（二）人工智能

2019 年 10 月，LG 电子和世界五百强企业碧桂园集团联合注资成立了广东智美云创科技有限公司。LG 电子与碧桂园集团分别在智能电子科技和生态城市建设中处于领先地位，此次强强联合，将会不断深化利用信息通信技术等国际领先技术，加速产业结构优化升级，在解决能源和环境等各种社会问题方面贡献新方案[1]。

参考文献

[1] 王曦. 韩国 LG 化学公司 [J]. 现代化工，1999（6）.

[2] LG 官网. https：//www.lg.com/cn/about-lg.

[3] 张建军，马向群，杨华辉. 韩国 LG 电子在中国的营销创新分析 [J].

---

① 爱尔集（LG）电子与碧桂园强强携手，开辟商业模式新创举 [EB/OL]. https：//www.lg.com/cn/about-lg/press-media.

沿海企业与科技，2003（5）.

[4] LG 化学官网 . https：//www.lgchem.com.

[5] 爱尔集（LG）电子与碧桂园强强携手，开辟商业模式新创举 [EB/OL]. https：//www.lg.com/cn/about-lg/press-media.

第四节　鲜京集团

一、鲜京集团简介

鲜京集团（SK）是韩国的三大企业集团之一，业务涉及能源化工、半导体、物流及生物等领域。截至 2018 年底，SK 的全球总资产达到 320 亿美元，销售额达到 820 亿美元，遍布全世界的经营网点有 271 个。SK 集团由 1953 年一个地方小织物工厂开始发展，今天已成为了韩国经济成长的命脉。SK 经历了三次巨大的飞跃过程：第一次是 1953 年至 20 世纪 60 年代，SK 经历了由织物到聚酯原丝的生产；第二次是 20 世纪 70 年代到 80 年代，SK 完成了从石油到纤维的纵向整合。90 年代进军通信信息行业，是 SK 的第三次飞跃[①]。

从国家经济的基干产业到新时代的核心产业，SK 在广阔多样的领域里集中了企业力量，为国家经济发展做出了巨大贡献。在织物产业停滞不前的时候，SK 在韩国国内最先开拓了出口纤维的发展道路，创造了韩国国内最早生产聚酯原丝的神话。

在能源领域，SK 是韩国最大的综合能源化工企业。蔚山炼油厂拥有每年 4200 万吨原油加工能力，是全球同行业最大的单一炼油工厂之一。SK 在节能、环保、运营方面的管理技术得到国际同行的认可，多年来连续被世界炼油业权威评估机构索罗门评为全球石化行业效率最高的企业。

SK 还是电信领域的领跑者。1996 年，SK 在世界范围内首次成功实现了 CDMA 的商用，并实现了在世界首次推广 2.5 代 CDMA 2000 1X 服务和 3 代同步方式 IMT-2000 等移动通信方面的成功。SK 电讯在第三代通信技术

---

①高国沛，范黎波 . 韩国鲜京集团的发家经验 [J]. 中外管理，1996（1）.

CDMA 2000 和 WCDMA 领域拥有多项成熟的应用经验与技术。

二、主要涉及的产业和国内经济活动

（一）从织物到聚酯纤维

1953，首任会长崔钟建下决心要修复和重建韩国战争期间变成废墟的鲜京织物厂的建筑，在修复建筑的同时，收集分散在各地的零部件重新组装了织布机。SK 克服种种困难不断开发出新的产品，促进了韩国纺织业的发展。崔钟建从政府手里购置了鲜京织物工厂用地，重新成立了鲜京织物。到1962 年，仅仅用了 10 年时间，SK 已经成为拥有 1000 多台机器的纺织业巨头。但是 SK 并没有满足现状，先后竣工了别人认为不可能实现的醋酸纤维和聚酯纤维工厂，同时生产出了韩国第一批醋酸纤维和聚酯纤维。

1969 年 7 月 1 日，涤纶工厂从鲜京化纤分离，成立了合作法人鲜京合纤。鲜京合纤的成立同时推进了醋酸纤维和涤纶事业的发展；为了培养人才，由鲜京赞助的 MBC 奖学知识竞赛于 1973 年 2 月 18 日第一次播出，40 多年后仍在播出。当时崔钟贤鲜京织物社长同时担任鲜京化纤和鲜京合纤的社长，以及鲜京织物的会长，从此开始了崔钟贤体制；1974 年，他成立了韩国高等教育财团。其宗旨是培养为高等教育发展做出贡献的优秀学者，为学术研究和社会发展做出贡献。

（二）完成石油到纤维的垂直系列化

SK 开始进军石油化学、炼油、石油开发领域。作为从石油到纤维的垂直系列化宏观计划的重要环节，1973 年，鲜京石油株式会社成立，当时，SK 会长已经决定和日本的两家公司共同建设日产 15 万桶的炼油厂，并已同沙特阿拉伯的原油供应商签订了供货合同。但是 1973 年 10 月爆发的第 4 次中东战争所引起的石油危机，使 SK 不得不搁浅了建设炼油厂的计划。

虽然经历了一系列的挫折，但是 SK 并没有改变石油到纤维垂直系列化的计划。1980 年收购了民营化的大韩石油公司（YuKong，现 SK 株式会社）。对此，整个业界都感到非常意外，这是因为外人不知道这样一个事实：在石油危机期间，为了确保充足的货源，SK 继续与沙特阿拉伯维持着良好的关系。这为实现从石油到纤维的垂直系列化奠定了基础。

1980 年，SK 收购了民营企业大韩石油公司，正式奠定了发展的基础。在坚定的信念和长期不懈的努力下，20 世纪 90 年代初，大规模的石油化学车间竣工，SK 终于完成了从石油到纤维的专业垂直系列化转变。

1991 年 6 月，芳香族生产设备、乙烯生产设备、重油分解脱硫设备等大规模石油化学项目的竣工，从石油到纤维的垂直集团化计划得以实现，由此 SK 具备了生产石油化学所需的所有生产设施，完成了纵向一体化。同年鲜京工业，成立生命科学研究所，开始正式涉足医药领域。

（三）进入信息通信业

进入 20 世纪 80 年代中期，崔钟贤会长认为从 1975 年开始推进的石油化学的垂直系列化已初具规模，便决定把信息通信业作为公司发展重点，以求水平方向扩展。

当时的韩国对信息通信业还很陌生。为了信息通信的长远目标，SK 在美国设立了经营企划室，并组成了专门小组。经过周密的安排，SK 于 1989 年在美国成立了 YUKRONICS 公司，经营移动电话事业，并在韩国国内成立了 YC&C、鲜京信息系统、鲜京流通、大韩电信等公司，在国内打下了基础。

1994 年，由于引发政治上的争议，崔钟贤会长决定放弃事业权，参与韩国移动通信的招标，于 1994 年 7 月正式参与了韩国移动通信的经营。SK 取得韩国移动通信（现 SK 电讯）的经营权，打下了综合信息通信业坚实的基础。

韩国移动通信于 1995 年成功完成 CDMA 演示会，并且于 1996 年 1 月在世界上首次成功实现 CDMA 商业化，从而打开了信息通信产业的新篇章。自成功实现 CDMA 商业化以后，韩国移动通信在集团内部首次于 1997 年 3 月 24 日举行新的 CI 宣布仪式，以 SK 电信的名义开始了新的征程。

SK 电讯为了大规模开展 IMT-2000 事业，于 1999 年 5 月成立了 IMT-2000 事业推进本部，12 月又扩编为 IMT-2000 事业推进团，团长由社长兼任，表明了 SK 电讯对 IMT-2000 的重视度。2000 年 1 月，SK 电讯使用与日本 NTTDoCoMo 共同开发的 IMT-2000 试验系统成功实现了韩日间国际影像通。SK 电讯成为世界最早成功实现国家间 IMT-2000 试验通话的通信企业，并于 2000 年 12 月被选定为下一代移动通信 IMT2000 运营商。

（四）21世纪新经营战略

SK作为能源、化工和信息通信产业名副其实的领导者，引领了国家基干产业发展，在能源、化工和信息通信两大核心主力事业和作为支持这些事业的基础产业，将以金融和物流、服务领域作为主力产业，强化此领域的力量。

在企业文化方面，2004年将"更大的幸福"作为SK新的企业理念，在集团层面上出台了SK志愿服务团，积极开展各项系统的和实质性的活动；2005年SK为实现新的经营理念"幸福经营"，积极应对全球市场扩大趋势，开发了新的LOGO"幸福翅膀"；SK于2006年11月14日在首尔麻浦区东桥洞成立了管理和运营分享幸福的盒饭中心的幸福分享财团，开展了幸福盒饭项目等多项社会贡献活动和增加就业机会的活动。

2007年SK以控股公司体制正式出台。7月1日开始SK的原SK株式会社分割为存续法人控股公司SK株式会社和新设法人SK能源，7月2日举行董事会成立仪式并正式开展业务。

2011年1月1日，石油项目和化学项目从SK能源分离出来，单独成立存续法人SK创新和新设法人SK能源、SK综合化学三家公司，1月3日举行了独自经营仪式。之前于2009年10月，还成立了润滑油专业企业SK润滑油。海力士于2012年3月26日更名为SK海力士，宣布要发展成为世界顶级半导体公司。

SK在2012年11月CEO研讨会上讨论有关引进全球成长所需的新的集团经营方式"各自又一起3.0"的方案，并同意从2013年开始施行。"各自又一起3.0"以关系公司的自律责任经营为前提，各家公司的CEO和董事会自觉对公司经营做出表决，对其结果也主动负起责任。

2015年8月，SK株式会社和SK C&C通过合并成立了联合控股公司。

2016年，SK株式会社为了半导体纵向一体化，收购了生产半导体用特殊气体的SK材料，同年为了积极应对环境变化以及彰显集团创新的意志，对SK企业文化的根基SK管理系统（SK Management System，SKMS）进行了修改。

SK以2012年SK海力士为开始，继收购SK材料、SK航空燃气、SK

TREECHEM、SK 昭和电工以后，于 2017 年成功收购了生产半导体用晶片的 SK Siltron，完成了半导体纵向一体化。

2018 年 SK 电讯完成了对物理安保专业公司 ADT CAPS 的收购，为在安保事业领域实现新的成长奠定了基础。同年 SK 海力士集成了世界最先进技术的 M15 竣工投产，为主导全球市场做好了准备 ①。

（五）主要子公司

1. 能源化工类

SK 创新：通过石油开发业务实现能源独立国家的梦想；通过绿色技术业务开发未来能源。

SK 能源：凭借长期以来积累的经验和差异化竞争力，以全球顶级石油企业为目标阔步迈进。

SK 润滑油：通过不断挑战和革新，力争成为世界一流的专业润滑油、基础油的厂商。

SK 化工：通过供应环保型材料，提供全方位医疗解决方案，持续实现人与自然的和谐共处，推动企业向着全球领先企业阔步前进。

SKC：以创造新价值而进行变化和革新，在化学、薄膜、太阳能领域向全球绿色企业进化和发展。

2. 信息通信、半导体类

SK 电讯：通过提供最高水平的通信服务和解决方案，持续提高顾客满意度和生产效率，不断开创新的未来。

SK 海力士：作为 SK 集团成员之一，跨越存储半导体领域，力争成为世界最高水平的半导体企业。

SK Broadband：通过技术革新和更领先、多元化的顾客服务，开创更加精彩的融合时代。

SK TECHX：基于创意和革新，努力成为生活价值 ICT 服务专业企业及平台开发、运营领域的顶尖企业。

SK Telesys：凭借先进的技术，为顾客提供尖端通信设备。

SK Telink：凭借全新概念的通信服务，力争成为通信市场的新一代领

---

① SK 历史 [EB/OL]. http://www.sk.com/zh/about/history.jsp.

导者。

SK Communications：凭借对未来市场的敏锐洞察力以及创新性的服务，力争成为全球互联网企业。

3. 营销、服务类

SK 实业：从贸易事业、信息通信事业、能源和流通事业到消费品事业，以全球 20 个国家 74 个全球网络为基础，在全球市场上续写持续成功的故事。

SK 建设：通过积极开拓海外市场以及成功承揽新业务，力争成为全球顶级跨国企业。

SK 海运：凭借已积累的经验和实力，延续世界资源专业运输公司的领先地位。

SK 证券：以改善各个事业的体制为基础，不断扩大收益能力，通过尽快确立全球化商务模式，发展成为世界一流的金融投资公司①。

三、跨国经营活动和国际合作

（一）石油行业

1973 年 SK 集团建立了鲜京石油，为了保证原油供应的稳定，从 1983 年起 SK 开始积极开发海外油田，参与世界各地的石油开发事业，为实现产油国的梦想而不断努力。1980 年，崔钟贤会长接见来韩访问的沙特阿拉伯石油大臣亚马尼。1980 年初，面临原油供应危机，韩国政府发动了"石油供需调节令"。按照政府的石油工学调节令，鲜京基于和沙特阿拉伯之间牢固的合作关系，签订长期供应原油合同，从 1980 年 7 月 17 日开始，开始向国内炼油企业提供进口原油。马里卜油田开发，从首次发现到正式生产花费了 40 个月的时间，堪称历史上罕见的短期内见效的油田。为了确保稳定的货源，SK 于 1983 年在国外开发了油田，使韩国进入了产油国的行列。至今，SK 仍然在世界 13 个国家的 16 个矿区开采石油。

（二）生命工学领域

1999 年 SK 开发出韩国新药一号钵复合抗癌制剂，显示出其在生命工学

---

① SK 集团官网，http://www.sk.com/。

领域中的潜在力。通过美国的研究开发中心在当地研制的抗抑郁症治疗剂，其成果及技术得到世界一流制药企业的认可。2018 年 SK 株式会社收购了美国药品生产厂商 AMPAC，开创了韩国企业收购美国药品生产企业的先河，为实现事业模式的革新奠定了基础。

（三）半导体行业

2017 年，SK 海力士收购了被称为"内存器鼻祖"的东芝存储器半导体项目的财团；2019 年，在日本政府限制向韩国出口氟化氢、光刻胶、含氟聚酰亚胺等尖端半导体材料后，SK 海力士设在中国无锡的半导体工厂使用中国生产的氟化氢取代了日本产品。

（四）信息通信领域

20 世纪 80 年代中期，SK 本着将目光投向未来十年的方针，开始涉足信息通信领域，牢固地奠定了综合信息通信事业的基础。1996 年，SK 世界首次成功地将 CDMA 模式的数字移动电话推向市场，使韩国跻身于通信强国的行列。2004 年成功发射了 DMB 卫星，将利用卫星的多媒体服务推向市场，开创了无论何时何地都可以全面利用信息的"无处不在"时代。未来，SK 将继续发挥引导世界通信产业发展的全球领导者作用，把韩国建设成为更强大的信息通信强国。

四、未来发展方向

（一）半导体方向

SK 海力士新研发的 HBM2E 能够每秒处理 460GB 的数据，这相当于能够在一秒内传输 124 部全高清电影，是目前业界速度最快的 DRAM 解决方案。

HBM2E 拥有超高速、高容量、低能耗等特性，是适合深度学习加速器、高性能计算机等需要高度计算能力的新一代人工智能系统的存储器解决方案。与此同时，HBM2E 将适用于在未来主导气候变化、生物医学、宇宙探索等下一代基础、应用科学领域研究的 Exascale 超级计算机（能够在 1 秒内执行 100 亿亿次计算的计算机）。SK 海力士认为这是有助于人类文明发展的新一代技术革新，公司将通过 HBM2E 量产强化高端存储器市场上的地位，并倡导第四次工业革命。

（二）信息通信领域

1. 发展沉浸式媒体技术

由于新冠肺炎疫情的影响，SK 电讯公司加快了基于 5G 的沉浸式媒体技术的发展，其与文化遗产管理局的德寿宫管理处启动了德寿宫的虚拟现实（VR）之旅，以支持在新冠肺炎疫情大流行期间也能够参观德寿宫。

通过充分利用基于 5G 的沉浸式媒体技术，SK 电信一直在努力将韩国的文化遗产介绍给更多的人。2020 年 3 月，该公司推出了 "AR Deoksugung" 服务，该服务使用户可以在 3D 增强现实中查看 12 处总面积达 61205 平方米的德寿宫建筑。

"自新冠肺炎疫情暴发以来，基于 5G 的沉浸式媒体技术的需求随着非面对面服务的激增而增长，"SK 5GX 服务业务部副总裁兼负责人表示，"展望未来，SK 电信将开发创新的媒体技术，以进一步提高文化遗产游客的虚拟体验。"

2. 5G 领域

SK 电信先进的 5G–4G 双模 RF 转发器已经获得了 "商业小蜂窝设计和技术" 类别的 SCF 小蜂窝奖。SCF 小型蜂窝奖旨在表彰小型蜂窝技术的创新和全球部署中的最佳实践，由领先的分析师、记者和行业专家组成的小组独立评判。

SK 电信的 5G–4G 双模 RF 转发器于 2019 年 12 月在全球首次实现商业化，可接收来自室外基站的 5G 和 4G 射频信号，并增强这些信号以扩大包括建筑物和地下空间在内的室内区域的覆盖范围。尤其是，该公司已与德国电信（Deutsche Telekom）合作升级了 5G–4G 双模 RF 转发器，以在欧洲网络环境中提供最佳性能，并计划提供转发器以支持德国电信在德国进行 5G 室内覆盖的客户试用[①]。

3. 数字驾驶执照

SK 电信推出了数字驾驶执照[②]服务，这项服务适用于便利商店链 CU 和

---

① SK Telecom 的先进 5G 室内技术已为世界所认可 [EB/OL].https：//www.sktelecom.com/.
② 数字驾驶执照是由韩国国家警察局和道路交通管理局（KoRoad）这三家移动运营商共同开发的，这是第一种将官方身份证明的数字版本用作合法的身份验证形式的情况。

GS25 的所有商店。例如，数字驾驶执照可用于在便利商店验证年龄，以购买有年龄限制的商品，例如酒和香烟。

此外，从 2020 年 7 月开始，数字驾驶执照用于重新签发和续签驾驶执照，并在遍布韩国的 27 个驾驶执照考试办公室以英语签发驾驶执照。

韩国国家警察局正在审查将数字驾驶执照服务应用于涉及身份验证（如交通警察检查）的警察工作的计划。此外，有几家移动运营商正在与汽车租赁和共享出行行业的公司进行谈判，以采用数字驾驶执照来促进非面对面服务。

（三）能源领域

SK E&S 通过分布在韩国 7 个城市的燃气公司向约 440 万户家庭提供城市燃气服务，是韩国城市燃气市场占有率第一的企业。该企业宣布，将通过 7 家城市燃气子公司开通 "城市燃气 Talk" 服务。该服务不仅可以通过 KakaoTalk 申请城市燃气服务、查询和缴纳费用，还能通过 "家庭共享" 功能代替不擅长使用智能手机的父母处理业务，不需要与咨询员通话，可通过 KakaoTalk 24 小时随时确认和处理。

"KakaoTalk" 服务由 SK E&S 与 Kakao 子公司——Kakao Enterprise 携手开发，不需要繁琐的会员注册程序，运用 KakaoTalk 的顾客信息，只需通过简单的本人验证程序，即可使用所有服务，且 KakaoTalk 运用 Smart UI 技术，令使用更加直观和便利[①]。

参考文献

[1] 高国沛，范黎波 . 韩国鲜京集团的发家经验 [J]. 中外管理，1996（1）.

[2] 陈凯 . 韩国 SK 电信的海外战略 [J]. 信息网络，2007（3）.

[3] SK 海力士 CES2020：芯片的未来 [EB/OL].https：//news.skhynix.com.cn.

[4] SK Telecom 的先进 5G 室内技术已为世界所认可 [EB/OL].https：//www.sktelecom.com/.

---

① 　SK E&S 官网，http：//www.skens.com/sk/main/index.do。

第五节　韩进集团

一、韩进集团简介

韩进集团（HANJIN）成立于 1945 年，创始人为赵重熏，包括大韩航空、韩进海运、韩进重工等多家颇具规模的企业，提供海、陆、空各种运输业务，运输部占营运额的 70% 以上，并不断扩展其全球业务，以物流为主业向多元化发展，是世界上最大的物流企业之一。韩进集团主要通过旗下的三大子公司——韩进陆路运输公司、韩进海运公司和大韩航空公司，形成了海、陆、空多式联运的规模效应，并为客户提供全方位的物流服务。除了目前在全球拥有的 9 个主要集装箱码头外，韩进海运还准备在具有战略意义的国家和地区再建造 19 个集装箱码头和 24 个物流中心。韩国韩进集团是世界物流界巨头之一，世界 500 强企业，拥有遍布世界各大主要港口的集装箱船舶、航线和先进的物流网络。

二、主要涉及的产业和国内经济活动

韩进集团虽然侧重于运输业，但是其也在不断扩展全球业务，以物流为主业向多元化发展，主要涉及的领域有航空、陆路运输、海运、重工业、旅游、酒店、房地产业、信息服务业以及一些非营利公司。

（一）航空领域

1. 大韩航空

大韩航空公司于 1969 年被韩进集团收购，其前身是 1946 年成立的韩国国家航空，是韩国最大的航空公司，同时也是亚洲最具规模的航空公司之一，属于天合联盟和韩进集团的成员之一。仁川国际机场为大韩航空的国际枢纽港，经营欧洲、非洲、亚洲、大洋洲、北美洲及南美洲航线；而金浦机场则为其国内枢纽港。

2019 年，大韩航空主办了国际航空运输协会（IATA）第 75 届年度会议，这是大韩航空成立 50 周年以来最大规模的活动，也使其地位进一步提高[①]。

2. 真航空

真航空（Jin Air）是韩国一家廉价航空公司，为大韩航空的全资子公司，成立于 2008 年 1 月，其业务范围已扩展到日本、中国和东南亚。它是韩国唯一引进中型和大型飞机（B777-200ER）的低成本航空公司，以开拓新的长途市场并巩固其作为亚洲代表性航空公司的地位。

真航空一直致力于确保将全球标准的安全性作为企业管理的重中之重。此外，通过降低创新成本来提供创新和具有竞争力的机票是真航空所追求的"飞得更好"的年轻精神。因此，真航空旨在通过结合全球安全性和实用性，将自己打造为"实用航空公司"。公司致力于成长为亚洲第一大低成本航空公司，成为"任何人都可以随便使用的热门航空公司"和"消费者选择的实用航空公司"[②]。

（二）陆路运输

自 1945 年成立以来，韩进作为全球综合性物流公司在物流行业中就起着领导作用，并通过建立先进的物流系统和确保全球能力为客户提供最大的价值。1983 年，韩进首次在韩国推出常规的沿海航运业务，并在国内物流业务方面开拓了新领域，包括 1992 年在韩国推出第一家快递服务公司、1996 年在世界主要城市推出国际快递服务，从而继续实现多元化的运输方式。

1. 快递业务

1992 年，韩进率先在韩国推出了快递服务，并开创了物流领域的新篇章。韩进在韩国推出了第一台自动货物分拣机，并于 2006 年建成了韩国最大的快递枢纽站。为了使都市地区的快递运输顺畅地运作，2015 年在首尔综合物流园区（SIFT）新建了配备先进物流设施的枢纽码头，并建造了大田 Mega-Hub 码头。

韩进通过与电子商务、家庭购物和便利店的合作关系来扩展其经销商，并提供个人送货服务，如无人送货、高尔夫送货和机场送货。此外，在 2019 年，韩进为小规模航运客户推出了一键式快递服务，以积极创造社会

---

① 韩进官网—航空部门—大韩航空，http：//www.hanjinkal.co.kr/kr/contentsid/505/index.do。
② 韩进官网—航空部门—真航空，http：//www.hanjinkal.co.kr/kr/contentsid/506/index.do。

价值，并与初创公司一起开发服务，以响应国内产业环境的变化。

2. 物流业务

引进了韩国第一个集装箱运输系统的韩进，通过不断引入新的物流服务，如在仁川港建设第一个私人码头和提供定期沿海运输服务，为国内物流业的发展做出了贡献。

凭借先进的物流设备和完善的陆、海、空网络，韩进可以处理全国主要港口的货物，并以客户期望的方式为集装箱、杂货、铁制品和重物等各种货物提供一站式服务。

3. 石油销售和维修业务

韩进开展维修和石油销售业务，以确保在物流和快递业务方面的成本竞争力。韩进在仁川、义王、浦项等主要物流基地设有维修工厂，为重型车辆、军用车辆以及一般车辆提供专业的维修服务。韩进通过运营国内外领先的商用车服务中心和集成设备管理系统，如在仁川和蔚山建立梅赛德斯—奔驰商用车合作服务中心，来增强业务竞争力①。

（三）海运

成立于 1977 年的韩进海运曾是全球第七大船运商、韩国最大的航运公司，旗下船队拥有 88 条船，约占全球运力的 3%，总资产规模达到 7.29 万亿韩元（62.3 亿美元），业务涵盖集装箱运输、干散货运输、油品运输等，同时还经营码头和修造船等业务。1983 年，韩进在韩国开办了第一家正规的海上海运业务，它是韩国唯一的放射性产品运输商，经营各种特种海上运输船，并引领全球重货和沿海海上运输市场的振兴。此外，为了给客户提供创新的分销管理和降低物流成本，韩进在全国主要基地拥有先进的物流仓库设施和仓库管理系统（WMS），以提供适合公司特征的最佳 3PL 服务。韩进海运在全球范围内设立了 4 个地区总部，分别位于美国、欧洲、东南亚和西亚，在全球设有 200 多家分支机构和 30 多家子公司，共同形成了其全球运营网络。特别是在班轮业务方面，韩进海运集装箱船运力规模曾达 100 艘、62 万标准集装箱（TEU），运营着全球 70 多条定期和不定期航线，每年向世界各地运输上亿吨货物，是全球第七大班轮公司，也曾是全球主要班轮联盟

---

① 韩进官网—陆路运输部门，http：//www.hanjinkal.co.kr/kr/contentsid/397/index.do。

CKYHE 的成员之一，并加入了 THE Alliance。2016 年前三季度，韩进海运累计亏损 3.4 万亿韩元（约合 29 亿美元），2017 年 2 月 17 日韩进海运株式会社被正式宣布破产，该案件成为迄今为止全球最大的航运业破产案件[①]。

（四）重工业领域——韩进重工

韩进重工业公司前身为朝鲜重工，创立于 1937 年，是韩国最老的一家造船企业，1965 年转为民营企业，并收购了釜山修船公司和东海造船公司。造船萧条时期公司陷入危机，1988 年申请"法定管理"，1989 年被韩进集团收购，并正式更名为韩进重工业公司。作为韩国重工业的先锋，韩进重工涉足的领域除造船外，还有车辆、工业装置以及自动化设备等，其特长是建造高技术船舶和高附加值船舶[②]。

（五）旅游、酒店、房地产业

1. 旅游

韩进旅行社成立于 1961 年 8 月，如今已发展成为领导韩国旅游文化的代表性旅行社。1983 年，韩进旅行社首次在韩国推出了海外旅行套餐——卡尔世界旅游。在过去的几年里，它已成为最受欢迎的旅游套餐，以韩国最好的高质量旅行品牌 "KALPAK" 的名义提供差异化的旅行服务。

2. 酒店

卡尔酒店网络是一家酒店专业公司，目前在韩国拥有和运营三家五星级酒店。

（1）仁川君悦酒店。仁川君悦酒店邻近仁川国际机场，拥有 1024 间客房，是除北美地区以外所有君悦酒店中最大的酒店。该酒店由两座建筑组成，分别是东塔和西塔，分别与二楼的"天桥"相连。2014 年，仁川君悦酒店获得了《环球旅行者》杂志的"最佳机场酒店"奖，并被 TripAdvisor 评为"韩国最佳服务酒店"和"韩国排名前 25 位豪华酒店"。

（2）济州 KAL 酒店。该酒店距济州国际机场约 15 分钟路程，而且靠近济州主要城市中心，对商务旅客而言非常方便。此外，它靠近三圣堂、济州

---

① 李璐玲，张思媛. 韩进破产案对我国跨境破产承认与救济制度构建的启示 [J]. 中国市场，2019（15）。
② 刘淮. 国外大型造船企业介绍——韩国三星重工和韩进重工 [J]. 船舶工业技术经济信息，1998（11）。

博物馆、传统市场，因此可以享受观光、美食和景点。该酒店拥有 282 间可欣赏济州海和汉拿山风情的客房，带有多国语言同声传译系统的大型宴会厅以及中小型宴会厅。

（3）西归浦 KAL 酒店。西归浦 KAL 酒店位于西归浦海岸，提供 255 间客房，包括套房和桑拿浴室、室外走道、露营区以及室外/室内游泳池，这些游泳池使用从地下 100 米深度提取的天然水。酒店另设有一个宽敞的宴会厅，可举办各种研讨会和活动，并设有 6 个中小型宴会厅。

3. 房地产

静石企业（JungSeok EnterpriseCo., Ltd.）自 1978 年被韩进收购为韩进大厦的一员，同时是国家第一个建筑综合管理专业企业。静石计划通过加强整体服务和提升企业形象、通过系统开发和引入新的建筑物管理系统来领导整个建筑物管理业务，继续发展成为韩国最大的综合建筑管理公司[①]。

（六）信息服务业

1. 韩进信息通信

韩进信息通信是为客户提供价值的智能 IT 合作伙伴，它是一家综合的信息与通信技术（ICT）服务公司，在差异化服务和系统开发、战略咨询以及整体 IT 外包等各个领域为客户提供最佳的 ICT 解决方案服务。作为韩进集团下属公司，韩进信息通信凭借着在陆上、海上和空中领域运营和运营全球运输网络的经验和技术，已经成功地完成了综合物流领域的信息化，并将这一领域扩展到网络外包[②]。

（1）IT 融合。在从模拟时代进入数字时代之后，将各种功能集成到一个设备中的融合趋势变得显而易见，韩进信息通信融合了智能手机、可穿戴设备和物联网，还集成了各种 IT 设备，而且还在考虑未来的可能性。

（2）IT 服务（系统集成）。为了满足各行各业的需求，韩进信息通信致力于通过结合现有的专业知识和信息技术来集成和应用信息系统。旨在成为全球通用物流公司的韩进集团正在公共机构和文化旅游领域建设无数的信息系统。

（3）ITO（外包服务）。总体外包服务可作为一种管理策略予以提供，该

---

① 韩进官网—旅游、酒店、房地产业，http://www.hanjinkal.co.kr/kr/contentsid/509/index.do。
② 韩进官网—信息服务部门，http://www.hanjinkal.co.kr/kr/contentsid/513/index.do。

策略允许对现有或新业务的全部或部分长期委托给外部专业组织。此外，韩进信息通信拥有遍布全球的网络基础设施，并被韩国领先的公司所使用，其技术和质量得到了验证。

2. TOPAS

TOPAS 是一家综合性的旅行信息系统公司，是由大韩航空和 Amadeus 公司共同建立的韩国领先的 GDS（全球分销系统）公司。自 1988 年在韩国首次引入航空公司预订系统以来，TOPAS 便向旅行行业提供了航空公司预订 / 票务系统（TOPAS SellConnect）、互联网预订系统（e-Travel）、旅行社后台系统（Value Office Pro）以及旅行信息和内容。

（1）机票、酒店、租车预订和票务系统供应。基于网络的机票预订系统"SellConnect"可以处理全球 700 多家航空公司机票预订和座位分配等业务，使旅行社可以轻松地处理世界所有国家 / 地区的机票和酒店预订及汽车租赁业务。

（2）旅游行业、电子商务。TOPAS 是韩国第一个为航空公司、酒店、汽车租赁企业开发互联网预订系统"e-Travel"并将其提供给旅游业的公司。e-Travel 适用于在线旅行社、航空公司、因特网门户网站、开放市场等网站（PC、移动），并允许客户搜索旅行产品并进行实时航班预订和购买。

此外，为支持旅行社的自动化，TOPAS 开发并提供了一个后台系统"Value Office Pro"，该系统可以提供从票证申请到客户预订卡创建、应收账款 / 退款管理以及 BSP 提交文件管理等一站式服务。

（3）培训旅行社和航空公司人员。作为韩国最好的航空公司订票和售票机构之一，TOPAS 正在为各种行业的人才培养做出贡献，从旅行社和航空公司人员到想进入旅游行业的求职者，以及大学旅游相关专业的学生都在 TOPAS 培训范围内。

3. CyberSky 公司

"CyberSky"是韩进集团的代表性电子商务公司，成立于 2000 年 6 月，旨在提供一种新的旅行购物文化。在成立 16 周年之际，公司推出了为大韩航空提供互联网机上免税销售服务的 Skyshop，以及利用韩进集团快速物流服务网络的综合购物中心 Hanjin Mall。

（1）电子货运服务。提供实时的航空预订、时间表查询和货物跟踪服务，目的是在航空公司和航空货运公司之间共享有关进出口货物的信息。

（2）电子舱单（AMS）。根据通过海关电子数据交换（EDI）向韩国、美国、加拿大、欧洲提交清单的职责，在货运代理和航空公司之间提供电子文件中继服务，并提供传输和验证货运 AWB 信息的系统。

（3）货物数据管理平台（CDMP）。为了提高航空公司和航空货运公司的竞争力，Traxon 提供了 CDMP 系统，该系统可以通过利用经过 IATA 全球货运 Cargo 2000 Group 认证的质量体系来提高货物运输的质量。该系统根据航空公司和货运代理之间的货物运输来测量电子数据的准确性和效率，可以监视航空公司从货运代理实时接收货物到托运人的运输状态。

（七）非营利机构

出于大企业的社会责任与企业形象的考虑，韩进集团资助或成立了一些非营利机构。

1. 韩国航空大学

韩国航空大学成立于 1952 年，是韩国第一家私人航空教育机构，随着韩国航空航天业的发展而发展壮大。韩进选择了有前途的行业"航空技术"和"航空服务"作为专业教育领域，以培养能够引领全球航空航天业未来的人才。

2. 仁荷大学医院

1996 年，由韩进集团董事长赵重勋提出，仁荷大学医院于 1996 年在仁川成立，是仁川第一家大学医院，被国际医疗卫生机构认证联合委员会（JCI）认证为是国际上最安全的医院之一。此外，它还运营着国家指定的仁川地区心血管和血管疾病中心、新生儿重症监护中心。2015 年 12 月，它被选为国家指定的区域紧急医疗中心，以提高重症患者的生存率。

3. ilwoo 基金会

ilwoo 基金会（前身为 21 世纪韩国研究基金会）由韩进集团于 1991 年 2 月成立，旨在通过人力资源开发和文化项目为民族社会的发展做出贡献，从而引领韩国社会的未来 [1]。

---

① 韩进官网—非营利部门，http : //www.hanjinkal.co.kr/kr/contentsid/522/index.do。

三、跨国经营活动和国际合作

目前，韩进通过在快递、陆路运输、港口物流、航运、国际物流和仓储物流等各个领域提供定制服务，在改善物流体系和增强客户竞争力方面处于领先地位。尤其是通过差异化竞争，加速美洲和中国业务的稳定增长，并进入俄罗斯、独联体国家、东南亚和欧洲等新市场，从而跃升为全球领先的物流公司。韩进成功进行了批量物流服务，巩固了作为全球物流公司的能力。

（一）物流

韩进从 1966 年在越南卸下和运输美国军事物资开始其全球业务，于 1983 年在沙特阿拉伯建立了一家当地公司，奠定了全球业务的基础。韩进在 80 多个国家和地区的 150 个城市拥有直接的网络和合作伙伴，包括海外分支机构和公司，以满足客户各种复杂物流服务需求。

韩进在各地设立分公司，以形成全球物流网络。集团在美国洛杉矶设有分公司和子公司，并在美国主要城市（如纽约、西雅图和达拉斯）设有销售办事处，提供全面的物流服务，如货运、陆运和航空货运码头运营。集团于 2005 年在中国青岛成立当地子公司来开展货运代理业务，之后陆续在上海、深圳、大连、香港和广州设立了子公司，以通过包装转运和陆运等综合物流服务扩大业务范围。集团于 2010 年在乌兹别克斯坦设立子公司，2013 年在捷克设立子公司，2014 年在缅甸设立子公司。

（二）海运

1988 年韩进集团收购了当时陷入财政困境的韩国航运公司（KSC），成立了韩进航运有限公司（以下简称"韩进公司"）。在韩国股票交易市场，韩进是比较年轻的上市公司，涉足交通运输业的两家子公司是韩进运输公司和大韩航空公司。

韩进航运公司早期最主要的贸易活动集中在跨太平洋航线，主要有加利福尼亚（太平洋西南 SPW）、太平洋西北（PNW）和到美国东海岸的全水航线等 3 条。虽然航线数目没有变化，但是规模已经远远扩大了。20 世纪 90 年代韩进就打通了到墨西哥城的两条铁路联系，一条直接联系长滩，另一条绕道休斯敦。通过这两条铁路线以及通往南美的班轮运输线，韩进公司跨太平洋航线上的船舶利用率和箱位利用率得到了大幅度的提高。

韩进公司这种经营策略的长处在其欧洲贸易中得到了充分的显示。自从 1988 年接手了 KSC 公司在欧洲航线上的小船以来，韩进公司已经在这个航区取得了极大的进展。它中止了同冠航的合作，退出了远东货运公会（FECF），开始同朝阳公司合作，建立了一支 9 艘船的船队。到 1990 年，韩进结束了同朝阳的合作关系，单独以 13 艘船开辟了联系 SPW 和欧洲的钟摆式航线。1990 年韩进将其欧洲总部从伦敦迁到汉堡，以便更好地加强同包括开放的东欧在内的欧洲大市场的联系[①]。

（三）航空

1969 年 3 月 1 日，大韩航空被韩进集团收购，成为一家私营航空公司，1971 年 4 月开办长途货运服务，翌年 4 月 17 日开办洛杉矶客运航线。大韩航空的波音 707 主力飞行国际航线。1973 年，大韩航空引进波音 747-200 飞行太平洋航线，并用波音 707 开办巴黎航线，该航线数年后改用 DC-10 飞行。1975 年，大韩航空订购了三架空中客车 A300，成为亚洲最早使用空中客车飞机的航空公司之一，这些 A300 交付后即被用于亚洲航线。

20 世纪 90 年代初期，大韩航空成为首家引进 3 引擎 MD-11 的航空公司，同期引进的还有波音 747-400，但 MD-11 并不能满足客运需求，因此于 90 年代中期被改为货机，21 世纪初退出运营。现时大韩航空的主力机队为波音 747、波音 777、空中客车 A330 及空中客车 A380。

大韩航空于 1994 年进入中国市场，是在中国开设航线最多的国际航空公司。截至 2022 年，大韩航空先后在中国开通了 35 条客运航线，每周运营约 220 个航班。

大韩航空在中国的通航城市覆盖甚广，包括北京、上海和天津等 26 个城市，并运营着 4 条货运航线，覆盖上海、天津、西安及广州四座城市。星罗云布的航线布局，不仅缩短了韩中两国乘客相互往来的路程时间，更为他们的交往提供了极大的便利。大韩航空自然而然成为韩中友好交流的

---

① 苏骏. 韩进航运公司的全球发展战略 [J]. 集装箱化，1994（6）.

助推者。

（四）旅游、酒店

KAL Tour 是基于韩国第一个海外旅行套餐品牌 KAL WORLD TOUR 的不同级别的旅行产品，并提供不同规模的旅行服务。KALPAK 通过与全球领先的豪华酒店集团开展业务合作，以具有竞争力的价格和最佳的条件提供经过验证的旅行服务，得到了许多 VIP 客户的认可。除了专业的优质旅行产品外，KALPAK 还通过不断开发和销售各种根据顾客口味量身定制的主题旅行产品来满足其艺术需求。

四、未来发展方向

（一）经营策略

第一，继续扩大运输物流网络。确保国内外的物流基地，加强与各国企业的战略联盟并完善全球网络。

第二，确保公司能力以实现稳定增长。保持稳定的财务结构、以利润为导向运营业务；通过并购加强核心业务，发现新业务并增强增长能力；实现设备现代化、大型化，提高利用率。

第三，加强人力资源开发。扩大吸引优秀人才，加强教育，提高员工的全球竞争力。

第四，建立值得信赖的公司。建立透明的公司治理，加强道德管理和社会贡献活动，成为领导全球物流业的公司，促进人类富裕和可持续发展，建立双赢的企业文化。

（二）社会贡献方面

1. 社会服务

按照赵亮镐社长的社会服务理论，"我们向世界提供得越多，世界就会找到更多的我们"，韩进集团正在开展社会服务活动。韩进集团利用运输物流集团的特点，提供特殊的飞机和直升机，以在发生灾害时挽救生命，并为灾民提供所需的救济物资和运输工具；所有雇员薪金的一部分由基金提供，公司向该基金投入相同的金额，并且所筹集的资金由雇员的社会服务团体支出。

2.教育

韩进会继续保持对韩国航空大学、仁荷大学、仁荷大学医院、ilwoo 基金会的资助；为助力国际产学合作，韩进集团在开展海外研究支持项目的同时，对海外奖学金生进行选拔和教育，以促进国际交流和维护友好关系；开展各种学术和奖学金项目，以发现和支持隐藏的人才和成就，并培养优秀人才和发展国家学者。

3.环境保护

为了建立对环境保护负责的企业文化，韩进集团正在尽力而为。韩进分析公司运营对环境的影响，并做出各种努力使公司与环境共存。韩进集团拥有环境管理系统和环境事故响应系统，并通过对员工进行持续的环境教育来实施环境管理；继续通过"一公司一山一河养护运动""绿色养护运动""花籽分享活动"，与顾客和当地居民一起参加自然保护活动以及进一步的净化活动。

4.医疗福利

韩进集团将进一步努力实现家庭医学的全球化和本地医学的发展，通过在仁荷大学医学院建立附属医院，开展各种活动来提高医疗福利水平，包括为国内外弱势群体提供医疗支持以及在灾区提供医疗服务。

（1）海外医疗服务。仁荷大学医院和仁荷大学医院医疗志愿者团为蒙古国、乌干达、乌兹别克斯坦、哈萨克斯坦和越南等第三世界国家的患者提供医疗服务，为地方外科手术医生、邀请的外科手术医生和当地医生提供先进的医疗技术，同时捐赠药品、医疗用品和医疗保健，开展教育等活动。

（2）海外医生培训。中国、越南、乌兹别克斯坦、蒙古国、斯里兰卡、缅甸、老挝和埃塞俄比亚正通过在仁荷大学医院为第三方医生提供的培训机会来传播先进的医疗技术。

（3）岛区医疗服务。为岛屿地区的居民提供优质的医疗福利，以免他们因缺乏医疗设施或医务人员而生病、无法去医院就诊。

（4）紧急医疗救助。在发生国家灾难或紧急情况时，将派遣医护人员、护理人员和行政人员，以向灾区和居民提供医疗服务。

（5）其他医疗支持。医务人员被派去参加各种体育活动和正式活动，以协助迅速应对活动期间发生的紧急情况。

（6）公共教育促进项目。作为一项社区贡献计划，通过每个假期的共享学校（青年共享学校）、青年职业经验教室和 BLS（心肺复苏）教育为仁川的年轻人打开共享文化体验①。

参考文献

[1] 韩进公司网站，http：//www.hanjinkal.co.kr/。

[2] 李璐玲，张思媛.韩进破产案对我国跨境破产承认与救济制度构建的启示 [J]. 中国市场，2019（15）.

[3] 刘淮.国外大型造船企业介绍——韩国三星重工和韩进重工 [J]. 船舶工业技术经济信息，1998（11）.

[4] 苏骏.韩进航运公司的全球发展战略 [J]. 集装箱化，1994（6）.

第六节　浦项制铁

一、财团简介

韩国浦项制铁集团公司（Pohang Iron and Steel Co.Ltd，POSCO）成立于1968年，是全球最大的钢铁制造厂商之一，每年为全球超过 60 个国家的用户提供 2600 多万吨钢铁产品。

浦项制铁的发展按照生产能力和营理变化可以分为三个主要阶段，即创立阶段、成长阶段和成熟阶段。从 1973 年至 1992 年，经过 20 年的迅速扩张以后，浦项制铁的年生产能力已超过 2000 万吨，无论是规模上还是技术上都具有了国际竞争力。从 1992 年开始，浦项制铁又实施了一项雄心勃勃的经营多样化和扩展计划。浦项制铁的经营范围现已扩展到三个主要领域：钢铁、工程建筑和信息通信。在经营多样化的过程中，浦项制铁将其下属公司和附属机构从 31 个减少到 21 个，合并了一些功能相似的机构，出售了非战略领域的下属公司。其中，减少了在其远洋公司中的股份，出售了浦项化

---

① 韩进官网—社会贡献，http：//www.hanjinkal.co.kr/kr/contentsid/415/index.do。

学公司，合并了两家计算机公司，同时也计划合并浦项钢铁生产公司与贸易公司。1996 年 10 月 15 日，浦项制铁又开始了光阳五期工程的建设，到 1999 年这一工程竣工，其年生产能力达 2800 万吨，超过日本钢铁公司而成为世界第一①。

2016 年 6 月，全球钢铁专业分析机构——美国世界钢动态公司（World Steel Dynamics，WSD）发布了 2016 年度全球钢铁企业的最新排名（WSD 的综合竞争力排名通常在 1 年时间内发布 1~2 次，而 2010 年和 2013 年均进行了 2 次发布，共计发布了 9 次），浦项制铁以最高的 8.02 分再次荣登榜首，这是该公司自 2010 年开始，7 年间连续 9 次稳居第一。2016 年 7 月，美国《财富》杂志正式发布了 2016 年度世界 500 强排行榜，浦项制铁位居该榜单的第 173 位，这是该公司自 2011 年开始，连续 6 年位列前 200 强。2016 年 9 月，浦项制铁再次入选道琼斯可持续发展全球指数（DJSI）优秀企业，成为全球首个连续 12 年入围的钢铁企业。在 2019 年 7 月发布的《财富》世界 500 强排行榜中，浦项制铁位列第 171 位。

二、主要涉及的产业和国内经济活动

浦项制铁公司涉足的产业领域主要有汽车行业、建筑、造船、能源、家用电器、工业机械②。

浦项制铁公司在国内有 13 个子公司，分别在韩国浦项市（Pohang）和光阳市（Kwangyang）设有完善的厂房，生产各种先进的钢铁产品，包括热轧钢卷、钢板、钢条、冷轧钢板、电导钢片和不锈钢产品等。

（一）浦项的形成

浦项的形成离不开当时韩国工业发展和产业调整的大环境。战后特别是 20 世纪 60 年代以后，韩国经济取得了突飞猛进的发展。在经济高速发展的同时，产业结构也不断调整、升级。这里面，工业发展政策的作用是明显的。从总体上看，韩国产业结构的变化并没有什么独特之处，只是由于制定和实施了强有力的工业政策，才使韩国产业结构变化的速度要比其他国家快得多，是工业政策的实施适应了产业结构变化的内在要求，并把这一速度大

---

① 张旻.浦项制铁成功之路 [J].经济工作通讯，1997（6）.
② 浦项制铁集团公司网站，http：//www.posco.co.kr。

大加快了。韩国仅用30年的时间，就实现了从一个落后的农业国到新兴工业化国家的转变。

浦项在1968年4月7日成立之时，浦项的投入启动资本共400万韩元，其中韩国财政部持有国有股，占56.25%，韩国重石公司法人股占43.75%。到1986年，在浦项韩国政府财政部持国有股占33.40%，国有的韩国产业银行控股38%，韩国财政部和韩国产业银行所拥有的国有资产共占71.40%，其余28.60%则由韩国一些私有商业银行如朝兴银行、汉城信托银行和第一银行以及韩国重石公司法人持股。因此，浦项资产一部分属于私有的商业银行和工矿公司法人持股，而资产绝大部分属于韩国财政部国家持股和国有的韩国产业银行法人持股，韩国政府通过国有资产所有权对浦项拥有控制权。

鉴于韩国的具体国情，浦项国有资产即国有股管理监督由韩国财政部和韩国产业银行来承担，而国有资产的运营职能则由韩国总统直接授权给浦项钢铁股份有限公司最高领导层托管，以确保国有资产的保值增值。韩国政府通过韩国经济企划院对浦项行使宏观、综合的计划和社会经济管理职能，韩国经济企划院在韩国政府机构中处于超级部的地位，副总理兼任经济企划院院长和经济部长委员会主席。韩国经济企划院对钢铁工业的干预表现为适当地调控和引导，如经济企划院对钢铁工业和钢铁企业提供优惠贷款和一定期限内减免税，都是有前提条件的，即必须按韩国政府布点进行建设，必须采用国际最佳经济规模和先进技术，所借的贷款必须按期归还。20世纪60年代至70年代初期，韩国政府为了集中资金加速工业化和钢铁工业发展，将银行执行预算的决定权收归经济企划院，产业银行按经济企划院确定的投资方向，将从国内外筹集的资金以7%~10%的低利率贷给国家重点发展的钢铁工业和其他产业部门，而当时韩国市场贷款利率高达30%~40%。韩国经济企划院制定政策性贷款的计划，有力地支持了韩国钢铁工业和工业化发展计划，而韩国产业银行是一个专门执行政策性贷款职能的长期信用银行。

在浦项建厂初期，经济企划院只参与总体性的规划、重大决策和筹措国内外资金等宏观和指导性工作，至于浦项建设项目的可行性研究以及其他事项，都放手交给浦项最高领导层自行管理和解决，让浦项作为独立自主经营的大型企业到国内外市场上去竞争。当时由韩国总统朴正熙任命朴泰俊为浦项总经理，把浦项的建设、生产、销售、供应等重大生产经营管理权以及国有资产运营权交给朴泰俊总经理。朴泰俊总经理还拥有直接从外商购买设备和原材料等独立自主经营权，不需要由韩国政府各部门批准或代理，拥有外贸、外经、外事权利，并且还拥有不受政府干涉由本公司选聘管理人员和雇用工人的人事权。

另外，20世纪60年代末期韩国政府的政策重点始终放在间接融资的金融市场培育上，确立了以中央银行为中心、以商业银行和特殊银行为两翼、以地方银行为补充的庞大的银行体系，并且于1965年大幅度提高银行利率，约80%资金流入间接融资的金融市场，而股票证券市场却成为无源之水。同时，在经济社会刚刚启动时期，政府的税收是投资于钢铁工业的重要资金来源。因此，在浦项初建之时，韩国作为一个发展中国家，主要利用政府的税收以及通过国有银行间接融资方式即吸储而来的资金，以财政部国有股和政府控制的产业银行法人股方式，作为初期建设的自有资金，从而构造了浦项国有股和法人股混合形式的国有资产组织形态。

（二）开发式的科研与人才管理

浦项深刻认识到科研与人才在市场竞争中的决定性作用，因而特别重视对其进行开发式的管理。浦项制定了科技发展战略，其主要内容包括：第一，建立全球性的研究体系；第二，研究和发展的专门化；第三，对从国外引进的新技术进行再创造。为此，公司建立了三个层次上的开发式的独立完整的科研与人才管理系统。

第一个层次是以浦项理工大学（以下简称"浦工大"）为首的基础应用科学研究系统。浦工大号称是韩国第一所以研究为主的大学，是韩国的MIT（即美国的麻省理工学院）。浦工大在集中培养少数英才、培养知识和至诚兼备的国际一流人才的同时，通过"产—学—研"三位一体的研究开发体系，向社会输送科学技术人才、传播研究成果，以达到为国家和人类做贡献的目的。为了达到这个目的，浦工大一方面和世界著名的大学进行密切合作，把基础学科和工学各领域的尖端研究作为重点，另一方面又要发展成为面向21世纪的原材料工业、信息通信工业、生命科学研究的世界中心。

浦工大拥有世界级的优秀教师队伍。目前已招聘的所有教师都获得过博士学位，他们中大部分曾是政府部门中重要的科学带头人。浦工大教师平均每周授课时间不过 3~5 小时，每位教师教 5.2 名学生（韩国大学每位教师平均教 8.8 名学生）。这样教师可以集中精力进行深层次研究，在研究过程中积累经验，并以此为基础，写出高水平的教案和论文。浦工大教师发表的论文居韩国之首，仅 1992 年就发表了 1018 篇论文，每位教师平均发表论文 5.8 篇；其研究的实际成果贡献在韩国最大，如发明了具有世界先进水平的放射光加速器。

在教育方式上，浦工大学生在一年级、二年级时除了听课，还要不断接受个人见习。从三年级时开始采取以研究为中心的教学模式，同时进行包括外语和计算机在内的教育，学生作为指导教师的助手，参加教师的课题研究，较早地积累研究经验，这样可以有目的地实行以尖端研究为重点、培养少数英才并举的有特色的工科教育。

浦工大开设 10 个学科（系），分为理、工科两大系统，其中理科系统包括数、理、化、生命科学 4 个学科（系），工科系统包括材料金属、机械、电子电器、电子计算机、化学工业等学科（系），另外还设有家政学科。任课教师有 173 名，其中 43 名教授、89 名副教授、31 名助教、8 名兼职教授、1 名客座教授。工大还设有大学院（研究生院），其中也设有 10 个学科。截至 2021 年，在校生数量为 3000 人，访问学者和研究员 100 人。大学院下设信息通信大学院、浦项加速器研究所、优秀研究中心，其中优秀研究中心包括尖端流体工学研究中心、工程产业智能自动化研究中心、催化技术研究中心、生理分子科学研究中心、宇宙航空材料研究中心等 5 个中心。

第二个层次是浦项所属的经营研究所（POSRI）。1995 年，该所已在人力和预算等所有方面成为韩国国内顶尖的经济研究所。目前该所正进一步发展成为世界一流的咨询公司。该所建立于 1994 年 6 月 1 日，所长是俞翰树。该所的目标是：以实用性研究为基础，树立新经营的典范，在研究、咨询、教育培训、情报服务 4 个方面达到世界水准。2000 年，该所与野村、胡勃（音译）IIE、兰德等一起，成为世界上第五大思想库。

该所将收益全额投资于人力开发，规定 1994~1996 年为基础建立期，1997~2000 年为跃进期。基础建立期以培养专家和确保竞争力为方向，并以钢铁及其相关产业为主要客户。在跃进期将真正推进收益产业，并以政府、公共团体以及浦项以外的其他企业为主要咨询客户，致力于咨询产业。

该所由 4 个本部、2 个中心、2 个室和 28 个班所组成。（1）经济研究本部由政策分析、宏观/金融、国际经济、环境/能源、特殊区域5个班组所组成;(2)产业研究本部由产业分析、建设/工程、情报/通信、流通/服务4个班组所组成;(3)经济咨询本部由经营战略、财务分析、人事/组织、生产管理、品质管理、BPR、人工智能7个班组所组成;(4)研究企划本部由研究支援室、经营教育中心、研究开发室等组成。经营情报中心由国内钢铁、海外钢铁(1、2)、情报企划、情报资料4个班组组成。另外,该所还在纽约、东京、新加坡、北京、布鲁塞尔5个地区设立运营海外办事处。

1994年,该所的研究部门和咨询部门共对39项课题进行了研究,其中包括"日本钢铁业的东南亚战略及浦项制铁的对应方案"等34项受托进行的研究课题,1995年又进行了"世界原料供需展望及价格预测模式开发"等60多项受托研究。

第三个层次是浦项和光阳两个钢铁厂,实施新技术的现场开发和推广。浦项每年用于研究和发展(R&D)的经费占其销售总额的5%,到2005年这一经费达到77.5亿美元。浦项的科技转化率和科技贡献率都相当高,达90%之多。

总之,这种开发式的科研和人才管理的最大特点就是保证企业出专利和添后劲,保证企业产品在市场上的领先地位,从而增强企业的素质,提高企业的持续发展能力。

(三)应对危机的经营举措

2008年POSCO的营业利润曾一度超过6.5万亿韩元。但由于钢铁市场景气恶化,2009年营业利润下降到3.1万亿韩元,此后逐年下滑,2013年营业利润降至2.2万亿韩元。2009年,POSCO的营业利润率为11.7%,仅在2010年攀升至15.1%,此后营业利润率持续下滑,2013年营业利润率已经降至7.3%。前任董事长郑俊阳推进的多元化战略将公司推入了债务的深渊,虽然子公司从36个增加到70多个,但债务压力也不断加大,信用等级大幅下滑,加之全球钢铁产能过剩、中国钢材出口大幅增加,下游行业需求不旺,使韩国钢铁市场供需出现严重失衡,在如此不利的大环境下,新上任的董事长权五俊提出了"POSCO the Great"的愿景,并正式确立了"强化钢铁主业竞争力,调整业务结构,大力发展新业务,改善经营基础"的战略方针。延续至今，该战略已经取得了显著的成效，并产生了深远的影响①。

1. 强化钢铁主业竞争力

（1）扩大 WP 产品销售。所谓高附加值 WP 产品是指世界首创（World First，WF）、世界最优（World Best，WB）、世界高收益（World Most，WM）的 POSCO 高附加值产品群，为客户创造价值，进而提升客户竞争力。其中，WF 是指 POSCO 凭借专有技术在世界最早开发出的产品或商业化的唯一产品；WB 产品是指产品的技术性和经济性均达到了世界领先水平的产品；WM 产品是市场反响良好的产品，也指近 1 年间营业利润率较高的部分产品。

只有提高产品质量，才能成为全球一流的钢铁企业。为了提高在全球的竞争力，POSCO 从 2005 年开始将以汽车板为首的高性能冷轧和热轧产品、TMCP 厚板、高级线材等八大战略产品称为高级钢产品，并作为销售的重点。2003 年这些高级钢产品在销售总量的比重仅为 27.6%，到 2005 年增至 28.5%，2006 年猛增至 57.2%，2007 年为 66.1%，2008 年为 64.9%，销售比重持续增长。

在扩大高级钢产品销售比重的同时，从 2007 年开始，POSCO 正式实施所谓的"WF，WB"战略，对高级钢产品进行了进一步的细化和扩充，主要分为热轧板卷、冷轧板卷、厚板、线材、电工钢板、不锈钢六大产品类别。其中长期目标是：提升产品档次，抢占全球市场，成为全球一流的钢铁企业。2014 年 5 月，权五俊就任董事长后，POSCO 为了提高钢铁主业竞争力，加大了对产品技术的投入，在现有的 WF/WB 产品中新增了"WM 产品"，将原有的"WF/WB 产品"销售战略正式升级为"WP 产品"销售战略，今后还将不断丰富 WP 产品大纲。

WM 产品主要包括普通汽车板、高碳热轧产品（工具用钢）、硬钢线材等，面向汽车、能源、造船等行业销售，由此带动其销量的大幅提升。WP 产品兼具全球高水平技术实力和高盈利能力，通过扩大 WP 产品的销售，可以实现公司收益的全球领先。

2014 年，POSCO 首次确定的 WP 产品共有 273 种，其中，易切削钢、

---

① 罗晔、王超、艾克拜尔·约赛因. 韩国浦项制铁公司应对危机的经营举措 [J]. 冶金经济与管理，2017（1）.

TWIP 钢一类全球最早开发的 WF 产品共有 29 种，高强帘线钢、先进高强钢 AHSS 等具备技术竞争力的 WB 产品 148 种，其余 96 种为营业利润率比同类产品高 5 个百分点以上的高收益 WM 产品。截至 2016 年初，WP 产品已增至 300 余种。WP 产品比普通产品利润率高 10% 左右。POSCO 钢铁业务总部预计，WP 产品销量达到 2000 万吨，就可以产生 5000 亿韩元的收益。

WP 产品除了可提高公司的收益，还可以为客户提供全新的价值，由此提升客户的竞争力。对于未来发展前景看好的汽车、造船、能源、电子电器、施工建设等下游需求产业，POSCO 正在集全公司之力实施"解决方案式营销"活动，以提高汽车板、中厚板、涂镀板、工程建材、不锈钢、线材、电工钢等 WP 产品的销售量，扩大产品的市场影响力。

（2）实施"解决方案式营销"活动。权五俊就任董事长之后，POSCO 在钢铁业务总部新设了"钢铁解决方案中心"，将公司内部分散的解决方案式营销（Marketing Solution）的职能全部集中于此，为客户提供系统的解决方案，倡导技术与营销的融合，由此开启了全新的经营模式。简言之，解决方案式营销活动就是生产并销售高附加值产品，并辅以必要的技术支持，为客户提供配套的解决方案，由此提高收益性。

2015 年 3 月，POSCO 创立了钢铁解决方案式营销室，由 3 个中心和 1 个部门组成。其中，规划部负责制定解决方案式营销策略；技术服务中心（TSC）在韩国国内主要分布在浦项、蔚山、巨济、光阳等地，此外还遍布海外战略市场，主要包括 POSCO-China、POSCO-Japan、POSCO-South Asia、POSCO-India、PT.POSCO-Indonesia Int、POSCO America、POSCO-Australia、POSCO-Africa 等法人，以确定当地客户需求并提供技术支持；全球技术中心（GTC）负责钢材产品的设计和质量评价；产品应用中心（PAC）为客户提供解决方案，下设铸造研究小组、性能研究小组、成形研究小组、研究基础设施科、接合研究小组等。与此同时，还在钢铁产品销售营销室下设了WP 产品的解决方案小组，负责与不同行业客户的协调合作。

解决方案式营销是 POSCO 发展的一大动力来源。POSCO 将持续关注客户不断变化的需求，为客户提供量身定制的解决方案，从而为客户创造差别化的价值，而不是单纯地供应钢铁产品，最终从经济衰退中重新振作起来。

POSCO 的解决方案是指作为硬件的高性能钢材与应用技术、商业支持、用户关怀等软件进行结合，而且可以根据市场情况和客户需求进行调整。

通过开展解决方案式营销活动，POSCO 不仅可以满足客户需求，还可以通过扩大高附加值产品销售获得更多利润。

基于技术的解决方案式营销将技术支持与营销活动进行了完美对接，目标就是为客户解决实际问题、创造附加价值。这种营销主要由 5 步组成：产业和市场分析—解决方案开发及关怀—解决方案发布及推广—支持和促销—巩固客户关系管理。

解决方案式营销活动的标准流程是，由客户将技术问题交给钢铁解决方案式营销室，然后开发出具体的解决方案满足客户的需求。在客户确认建议的解决方案之后，按带有质量或工艺改进的解决方案在浦项或光阳厂进行生产，或者将其转交给浦项技术研究院（PoSLAB）开发新钢种，最后再把完整的解决方案交给客户。这一流程通过预先应对客户潜在的需求，提供差别化服务，从而为客户提供更高的价值和机会。解决方案式营销活动的核心就是更好地帮助客户，通过产品技术与营销策略的有机结合，实现与客户共同发展。

POSCO 的解决方案式营销活动由技术解决方案（technical solution）、商业解决方案（commercial solution）、人性化解决方案（human solution）三大要素组成。其中，技术解决方案为支持客户的零部件或最终产品开发提供所需的钢材应用技术；商业解决方案超出了普通的经营活动，为客户公司创造商业价值；2015 年底正式引进的"人性化解决方案"，借鉴了丰田汽车"成为客户终生朋友"的经营理念，将现有的解决方案式营销延伸到人性化解决方案的领域，以人文关怀（human touch）为基础开展经营活动，超越了"客户满意"的层次，提升到"客户感动"的程度，通过与客户构建亲密的关系，以信赖获得客户的青睐，从而提升营销实力。

2. 调整业务结构

2014 年以来，POSCO 持续推进的业务结构改革正在平稳顺利地进行。2015 年 7 月，POSCO 再度发布了全新的经营改革方案，致力于调整重复的业务，剥离低收益和亏损资产，对部分子公司进行清理、出售及合并，清算部分股权。海外分公司数量从 167 家减至 117 家，减少了 30%，每年节省 5000 亿韩元以上的运营费用，其中集团总部节省 3000 亿韩元，子公司节省 2000 亿韩元。

通过持续调整，集团的业务结构正在向"钢铁 + 四大领域"的组合进行优化。"四大领域"是指解决方案式营销、智能化基建、发电解决方案、能源材料。解决方案式营销业务主要是通过扩大 WP 产品销售，提高贸易业务的收益性；智能化基建业务是构建与生活密切相关的电动汽车充电设施；发电解决方案业务计划实施 IPP（民资发电产业），适时推进海外发电项目；能源材料业务计划实现锂提取技术的商业化生产，同时扩大二次电池材料的销售。

POSCO 将在上述各领域确保自身的竞争力，并不断推进业务之间的融合。从 2014 年开始，POSCO 完成了一系列整合。

3. 开展非钢新业务

在 2025 年之前，POSCO 计划通过不断发展钢铁和其余四大领域的自主技术，开拓前景广阔的业务，以确保全球领先的盈利能力。在全球范围内大力推进 TPB（Technology-based Platform Biz）战略，推广自主研发的技术（主要包括 FINEX、CEM、锂直接提取、镍复合熔炼、燃料电池等）。

POSCO 将锂、镍、镁板材、铁粉末、二次电极等基础材料，清洁煤炭化工技术和燃料电池等清洁能源，以及智能工厂业务，作为未来发展的引擎。这些非钢新业务利润高、潜力大、前景广阔，将为提高集团整体竞争力、实现可持续发展奠定良好的基础。

通过全球首创的技术 POS-LX（POSCO Lithium Xtaction），可以实现直接提取碳酸锂，这一业务主要在阿根廷和韩国本土开展。2016 年 7 月，浦项化学科技公司增设了年产 2000 吨阴极材料的新产线；浦项 ESM 公司主要销售锰酸锂（LMO）、钛酸锂（LTO）等阳极材料。未来将与锂业务进行整合，产生一定的协同效应。子公司 SNNC 采用传统的干法冶炼（RK-EF），可年产 5.4 万吨镍铁；同时，采用镍复合冶炼技术 Pos NEP（POSCO New Nickel Extraction Process），充分利用现有贫矿，将镍自给率提高至 80%。铁粉末和镁板材产品主要为了满足汽车及零部件企业的需求；自主生产的 SNG 替代进口 LNG，不仅为公司节省了燃料成本，还能弥补韩国本土能源的供应不足。

浦项能源公司主营燃料电池业务，生产 MCFC（熔融碳酸盐燃料电池）和 SOFC（固体氧化物燃料电池）。浦项 ICT 公司的智能工厂技术已经出口到了中国河北和山东的钢铁企业。

4. 改善经营管理基础

浦项主要从组织、制度、流程、企业文化等方面入手，提高企业软实力，对公司机构组织和业务体系进行调整，强化专业力量，增强业务间的协同效应，提升集团经营管理效率。

浦项计划将以 IP（Innovation POSCO）项目为中心的经营基础逐步推广到整个集团，调整海外法人的运作机制，对跨国和跨领域的人力资源进行统一管理，构建全球一体化的人才储备，着力构建"P"职务等级体系，构建管理和技术"双阶梯"的人才培养机制，以及完善的激励机制，进而提高人力资源竞争力。

2014 年 3 月，权五俊领导的新一届董事会全新亮相，对机构组织和董事会委员进行了调整。将原有的碳素钢、不锈钢、战略投资等部门合并调整为钢铁业务总部，并赋予了产品解决方案的职能，业务涵盖了碳素钢和不锈钢的生产；新设立的价值经营室主要负责集团业务结构调整和财务结构改善等协调职能。通过此次人事调整，销售和生产部门之外的负责企划、采购等支援业务的经营高管人数减少了 50% 以上。

2014 年 8 月，全新建立的 POSTIM 创新方法论涵盖了前期积累的创新活动——培养创新人才、构建智能化业务环境、改善落后制度体系等。

浦项开展了 PWS（Project-based Working System）、QSS+（Quick Six Sigma Plus）、SWP（Smart Work Place）三大创新活动。通过在海外主要战略区域设立集团代表法人，调整了海外法人体系运作机制。各区域海外法人以代表法人为中心，积极开展合作，获得技术支持，共同开拓外部市场。集团提出"Global One POSCO"的理念，实行职务等级一体化的管理模式，采用"全球员工"的 G 级标识，不论公司类别和员工国籍，都给予均等的机会，凭借自身实际能力就可以到心仪的岗位工作。集团不断扩大 PCP 认证人员（POSCO Certified Professional）的数量，并根据业绩成果，实施差别化奖励，从而加大经管人员和专业人员的培养力度。集团启动了"Clean POSCO System"体系以清除妨碍公正的因素，致力于打造廉洁透明的企业文化。集团还举行了"摒弃甲意识"（自我意识）的宣誓仪式，以"易地思之"（换位思考）的态度作为与客户相互尊重的文化指南，试图通过提升员工道德观念进而巩固道德经营的根基。

（四）跨国经营活动和国际合作

浦项制铁公司于 1994 年在纽约证券交易所上市，接着又于次年在伦敦证券交易所上市，现在外资股东达 60% 以上，被认为是韩国具有代表性的绩优公司。

浦项制铁在中国、泰国、越南、缅甸、美国、委内瑞拉、巴西、加拿大、澳大利亚 9 个国家设有 34 个钢铁厂、原料加工厂、销售公司等。1995 年到 2012 年，浦项制铁在中国的投资总额达 5 亿美元。

1. 国际钢铁战略投资

作为全球知名的钢铁企业，近年来浦项同样面临全球钢材供需失衡的困境，集团通过在海外构建生产、加工及销售网络，有效地弥补了在韩国国内流失的市场份额。

纵观全球，着眼于当地的汽车、能源、家电、建设、电子电器等行业用户对钢铁的需求，浦项在东南亚、中国、印度、墨西哥等国家和地区，大规模进行下游工序和钢材加工中心的建设。目前已在印度尼西亚创建了第一座海外综合钢厂，与东国制钢合建巴西 CSP 综合钢厂，并计划在中国、印度、伊朗等国家合资兴建综合钢厂，以出口自主研发的 FINEX-CEM 创新技术，通过技术输出，获取全新的收益。在沙特阿拉伯积极参与当地基建、汽车产业的建设。

2. 浦项制铁公司全球生产基地情况

从 20 世纪 90 年代开始，浦项制铁公司就确定了"携划时代技术开展海外扩张"战略，凭借其拥有的高端技术和产品，积极推行全球化布局战略，通过在海外建设项目来达到扩大国际市场份额的目的。

目前，浦项制铁公司海外主攻方向已由中国和日本逐步拓展到澳大利亚以及印度、越南、印度尼西亚等新兴经济体，并将触角伸向巴西、墨西哥、美国、波兰、土耳其、津巴布韦等欧美和非洲国家。

经过多年精心培育，浦项制铁公司全球生产格局已经基本确立。按照世界钢动态（WSD）发布的世界级钢铁企业竞争力排名，浦项制铁自 2010 年以来连续 10 年登顶全球最具竞争力钢铁企业排行榜，其在高附加值产品、转换成本与收益、技术创新能力、熟练技术工人、下游业务等多个方面获得满分（10分）评级。

从海外建厂实际推进情况来看，由于海外投资充满风险和挑战，政治生态、经济基础、环保政策等都会导致项目的失败，如浦项制铁公司印度奥里萨邦综合钢厂项目延迟8年，受当地非政府组织抗议、居民爆炸物威胁等抵制因素，目前征地工作尚未完成，整个项目停滞不前。但浦项制铁公司从长远考虑，仍然坚持这一战略计划，并认为应专注于新兴市场，可以采购当地的原材料并满足当地不断增长的钢铁需求。

同时由于国内市场容量有限，未来浦项制铁公司产能扩张的计划基本都将依靠海外建厂实现。

3. 松散式的跨国管理

浦项提出"以钢铁为主导，同时搞好多种经营"的发展经营方针，除了要把浦项制铁发展为世界超一流的企业外，还要积极开拓综合工程建设、综合资讯服务、半导体材料、精密化工、工厂自动化等行业，并且建立起国内综合经贸公司和世界性的销售网。

跨国经营是浦项新的经营方式。浦项的跨国经营管理有其集中统一的一面，而更多的是依据各自实际，通过松散型管理，搞活分支机构，强化竞争实力。

浦项的做法是：第一，不断扩大和建立子公司，形成超越国界的跨国公司内部的专业国际分工体系。子公司的经营活动服从母公司的全局安排，在具体经营管理上发挥更大的能动性。第二，跨国经营力求寻找当地合资、合作伙伴，引进适合于当地的先进管理经验，推进跨国公司的快速扩张。第三，运用跨国兼并，调整产品和企业的组织结构，提高管理能力。第四，跨国设立研究、开发和信息机构，改善管理手段，改进管理方法。第五，跨国经营的企业总部及其重要机构，根据全球经营的实际需要，确定设置地点和移动，不一定设在本国内，实行管理决策的机动化。第六，在用人上打破任人唯国家或地区的传统，主要着眼于利于业务开展和效益提高。

当然，这种松散式的跨国管理是在总管理原则和章程下进行的。跨国经营与管理，有助于浦项实现跨国业务的大发展，使浦项成为世界钢铁业中的最强者。

4. 加大技术出口、缩减海外投资以应对危机

通过在全球范围内打造POIST业务，POSCO将独创的高端技术向海外出口，以专利转让和技术指导的形式创造新的收益。

所谓 POIST（POSCO's Innovation Steel Technology），意指 POSCO 独创的炼钢技术，作为一种创新的紧凑、综合炼钢工艺，该工艺将炼铁中的 FINEX、炼钢中的 PS-BOP 以及连铸连轧中的 CEM 三大工艺整合到一起，最大限度地提高竞争力，与传统工艺相比，收益性和环保性都有了划时代的提高。

FINEX 技术是 POSCO 于 1992 年开始自主研发的一项创新技术，与现有的炼铁工艺不同，其高效、环保等性能尤为适于广大内陆地区。该项技术省去了原料预处理的炼焦和烧结工艺，只采用价格低廉的铁粉矿和无烟煤，因此与同等规模的高炉相比，投资费用和生产成本可降低 15% 左右。采用 FINEX 设备使 POSCO 的成本每年至少可以减少 1700 亿韩元，通过规模的扩张，可以实现与高炉的实质性竞争。

CEM（Compact Endless Casting and Rolling Mill，紧凑式无头连铸连轧工艺）是一项将连铸与轧制一体化的短流程轧钢专业技术，其核心工艺技术包括高速连铸、无头热带轧制与批量辊轧技术。该设备能够使生产过程中高速的铸造和轧制过程实现直接耦合，成功实现薄板坯无头轧制。CEM 设备统合了炼钢、连铸和轧钢工序，作为一套完整的紧凑连续铸造轧制设备，已经在光阳 Himill（高效钢厂）电炉厂实现了商用化生产，并完成了相关的技术验证。与传统的连铸和热轧工艺相比，CEM 工艺能够减少 25% 的施工费用和 15% 的能源消耗，尤其适用于投资成本和运行成本较低的新项目。

截至 2013 年，POSCO 与重庆钢铁签订了年产 300 万吨的 FINEX 综合示范钢厂项目，与德国 SMS 集团签订了 CEM 技术转让许可及共同营销协议，与印度乌塔姆镀锌金属公司（Uttam Galva Metallics Ltd.）签订了 FINEX CEM 设备的转让协议，与伊朗 PKP 公司（Pars Kohan Diar Parsian Steel Complex）签订了年产 160 万吨的 FINEX CEM 综合钢铁厂项目。

5. 浦项制铁的全球棋局

1957 年，当时的韩国总统朴正熙任命出身于军人的朴泰俊为董事长，在离汉城 270 公里的沿海小镇浦项建立钢厂。新日铁在浦项制铁创建初期即给予其技术、设备、人员等多方面的帮助和支持，使浦项制铁得以顺利崛起。

2005 年浦项制铁条钢产量达 2680 万吨，超过 2000 年位居世界首位的日本新日本钢铁公司跃居世界第一位。2010年，浦项粗钢产量为3370万吨，一方面将通过合理投资在不成熟的市场上寻求有机增长，另一方面在成熟的市场上寻求并购机会。

2007年，浦项制铁与日产汽车公司（Nissan）合资在日本新建汽车钢材加工中心，以就近为后者供应高附加值汽车用钢。2009年，浦项首次实现向日本本土丰田汽车公司供货，标志着浦项牢牢掌控着世界汽车用钢市场，这也使浦项成为安米集团和新日铁之后的第三大汽车用钢生产企业。

近些年，浦项制铁陆续在中国、泰国、越南、缅甸、美国、委内瑞拉、巴西、加拿大、澳大利亚等国家设立的板卷加工中心已超过45家。当然，浦项的产能扩张不仅依靠在世界各地设立的加工中心，而且一直谋求在钢铁需求潜力可观的新兴市场建设钢厂。

亚洲一直被浦项制铁视作其全球扩张的战略支撑。进军中国，自然是垂涎这个全球最大的钢铁消费市场；进军印度、印度尼西亚，浦项制铁的目标主要是铁矿石和煤炭等资源；布局越南，看中的也是其快速增长的钢铁消费市场，浦项制铁计划在越南新建年产量达20万吨的不锈钢冷轧厂。

2010年10月，浦项制铁和印度尼西亚国营钢铁企业喀拉喀托公司合资的综合钢厂举行了奠基仪式，计划在2013年之前，兴建年产能300万吨的钢厂，并通过二期工程建成总产能600万吨的综合钢厂。

浦项制铁和奥里萨邦政府于2005年6月签订了为期5年的谅解备忘录，以建立一个包括配套电厂和港口在内的综合性钢铁项目。该项目总共需要征用1621公顷土地，其中包括1253公顷林地。由于当地居民的反对、环境保护人士的批评，以及双方在就业岗位等问题上的争议，导致项目被拖延到2011年。2011年5月，印度环境和林业部发布公告说，已经有条件同意印度东部奥里萨邦向浦项制铁公司移交1253公顷林地，用于新建总产能达1200万吨的钢铁项目。

印度环境和林业部长表示，浦项制铁需要在奥里萨邦政府指定的区域培育同等面积的次生林，为林地征用提供补偿。同时，他希望奥里萨邦政府与浦项制铁重新签订的谅解备忘录中不会包含任何原料出口条款。浦项制铁6年耐心等待终于换来的回报。

在产能大幅扩张的同时，浦项对上游原料的掌控也在同步进行。浦项花费1947亿韩元在澳大利亚的一个项目中持有24.5%股份，该投资推动其铁矿石自给率从当时的 18% 增至 2014 年的 34%。加上此前另一个项目每年获得的 1000 万吨铁矿石，到 2014 年，浦项的铁矿石自给率从 18% 提高到约 50%。

2011 年 6 月 20 日，全球钢铁专业分析机构 WSD 公布了针对全球 34 家钢铁公司进行的技术力、效益、节约成本、财务健全性、确保原材料等共 23 个项目的评价结果，浦项制铁再一次被认定为是最具竞争力的钢铁公司。浦项制铁自创立以来，一直承续着黑字经营的传统，没有出现过赤字。在利用资本方面，浦项 1994 年在纽约上市，1995 年在伦敦上市，2013 年在东京上市。[①]

（五）未来发展方向

浦项制铁的发展战略为：高质量发展，拥有世界上最好的技术，与客户密切联系，最理想的发展，革新管理系统。

韩国浦项制铁集团公司实施的战略规划将使公司资产在未来 5 年中提高 50%，并且还将剥离下属众多的子公司，使其成为独立的公司。

浦项制铁公司决定，母公司和所属位于韩国国内的 13 家子公司都将通过改善流程管理模式提高获利能力，并且通过改善流程管理使公司在巩固关键产能、加强业务创新的同时，不断提高经营规模和业绩。浦项公司还将对其部分下属子公司进行公开招标出售，其中包括光阳特殊钢公司和浦项工程建筑公司。浦项制铁公司将清理总价值约 1730 亿韩元的低利润和未实现盈利的资产。

1. 开展非钢新业务

在 2025 年之前，POSCO 计划通过不断发展钢铁和其余四大领域的自主技术，开拓前景广阔的业务，以确保全球领先的盈利能力。在全球范围内大力推进 TPB（Technology-based Platform Biz）战略，推广自主研发的技术（主要包括 FINEX、CEM、锂直接提取、镍复合熔炼、燃料电池等）。

POSCO 将锂、镍、镁板材、铁粉末、二次电极等基础材料，清洁煤炭化工技术和燃料电池等清洁能源，以及智能工厂业务，作为未来发展的引擎。这些非钢新业务利润高、潜力大、前景广阔，将为提高集团整体竞争力、实

---

① 代欣. 浦项制铁全球局 [J]. 中国经济和信息化，2011（16）.

现可持续发展奠定良好的基础。

通过全球首创的技术 POS-LX（POSCO Lithiume Xtaction），工厂可以直接提取碳酸锂，这些业务主要在阿根廷和韩国本土开展。2016 年 7 月，浦项化学科技公司增设了年产 2000 吨阴极材料的新生产线；浦项 ESM 公司主要销售锰酸锂（LMO）、钛酸锂（LTO）等阳极材料。未来集团将对锂业务进行整合，以产生一定的协同效应。

子公司 SNNC 采用传统的干法冶炼（RK-EF），可年产 5.4 万吨的镍铁；同时，采用镍复合冶炼技术 PosNEP（POSCO New Nickel Extraction Process）充分利用现有贫矿，镍自给率可提高至 80%。

铁粉末和镁板材产品主要是为了满足汽车及零部件企业的需求；自主生产的 SNG 替代进口 LNG，不仅可以节省燃料成本，还能弥补韩国本土能源的供应不足。

浦项能源公司主营燃料电池业务，生产 MCFC（熔融碳酸盐燃料电池）和 SOFC（固体氧化物燃料电池）。浦项 ICT 公司的智能工厂技术已经出口到了中国河北和山东的钢铁企业。

2. 大力开发以减碳为特征的未来突破技术

浦项制铁通过加大低碳钢铁工艺技术的研发力度来提升企业未来的价值，确保新的成长动力。

由于炼铁系统是耗能和二氧化碳排放大户，浦项制铁将创新炼铁技术作为低碳发展的突破口，采取"两条腿走路"的方式，一方面持续改进被称为环境友好型炼铁工艺的 FINEX 工业化生产技术，另一方面大力开发以减排二氧化碳为特征的未来突破性技术。

浦项制铁制定了三条技术路线以指导低碳钢铁工艺技术的中长期技术研发项目：一是低碳炼铁 FINEX 技术；二是全氢高炉炼铁技术；三是碳捕获与分离技术、利用废气热能发电技术。

（1）低碳炼铁 FINEX 技术。到 2013 年，浦项制铁已有 2 座 FINEX 设备正在稳定运行，另有 1 座设计年产能为 200 万吨的 FINEX 设备尚在建设中。新建设备将原来的四级流化床改为三级流化床，使设计更紧凑，投资约减少 15%。

FINEX 工艺相当于把高炉分成两段来操作，即把铁矿的还原与熔融分离开来，这样可以减小各自的冶炼负荷，熔融部分所承担的负荷只占高炉的30%左右。熔融气化炉风口循环区的温度比高炉风口循环区高，为2600℃~2800℃，炉底采用碳砖材质，侧壁采用高铝砖材质。FINEX工艺金属化率为50%，还原率为60%，其中一级流化床还原率为10%、二级为25%、三级为30%、四级为60%。

采用FINEX工艺生产的铁水质量已达到高炉炼铁的水平，作业率和燃料消耗与高炉炼铁水平接近。FINEX设备最终还输出优质煤气，其发热值约为高炉煤气的2.3倍。

此外，FINEX工艺还集成了二氧化碳分离系统，便于未来采用碳捕获与储存技术（CCS）。

（2）全氢高炉炼铁技术。浦项制铁全氢高炉冶炼技术与日本目前正在研究中的Course 50项目类似，均是在高炉内使用一部分氢气替代焦煤对烧结矿进行还原，从而能够大幅度减少钢铁生产过程中二氧化碳的排放。

浦项制铁的短期目标是利用钢铁生产过程中产生的副产气体制取可用于还原铁的氢气，中长期目标是开发出能够低成本大量制造高纯度氢气的技术。

（3）碳捕获与分离技术和利用废热气发电技术。浦项制铁正致力于研发利用氨水吸收及分离高炉煤气中二氧化碳的技术。此项技术利用钢厂产生的中低温废热作为吸收二氧化碳所需的热能，从而降低成本。此项新技术的研发项目于2006年立项，并于2008年12月动工兴建首套中试设备，处理能力为$50Nm^3/h$，二氧化碳捕获效率能够达到90%以上，二氧化碳浓度不低于95%。其兴建的第二套示范设备已于2010年开始运行，处理能力为$1000Nm^3/h$。

从轧钢工序二次加热炉烟道内排放出的烟气温度低于300℃，属于中低温热流。长期以来，此类烟气余热回收在技术上存在"瓶颈"，而且经济效益也不明显。浦项制铁开发出的烟气余热回收技术，利用热虹吸效应从烟气中回收热能用于发电，并于2010年开始筹建烟气余热回收实验设备。

浦项制铁制定的3条技术路线分别满足了中长期低碳钢铁生产需要。FINEX工艺相比传统高炉在低碳生产方面已具有优势，中期若与二氧化碳捕获与储存技术结合，还将获得减排45%二氧化碳的潜力。全氢高炉炼铁技术是能够将碳排放降至最低程度的长期技术，浦项制铁为这一技术路线设定的可行期限是2050年。

（六）高度重视高附加值、环保型新产品研发

一直以来，浦项制铁高度重视高附加值新产品的研发，已经形成了优质汽车用钢、高级 API 钢材、400 系列不锈钢、高级别电工钢、热成型钢、TMCP（新一代控轧控冷）钢、帘线钢和无铬热镀锌钢板等 8 大战略性产品的研发体系，优先发展超轻型高强度汽车用钢、高级别电工钢等高附加值产品。如今，浦项制铁高附加值产品比例高达 60% 以上，特别是世界顶级产品所占比例达到了 17.8%。

1. 超轻型高强度汽车用钢

汽车总重量减轻 10% 将使二氧化碳排放量减少 5%~8%。浦项制铁开发出的高强度汽车用钢板的抗拉强度大于 590MPa，而厚度比中等强度钢板还薄，且能够在减轻车体总重量的同时保持强度。以一辆由高强度钢板生产的汽车每年行驶 1.9 万公里来计算，在 10 年间每吨高强度钢板实现二氧化碳减排量将达到 8 吨。

近年来，浦项制铁开发出的超轻型高强度汽车用钢新产品主要有汽车立柱用 1470MPa 级超高强度 TWIP（孪生诱发塑性）钢和 AHSS（先进高强度）钢、汽车加固梁用 980MPa 级冷轧 DP（双相）钢、汽车座椅框架用镁板、汽车发动机气门弹簧用 2300MPa 级线材。

2. 高级别电工钢

浦项制铁开发出的高级别电工钢具有低铁损和高磁感强度的特点，可提高变压器、电动机的能效，其高级别晶粒取向和无取向电工钢板的铁损分别低于 1.05 瓦 / 千克和 4.7 瓦 / 千克。

2010 年，浦项制铁高级别电工钢板的产量为 36.5 万吨，在同类产品中比例约占 37%。浦项制铁正在扩大高级别电工钢的生产，特别是增加用于变压器的晶粒取向电工钢的供应量，并开发拥有自主知识产权的混合动力汽车发动机用晶粒无取向电工钢新产品。

此外，浦项制铁 2011 年新开发出 LED 电视机用散热钢板、铋基易切削钢、高光泽度紫外线涂层钢板等 33 种高附加值产品，这使其世界顶级产品种类增加到 124 种，所占比例达到 17.8%。

（七）将新能源技术开发作为未来发展动力

受韩国国内资源条件的制约，浦项制铁高度重视可再生能源开发项目，是全球最早涉足该领域的钢铁企业之一。正所谓早投资、早获益，目前浦项制铁的合成天然气、氢燃料电池、智能电网等可再生能源项目都已经获得突破，在风力发电方面也已建成 20 台风力发电机组，年总发电量达到 9.83 万兆瓦时。2013 年，浦项制铁共建有 3 座太阳能光伏发电站，总发电能力为 5.5 兆瓦，并将以往需要焚烧和填埋的可燃性废弃物经过处理后用于发电，到 2018 年每年新增发电能力 200 兆瓦，实现二氧化碳减排 116 万吨。这些项目不仅环保效益佳，经济效益也非常可观，但难点在于对技术含量要求高、投资较大，且需要在前期进行大量的技术储备。[①]2025 年之前，浦项将通过不断发展钢铁和其余 4 大领域的自主技术，开拓前景广阔的业务，以确保全球领先的盈利能力。为此，浦项从 2016 年开始在全球范围内大力实施 TPB（Technology-based Platform Biz）战略，推广自主研发的 FINEX、CEM、锂直接提取、镍复合熔炼、燃料电池等尖端技术，以创造 1200 亿韩元的收益。

1. 合成天然气

合成天然气（SNG）是将低价煤在高温高压下经气化、提纯及合成后生产出来的，其成分与液化天然气（LNG）相同，是一种未来能够替代 LNG 的清洁燃料。

截至 2013 年，全球只有美国投产了 1 套工业化生产设备，而日本正处于试验阶段。为了改变韩国 LNG 完全依赖进口的局面，韩国政府将 SNG 项目列为实现低碳绿色成长的重点扶持项目。浦项制铁正与韩国国内 12 家研究机构联合开发以煤为原料的 SNG 工艺设计技术、SNG 合成工艺及催化剂等，于 2013 年建成年产能为 50 万吨的 SNG 工厂。

2. 智能电网

浦项制铁在韩国率先开展大容量储能用 NaS 蓄电池的研发工作，该产品是构建智能电网的核心部件。NaS 电池是固体陶瓷电解质通过钠离子在

---

① 周文涛. 浦项技术创新打造三大新利润增长点 [N]. 中国冶金报，2013-01-26（B03）.

阳极和阴极之间移动而完成充电和放电过程的电池。该电池能够储存大量的能量，其能量密度和使用寿命均优于锂电池，而且价格比锂电池还便宜，可广泛应用于大容量储能设施，能够将发电厂的电力储存起来并随时向外传输。

2010 年，浦项制铁首次在韩国成功开发出 NaS 电池，其使用寿命可达到 15 年以上，2015 年该产品投放市场。

钢铁企业为了拓宽盈利途径、实现多元化发展，适度涉足新能源领域也不失为一种选择。尽管在很多人看来，风力发电不过是钢铁厂的一个绿色概念，需要 10 多年才能收回成本，但从长远看，清洁能源的使用是不可逆转的发展方向。

（八）多元产业发展特征

在规模发展方面，浦项制铁公司大力推行的、独树一帜的多元产业发展战略极具特色。特别是自 2009 年开始，在郑俊阳任期内，浦项制铁公司多元发展进入了全面扩张阶段，其下属子公司在 3 年间几乎增加了一倍，浦项制铁大家庭（Posco Family）的子公司成员由 2009 年 4 月的 36 家增加到 2012 年 2 月的 71 家，这些子公司多数来自非钢业务。其中 2010 年韩国规模最大的一笔收购，即浦项制铁公司以 3.37 万亿韩元（约合 28 亿美元）收购大宇国际公司（主要从事钢材及钢铁生产原料贸易、能源开发业务）68.15% 的股份，是浦项制铁公司多元发展战略的最关键一步：收购大宇国际不但可吸收大宇国际在资源开发方面的专业技术，还可利用其海外销售网络向非洲和东南亚等多个新兴国家进行扩张，并进一步加快海外矿产资源的投资。

从产业发展方向来看，浦项制铁公司多元产业聚焦于贸易、工程建筑、信息技术、新能源和化工等领域。其中，贸易分部主要是从事浦项制铁公司所产钢材、原材料的进出口；工程和建筑分部主要从事工业厂房、民用工程、商业和住宅项目的设计和建造；信息技术分部主要从事网络和系统集成；新能源和化工分部主要从事发电和电力销售、液化天然气开采和生产、石油开采和生产。

值得关注的是，近年来，浦项制铁公司对多元产业的发展有从钢铁产业相关上下游逐步向独立多元产业发展的趋势，如大力向新能源、新材料、资源开发，以及具有经济增长潜力的环保和能源等相关行业领域进行纵深发展，并且取得了较好成效，这些领域被浦项制铁列为今后业绩增长的重要推动力量。

当然，浦项制铁公司在大力发展多元产业的同时，也存在较大的风险：新进入的非钢业务离钢铁主业业务远，投资规模大，回收投资和获得投资回报需要很长时间，从而导致浦项制铁公司资金吃紧、财务状况恶化、信用等级下降。

从 2012 年开始，浦项制铁公司已着手对自己的规模扩张进行调整，压缩或放弃一些盈利能力较差的非钢部门，将力量集中在自己优势资产上。①

参考文献

[1] 张旻 . 浦项制铁成功之路 [J]. 经济工作通讯，1997（6）.

[2] 浦项制铁集团公司网站，http：//www.posco.co.kr。

[3] 杨小川 . 浦项制铁公司的形成及其管理经验 [J]. 韩国研究论丛，1997（00）.

[4] 罗晔，王超，艾克拜尔·约赛因 . 韩国浦项制铁公司应对危机的经营举措 [J]. 冶金经济与管理，2017（1）.

[5] 罗晔，王超，麦麦提艾力·麦麦提 . 浦项制铁的钢铁战略投资 [J]. 金属世界，2017（1）.

[6] 代欣 . 浦项制铁全球局 [J]. 中国经济和信息化，2011（16）.

[7] 周文涛 . 浦项技术创新打造三大新利润增长点 [N]. 中国冶金报，2013-01-26（B03）.

[8] 徐少兵 . 韩国浦项制铁企业发展特征分析及其对宝钢的启示 [J]. 冶金经济与管理，2014（4）.

---

① 徐少兵 . 韩国浦项制铁企业发展特征分析及其对宝钢的启示 [J]. 冶金经济与管理，2014（4）.

第七节　乐天集团

一、财团简介

乐天集团是韩国五大集团之一，世界五百强跨国企业，目前以全球化战略在全球近二十个国家蓬勃发展。

乐天集团的前身——1967 年建立的乐天制果，是一个为应对百废待兴的国家而建立起来的食品企业。20 世纪 70 年代，乐天集团加快事业多方面拓展，在建设、化学、机工、电子商事等基础建设部门全面开花。

（一）乐天集团的品牌溯源

韩国乐天集团是韩国典型的大企业。乐天的成长和发展一路伴随着韩国经济的复苏与腾飞。韩国企业和政府也是相辅相成、唇齿相依的关系。韩国政府所采取的一系列利于国内企业发展的政策，在地方保护上起了很大的作用。加之北方民族的性格和处事方式，也让韩国大企业得以在这块狭长的半岛里蓬勃地发展起来。

一个企业的发展和它的内部环境及外部环境构成有很大的关联，在某种程度上"时势造英雄"——正是由于当时各种政治经济的需要，才有乐天从一家微不足道的小企业慢慢发展成如今的大企业。

1."大韩民国"背景

韩国经济的发展速度很快，韩国也被称为亚洲"四小龙"之一。工业是韩国经济的主导部门，其工业体系相对完整，接近发达国家水平。韩国的经济实力处于中上水平，钢铁、汽车、造船、电子、纺织是国家的支柱产业。由于受到近代化工业的冲击，作为当初的一个农业国家，韩国现在的农产品主要依靠进口。

其实，韩国的自然资源和经济政治发展背景都处于比较羸弱的地位。韩国早期的经济特征是典型的"资源和资本不足的经济"，国土狭小、自然资源匮乏，市场也相对狭小。耕地面积为 195 万公顷，主要分布在西部和南部平原与丘陵地区，约占国土总面积的 22%，而且矿产资源稀少，已发现的矿物有 280 多种，有经济价值的有 50 多种。

在这样的国家背景下，韩国政府和经济界人士都一致认为单纯依靠市场机制的自发作用是不可能实现经济繁荣的，必须由国家来调整产业结构，在发展本国经济的基础上，努力开拓外部市场，从而实现经济的起步与发展。

韩国也是二战之后继日本之后发展起来的第二个亚洲国家。经历了二战和朝鲜战争的混乱，战后的国家面临着种种问题：各种生活设施的荒废和毁坏，人民基本生活资料缺乏。民众迫切需要迅速恢复各种生产活动。

韩国乐天集团的母公司乐天制果就是基于当时的这种需要建立起来的食品企业。这也是韩国乐天集团发展的起飞点。

2. "Buy Korean" 的文化

无论韩国还是其他国家，都不是外来国际影响的被动接受者，在技术和产业化的路途中，各种经济和政治等复杂因素交织在一起发挥作用。

在某种程度上，一国产业结构的形成与调整是国内外因素综合作用的产物，其中政府的干预起到决定性作用。韩国是"出口导向型"国家，一直把出口作为本国经济的生命线，以此调整自己的产业结构。

在加入 GATT 之后的年代里成长起来的一批大企业，如乐天、现代、三星、LG、SK 等，都是活跃在这种政策背景下的大企业。

此外，韩国政府一直推行"买国货"的国策——"Buy Korea"。在这样的国内政策背景下，韩国的企业也纷纷从中小规模起步，逐渐发展壮大。

作为韩国十大企业的乐天集团正是在这样的国际形势和国家政策背景中迅猛发展起来的，年销售额 300 亿美元，品牌范围涉及食品、饮料、物流、旅游、重工业、建筑业、化工、商贸、通信，并且在近年开始涉足金融。乐天品牌以食品和流通业为自己的行业基础，是韩国流通业中最大的企业，并且在发展过程中一直保持着自己食品上的特色，是食品界最大的企业财团。

（二）乐天集团的品牌发展历程

韩国自光复之后，经济逐渐恢复，并稳步持续发展。韩国经历了从二战结束到朝鲜战争结束的经济萧条，经历了从 20 世纪 50 年代经济崩溃的边缘走向复苏，60 年代到 70 年代成功地发挥外向型经济的作用，经历了经济高速起步与发展时期，并跻身新兴工业国行列。80年代到90年代，韩国经济进入调整和稳步发展时期，韩国开始把进入发达国家行列作为努力目标。2000年之后，韩国经济进入开拓国际化经营、走向全球经济的高速发展时期。

在这样的国家和国际背景下，韩国乐天集团经历了三个发展阶段：20世纪60~70年代食品业的起步与韩国乐天集团建立的初期，80~90年代构筑文化基础、开发流通产业的阶段，以及2000年以后不断向其他领域拓展的发展阶段。

1. 20世纪60~70年代：食品界的新兴企业

汤因比在他的著作《历史研究》中使用"挑战和应战"模型解释社会和文明的发展。这种模型基于的观点是：人类之所以能够制造文明，是因为人类对于某种特别困难的挑战进行了应战。东西方贸易交通线中断，所以才出现了大批利益驱动下的海洋探险家，并最终发现了新大陆。同样，市场的产生与发展也基于这样的原因。市场规模的限制和原料的匮乏催生了世界体系，以及世界市场的扩大等。

2. 20世纪80~90年代：流通、观光业的中流砥柱

在这个时期，乐天世界、乐天大酒店等观光、零售产业纷纷在韩国各地涌现。乐天的创始者很早就开始谋划乐天的未来，像零售、观光这样的未来型高附加值战略产业将是拉动企业乃至国家经济的巨大动力。20世纪80~90年代，乐天集团以资本积累与技术支持为基础，在零售、观光、食品业中保持着一定的竞争力，并且在竞争激烈的今天，乐天的零售、观光和食品业在国际上也占有一席之地。

1997年10月，韩国爆发了严重的金融危机，在国际货币基金组织（IMF）及美、日等国的紧急资金援助下，韩国度过了这次危机，乐天集团也在这场金融动荡中巩固了自己的地位，国家经济最终出现转好势头，出口回升较快，高附加值产品出口激增。

3. 2000年以后：其他领域的快速发展

韩国政府吸取了金融危机的教训，在对企业结构进行调整时不重"数"而重"量"，曾经的韩国财阀虽然给韩国经济带来了一定的增长，但同时也是引发韩国金融危机的一个重要原因。

在告别了政府主导的财阀经济模式后，韩国的体制转向更透明和开放的美国式自由市场经济模式，并且在这种经济模式与韩国传统文化——地方保

护主义之间寻找到了契合与平衡点。

在这个阶段，作为韩国大型企业之一的乐天集团也不断向各种以前从未涉足的领域如生命工程、通信、金融等领域进军。一些大家耳熟能详的企业和建设项目都和乐天有关。

二、主要涉及的产业和国内经济活动

（一）业务发展历程

在业务方面，乐天选择最擅长的领域，并力争业界领先，尤其是在食品、零售、旅游、石化、建筑、金融等核心领域中确保全球竞争力。

20世纪70年代，乐天集团通过成立乐天七星饮料、乐天三冈、乐天火腿肠、乐天利等公司，发展成韩国最大的食品企业。而且，乐天集团还通过成立乐天建设、湖南石油化学、乐天机工、乐天电子、乐天商事全面进军国家基础设施建设产业领域。

20世纪80年代，乐天集团以资本和技术积累为基础，在零售、旅游、食品产业领域确保了最高水平的竞争力，成为名副其实的韩国十大企业之一。

此外，乐天集团以其在20世纪70年代获得的高速发展为基础，树立了面向未来的长期战略，不断扩大业务领域，为其进入世界市场奠定了基础。在此期间，乐天集团完成了乐天世界的建设工程，成立了釜山乐天大酒店和乐天物产，确保了其在韩国零售、旅游产业的竞争力，并致力于现代化建设。此外，乐天集团通过成立乐天佳能和韩国富士胶卷，加速进军尖端产业的步伐。而且，乐天集团通过成立乐天巨人队和大弘企划，夯实了集团内部文化基础设施；通过成立乐天中央研究所和乐天零售事业本部，为研发新产品及开发和传播零售专业知识起到了巨大作用。

20世纪90年代，乐天继续保持了在零售、旅游、食品产业的领先地位，同时通过保守经营和大胆投资，为发展成跨国企业奠定了基础。

（二）品牌内部策略

乐天集团的品牌内部策略看似一盘散沙，实则井井有条。乐天集团的各个产业都有产业链相互衔接，由基础产业、核心产业发散到各个领域，资源拼接得天衣无缝，企业进行相关多元化扩张，各个行业彼此依存、共同发展壮大，甚至在海外市场也是抱成团实现集团化发展。其中，品牌起到了巨大的联结作用，品牌规划也是至关重要的一节。

1. 事业多角度化的品牌结构

现代社会是一个"赢家通吃"的社会，如果想在某一个领域保持优势，就必须在这个领域做大做强。当你在某个领域获得决定性的占有率时，你能够获得比弱小的同行更大的利益。

乐天品牌擅用"马太效应"，在行业内做大做强，蓬勃发展至今。乐天品牌的成长路线具有"乐天特色"——以食品业、观光业为基点发展，因为食品、超市等快速消费品都是民众生活必不可少的。在食品业、观光业逐渐发展成熟、确立行业位置后，相关产业链逐渐涉及零售部门。最后，由这些零售部门延伸出金融、服务部门，并成立了有形象宣传作用的广告公司、福利及研究部门。在总指挥的领导下，各部门互帮互助，共同构建乐天这一品牌。

2. 三方联动效应

随着品牌市场阵营的不断扩大、产品同质化情况日趋严重，以及各种零售业态的兴起，制造商与经销商之间的激烈竞争扩展到经销商内部、经销商与零售商、制造商与零售商之间。竞争导致巨大的内耗，同时消费者在日益眼花缭乱的品牌市场上变得无所适从，失去品牌安全感的人们在这场品牌竞争的暴风雨中试图寻找一个可以信赖的品牌港湾。

乐天正是打通了各处关节，集团高屋建瓴，领导着制造商（如乐天制果、乐天七星饮料等）、经销商（如乐天商事、乐天物产等）、零售商（乐天百货、乐天购物等）进行联动，以实现利益的最大化。

品牌集团通过内部结构调整，加之区域市场的合理划分，使产品能够迅速分销并在市场上一炮走红，这些都得益于制造商、经销商、零售商的相互配合。

乐天的三方联动，打通了关隘，避免了其他企业由于职权分开导致的制造商盲动与经销商整体不作为。同时，兄弟企业的配合能够降低分销成本，使收益保持在一个恒定的水平上，风险也相应得到规避。制造商同时也拥有了应对市场变化的灵敏性和渠道分析的效率。与此同时，零售商能够在物流、融资、服务和信息反馈上建构自己的优势。

3. 核心产业与基础产业的有机结合

没有核心竞争力就没有战略，核心竞争力即成本优势。

其实，任何一个依靠规模化获得成本优势的企业，规模化和低成本只是一种竞争的表象，真正隐藏在背后的，是其基于整个价值链的"成本控制"，将其价值链各个环节的成本压缩，就产生了核心竞争力。核心竞争力往往交融于企业的核心竞争优势之中，这使它具有一种隐性的资源特征，难以清晰识别。这种模糊性显然阻碍了企业认识的视角。每一个企业都需要了解自己所具备的竞争优势，更好地理解其竞争优势间的关联度和外向趋势，均衡企业内部业务布局，从而突出核心业务。

（1）基础产业——食品业。乐天集团由乐天制果发展而来，奠定了乐天作为韩国食品界龙头老大的地位，其食品种类繁多，比较著名的乐天巧克力派、乐天口香糖、乐天的各种饮料如今都已经风靡东南亚甚至全球。

乐天为了巩固食品业的能力，不断地加强基础产品管理的投资，确保利润，并且致力于通过物流外包来提高长期运营效率的，通过许可从国外著名企业引进先进技术，提高品质质量。

当今人们越来越注重健康的饮食观念，乐天七星饮料公司努力引导自然绿色饮食的消费趋向，通过亲环境产品和利用天然材料为原料的健康功能性产品开发，不断更新品牌，不断将新的乐天展现在大家面前。

值得一提的是，乐天的食品产品也大多冠名为乐天，这种统一产品品牌名称的传播方式让乐天的名字在世界的各个角落传播。

（2）核心产业——观光业和零售业。英国管理学家 D. 福克纳和 C. 鲍曼认为，企业竞争力最关键的不是其竞争优势，而是其持续不断地获得比竞争对手更优质资源的能力。中国著名经济学家吴敬琏认为，企业核心竞争力是指企业在研究、开发、设计、制造、营销、服务等环节上所具有的明显优势并且又不易被竞争对手所模仿的能够满足客户价值需要的独特的能力。它具有扩散性、价值性、异质性和不易模仿性（独特性）、不可交易性等特点。

乐天集团在发展基础产业——食品业之后，独具慧眼，又将目光投向观光业和零售业，因为在韩国自然资源缺乏的背景下，"实现观光立国"是一个重要的举措。观光业在表面上看投资回收率低，且需要大资本投资，发展难度较大。但因为高附加值未来型战略产业外汇创出可以高达90%，乐天的投资者毅然决定在百废待兴的韩国发展观光产业，并将观光产业称为未来型高附加价值的产业。

乐天世界——世界最大规模的室内主题公园是韩国人在韩国打造的"迪士尼乐园",乐天利是韩国人在韩国打造的"肯德基""麦当劳"。如今乐天的观光已经发展得颇具规模,各种产业链也节节打通,乐天酒店、乐天百货、乐天快餐,乐天的衣食住行、娱乐休闲,将消费者包围在乐天的品牌之内。

乐天玛特和乐天百货是韩国流通产业先进化的主角。由乐天玛特和乐天百货开始,乐天这个品牌更加贴近消费者。乐天玛特和乐天百货引进以顾客为主的服务概念,逐步完善舒适方便的购物环境,商品不断丰富,并实现了现代化的流通结构。如今,乐天已经成为韩国国民日常生活购物必不可少的一个品牌指针,成为一个值得信赖的大企业。2004 年乐天玛特开始了中国市场的拓展,2008 年成功收购大型超市万客隆,加快进攻中国市场的步伐。不过,因"萨德事件"和集团丑闻,2018 年,乐天退出了中国市场。

(3)其他领域的发展。通过乐天大酒店和乐天购物的全国连锁,乐天形成了在酒店和购物领域的网状占据,并继续向日本等东南亚以及美洲市场发展,巩固食品饮料产业和流通观光产业的领军地位。

自此之后,乐天品牌开始涉足其他各个领域,创立了乐天情报集团和乐天网站,进军各种辅助产业。乐天在巩固品牌地位的同时,开创了 21 世纪新的流通、生活文化,创立了 Korea Seven、乐天物流、乐天 Fresh Delica,以赢得越来越多的品牌忠诚者。此外,乐天在崭新的网络时代也将关注点投向互联网等尖端产业,在尖端数码产业领域也有一定的品牌引领作用。

乐天集团综合考虑汇率和油价等外界环境动荡的现实,以扩大利润基础为主运营经营战略。但是,乐天始终将主要投资集中在食品、零售和观光产业这些高附加值核心产业。

(三)乐天的差别化战略

乐天的差别化战略在其零售部门特别突出。韩国乐天百货店的生意突破了原有的以租赁卖场为主的百货店和传统市场形式,实现了长盛不衰。

从商场设点来看,乐天每新增一个店,事先都要对周围的环境进行周密调查。他们根据自己的实践并借鉴外国经验认为,在 40 万人口的城区,最多建设卖场面积 8000 坪(每坪约为 3.3 平方米)的大型商场一座、廉价商场两座,过多或过少都会造成资源剩余或者资源不足。在硬件上,乐天设有超过一般百货店的巨大卖场、地铁车站、超大型地下停车场，还设有幼儿休息室、残疾人专用的厕所和电梯、家电返修退货窗口，并附设旅游服务中心和艺术画廊等。这些实实在在的硬件和软件上的举措是乐天获得青睐的法宝。

乐天设立了严格的商品精选制度，只准许质量确有保证的商品进入乐天柜台，同时进行市场调查，根据顾客的喜好开发具有本店特色的"企划商品"，并积极引进国外名牌产品，做到"人无我有、人有我新"。

乐天家居对各种商品都采取末位淘汰制度，对入驻乐天家居、连续数次考核均排在末位的销售商进行淘汰，以保证乐天家居"永不变质"的品质保证。乐天店内高、中、低档货品一应俱全，给购买商品的消费者更大的选择空间。

（四）客户关系管理系统

客户关系管理（CRM）系统是维系现有顾客的策略是基于消费者的分层，是一种基于企业发展战略上的经营策略，这种经营策略是以客户为中心的，不再是产品导向而是客户需求导向。根据消费能力的不同，可将消费者分为三个分层：一个是"品牌"消费者，无所谓价格；一个是"质量"消费者，对价格有些微的敏感；一个是"价格"消费者，关注的只是价格。

乐天总是努力抓住品牌忠诚者，并努力从第二类和第三类消费者中培养出第一类消费者。在乐天的零售王国里，每一位销售人员都会耐心地向消费者讲授很多和商品有关的专业知识，让消费者能够在购物的同时了解很多日常生活小知识，同时也树立起良好的服务品牌形象，赢得消费者的信任和爱戴。因为乐天的企业理念是："消费者即使不在我们这里购买产品，他也能够通过我们的讲解获得正确的选购知识，这是乐天员工的职责。"乐天的CRM是以正确理解顾客为基础，与顾客维持长期关系，提升顾客的忠诚度，为改善企业经营成果而开展活动。

根据对韩国乐天百货顾客的统计分析，每位 VIP 等级顾客每位的消费额与 25 名一般等级的顾客消费总额相同。乐天内部研究得出结论，吸引新顾客的支出是保持现有顾客费用的 5 倍，在已购买商品的顾客中，25% 的人不会再次购买，所以留住顾客非常重要。如果有 4% 的消费者不满意，这些不满意的顾客中有 65%~90% 的比例不会再次光临。如果能够消除造成这些不满意的原因，则有 82% 的比例会再次购买。

　　CRM 的重点在于顾客的占有率，而不在于市场的占有率。CRM 系统是通过顾客分析、商品分析、商圈分析所得出的一个结果。它的重点在于保持顾客而不在于获得顾客，重点在于做好顾客关系工作，不在于商品销售。

（五）满足内部顾客

　　乐天的公式：员工素质的提升 + 销售商的进步 = 乐天的发展。

　　以乐天家居为例，乐天家居推行的是酒店式管理模式，员工的言行、穿着都有明确的规范，待客礼仪是员工日常培训的重点。

　　乐天百货的内部顾客就是员工。在乐天看来，软件——服务是最重要的可持续性差异优势。产品是容易被竞争者仿造的，而服务因为根植于组织文化，所以很难模仿。

　　麦当劳、IBM、航空公司和联邦快递都是建立在服务上的品牌。之所以把员工称作内部顾客，是因为企业把员工置于和顾客一样的高度，只有员工感到舒适、心情好才能改善服务。

　　服务不是理念，是心态和办事的态度。所以只有善待员工，才能真正提高服务质量，这种理念是十分可取的。乐天百货努力改善员工的休息环境，让员工免费到乐天电影院看电影，通过让内部顾客感到满意、感受到关怀，才能让真正的顾客也体会到细致的服务与周到的关怀。

（六）环境价值经营

　　环境价值经营在某种程度上是与服务品质同等重要的一环，关系到品牌的形象。乐天要灌输给消费者的理念不只是公司拥有优质的服务、高档的商品，更要让他们知道乐天是关注公益、有社会责任感、注重环境保护以及面向未来的具有活力的企业，这些因素使品牌更深入人心。乐天设立了很多慈善和福利部门，"穷则独善其身，达则兼济天下"，这样的品牌岂能不人见人爱呢？

（七）民族特色的广告营销

　　韩国文化非常坚持民族特质和宣扬个性。早期的韩国广告受日本影响最大，视觉上追求唯美和谐，让人在感到赏心悦目的同时将广告内容深入人心，是韩国广告创意的一大特点。

韩国广告日益成熟，更加注重执行力，其创意视觉效果达到了登峰造极的地步。韩国创意人比较重视丰富的图片和一丝不苟的设计，他们高超的剪辑能力以及对美感的追求，令广告的每一个画面、每一个细节都臻于完美。在韩国的创意人员看来，广告除了销售产品外，也是在贩卖梦想和生活方式，这些都需要对视觉美孜孜不倦的追求态度以及严谨的执行力。

1. 诙谐、随意的平面传播

韩国文化中透着诙谐、随意。经常会看到三三两两的学生手拿饮料罐，在街角甚至人行道上落座聊天，极其闲适。乐天平面广告也常常透着诙谐、随意的韵味。

韩国文化崇尚自然的、没有修饰的东西，就像小孩子的涂鸦，活泼可爱，信手拈来。

2. 电视传播策略

韩国式的乐天广告可谓是东方式电视广告的一个典范——极具艺术性，又不失商业价值。

注重创意的乐天广告别具特色，和中国略带含蓄的广告风格相比，乐天的韩式广告更显得开门见山和直入主题。有些广告虽然也有类似电视剧的镜头，但是都会反复强调主题产品以及在侧幕上打出产品标题，始终紧紧把握"广告是为销售服务的"这个理念。因为韩国是一个比较注重外表仪容的国家，所以无论男女都留意着装、化妆，所以乐天的很多关于服装和化妆品的广告很受欢迎。此外，韩国是一个能歌善舞的民族，所以他们的电视广告动作感都很强，经常伴有明星的歌唱和舞蹈。

由于韩国是一个男尊女卑的社会，所以从广告中可以看出约有一半以上的主角是男性。加上地域民俗的特点，按照韩国传统女性喝酒是不太好的，所以酒类广告几乎也都是男性来承担。

（八）品牌整合营销策略

除了各种媒介渠道外，乐天在各个领域不断深化其"软传播"效果。走在韩国的每一个城市，尤其是在首尔，就会发现乐天时时刻刻在你的身边，她的名称会出现在你手中小小的饮料易拉罐上，同样她巨大的条幅也在世界最大的主题乐园——乐天世界里，还包括乐天快餐、乐天百货、乐天酒店、韩国国际商务中心等，这就是乐天的整合营销传播。她在售卖产品和服务的时候，时时刻刻不会忘记去维护和构建整体的品牌形象。

看着乐天集团一路走来似乎波澜不惊，实则经历各种风风雨雨如金融危机等等，他们及时改变各种策略以适应时局变化。但是唯一不变的是品牌的内涵与定位。

1."有乐天，好明天"的传播文化

乐天品牌给消费者带来的感觉是高品质的产品和服务，以及严谨、求实的企业品牌形象。乐天善于不失时机地宣传自己的品牌。并且在众多产品、企业公用同一品牌的前提下，强化品牌凝聚力。

2.从夏洛特（Charlotte）到 LOTTE

乐天的取名别具意蕴。乐天——LOTTE 的名字取自《少年维特的烦恼》的创作背景。乐天集团旗下的品牌都用乐天巧妙地和 L 这个字母的书法变体结合，显得精致而富有韵律，体现了乐天的口号——LOTTE–more than life 的时尚、舒适的理念。

三、跨国经营活动和国际合作

（一）跨国业务

零售业：乐天百货不仅在韩国主要城市开办了多家卖场，还进军俄罗斯等市场；乐天玛特在韩国、越南、印度尼西亚等地开办了多家分店，成为韩国流通零售业在海外拓展规模最大的大型超市；乐天 Super 专营大型超市，成为名符其实的韩国一流企业。

食品饮料：乐天出品的零食、饮料、酒类等产品已销往全球 70 多个国家和地区，得到全球顾客的广泛认可。从 20 世纪 90 年代开始，乐天制果和乐天七星饮料进入中国、越南、印度、俄罗斯等国家，通过本土化生产和销售，进一步扩大了市场份额。随后乐天制果又收购了比利时巧克力生产企业吉利莲（Guylian）、越南食品企业 Bibica 公司和哈萨克斯坦的 Rakhat 公司，进一步加快了乐天制果的全球化步伐。

旅游观光：在开展其全球化经营的同时，乐天还通过开发国内旅游资源以吸引国外旅客而将其事业扩展到了全球舞台，致力于成为跨国旅游企业领头羊。乐天酒店首次在俄罗斯莫斯科运营超级豪华酒店，并在亚洲地区扩大其酒店连锁规模。

（二）乐天的并购

并购是一种协同效应，可以促使企业研发、采购、生产、销售、市场、财务、管理、文化等全面提升。

企业的成长有三种方式，即自然成长、新建、并购。

乐天经常运用并购发展壮大自己的企业。因为并购能够迅速获取靠内部资源无法获得的产品。自 1967 年乐天创建了第一家公司乐天制果开始，乐天就开始了新建组织与并购的步伐，这种并购的做法直至现在公司发展自己的海外市场时还在运用。

并购是集资本运作与营销合作为一体的大谋略。2009 年 10 月乐天玛特（Lotte Mart）和时代零售正式收购时代超市。时代零售是一家在中国经营 65 家店面的流通企业，在中国东部地区拥有 53 家大型商场和 12 家超市。

并购能够消灭竞争对手，快速提高市场占有率和利润率。通常，并购对象是有一定的市场占有率和客户资源以及渠道网络通路等，这些优势可以得到快速互补，可以使破除市场壁垒，快速进入运作轨道。

乐天收购时代零售，在国内流通企业收购海外企业的事例中规模最大。乐天提出的收购价格比竞争公司物美高出 3000 万至 5000 万美元，因此成功收购，俗称"鲸吞时代超市"。

并购之后的品牌消化是一个关键问题，设计到文化融合和本土化运作，在乐天并购时代超市之后，时代超市原有的高层一致换血，更名为乐天玛特之后，将按照乐天集团统一规范进行改造，集中的业务、财务管理、保持先进的运作方式和统一的生产设备和技术，在短时间内快速提高生产规模和市场占有率。

乐天在进军俄罗斯市场时候遇到了不少文化差异上的屏障，本想俄罗斯是一个寒冷的国家，所以热乎乎的石床应该可以取得巨大的销售成功，却因为没有了解石床在俄罗斯只有过世的人才会睡，致使销售量为零。

同样中国管理方式和韩国管理方式也产生了巨大的差异，由于换血的时候只是高层换血，而高层以下的工作人员却需要相当长的时间去适应这种韩国企业的文化并努力去接受他，不免产生很多摩擦。2008 年乐天集团用 12.8 亿元人民币，从荷兰 SHV 投资公司和中国粮油食品进出口总公司收购万客隆全部股权，乐天玛特需要培训他所接管的万客隆的所有员工，通过精细化的管理来重新拟定公司的流程制度。这种是管理模式上的融合，在某种程度上也是文化的融合，从一套手势繁复的迎宾操到各种礼貌用语、甚至鞠躬开始，管理层和员工开始了文化、管理体制上的不适应，到最后渐渐磨合，乐天玛特也开始了中国的本土化之旅。

（三）"再造一个乐天"战略

乐天的对外营销配合国内的销售也进行得如火如荼。2007 年，投资总额为 3000 万美元的乐天（中国）投资有限公司正式成立，乐天准备以此为核心，全面启动发展"再造一个乐天"的战略。

1. 乐天的国际传播

乐天品牌在不断拓展国内品牌传播的同时，也在国外加快发展的步伐。对于品牌拥有者来说，发展新的国际品牌的现实性比单纯发展国内品牌更有吸引力。因为对于消费者来说，国际品牌的信誉、更高的说服力。

除了中国之外，乐天也将足迹逐步踏遍东南亚如印度、俄罗斯等，俗称VRICs（越南、俄罗斯、印度、中国），因为在乐天看来，发展的初步是要进军类似韩国人口味的东南亚，随后进一步进军世界。

乐天的辛格浩会长说："至少在口味相似的东南亚市场，须由乐天席卷市场。"鉴于其一贯的模式，乐天进军中国市场采用的也是用整体进驻的形式，并且计划以中日韩三国的三角网络为基础，加强全球化经营。公司的海外发展是从食品领域开始的。然后在销售流域设立百货店投资有限公司、在化工领域设立石化有限公司。

2. 乐天的本土化

为了在竞争激烈的市场中赢得一席之地，乐天采取了本土化战略。比如，为了进入中国的饮料市场，乐天收购了中国澳的利饮料集团 51% 的股权，并将其作为合作者。乐天拥有雄厚的资金及先进的管理方法，而澳的利拥有市场和营销网络，两者结合，使乐天在中国市场中站稳了脚跟。

四、未来发展方向

为在未来也能实现可持续增长，乐天已将集团的发展方向转换为质的增长，并宣布了与之相符的新愿景。"Lifetime Value Creator"（终生价值创造者）中蕴含着通过乐天品牌，在顾客的整个生命周期中，为其提供最高价值的深意。①

参考文献

[1] 施晓帼.韩国乐天集团品牌战略研究 [D].上海：上海师范大学，2010.

[2] 乐天集团网站，http：//www.lotte.co.kr/global/cn/main.do#firstPage。

第八节　锦湖韩亚集团

一、财团简介

锦湖韩亚集团创立于1946年，如今已经成为韩国十大企业集团之一，拥有锦湖轮胎、锦湖高速、锦湖化工、韩亚航空等多个独立子公司，是中韩建交以来最早对华投资的韩国企业之一。

二、主要涉及的产业和国内经济活动

锦湖韩亚由故朴仁天会长创立。朴仁天在1946年设立光州出租汽车公司进入了运输业，这正是锦湖韩亚的起源。1948年又设立了锦湖高速客运（当时名为光州客运），稳固了旅客运输业的基础。接着锦湖轮胎（1960年）和锦湖石油化学（1970年）等一一成立，1973年以六个公司正式成立为集团。

20世纪80年代，因第一次、第二次石油危机，锦湖韩亚面临着重大转折。锦湖韩亚彻底改编事业体系，进行了高强度的结构调整，克服了创社以来最大的危机。危机过后，锦湖韩亚开始寻求新的成长空间。1988年，基于健全的财务结构和对运输业的了解，锦湖韩亚被选定为韩国第二民航业者，奠定了未来成为国际企业的基础。

---

① 乐天集团网站，http：//www.lotte.co.kr/global/cn/main.do#firstPage。

目前，锦湖韩亚集团拥有韩亚航空、锦湖轮胎、锦湖产业、锦湖石油化学等25个公司，员工数为2万余人，业务范围横跨航空、运输、石油化工、轮胎、租赁、休闲等众多领域。

以锦湖轮胎为例。作为国际知名轮胎制造企业，锦湖轮胎一直致力于加快环保产品的研发与应用，把环境保护问题贯穿于所有的工作和方针政策中，并积极组织或参与各式各样的环保公益活动。锦湖轮胎有一套全面的绿色环保管理体系，该体系是依据生产、流通、售后服务等各环节制定的全方位管理系统。锦湖各地的工厂都严格遵循环保标准，采用国际先进的技术、设备和防污染措施，确保排污达标。锦湖轮胎的工厂也在环保先进单位、工业废弃物生态管理标识企业、学校社会实践基地环保优秀企业、清洁生产和节能减排先进单位、职业卫生先进单位、环境工作先进集体等大量的评选活动中脱颖而出，受到当地政府和有关部门的表彰，成为备受社会各界推崇的"绿色企业"。[①]

三、跨国经营活动和国际合作

锦湖韩亚正在透过进入海外市场来加强轮胎、航空、建设等集团内核心事业的竞争力，扩大物流和观光休闲事业等新生事业的投资，以建立起使集团持续成长的动力。20世纪90年代，韩亚航空通航日本、中国等国家以及美洲、东南亚、欧洲等地，渐渐具有了国际航空公司的架构；锦湖轮胎在南京与天津建立了生产基地，作为打入中国市场的基础；锦湖高速客运则进入中国高速客运业等。锦湖韩亚积极推动着企业的全球化计划。

四、未来发展方向

2016年，锦湖韩亚为纪念创立60周年，更新了CI，并将"美好企业"定为标语。所谓"美好企业"就是"不受指责、遵守承诺、健全并被信任的企业，尽社会及企业责任、为社会做贡献的企业"。锦湖韩亚的所有职员为了创造"与顾客一同飞向未来的美好企业"而继续努力。同时，为事业结构的合理重组，集团建立了锦湖石油化学与锦湖产业为中心的两大控股公司体系，并加强企业在海外市场的影响力，开发并确保能够和主力事业相辅相成

---

① 于忠青."滚出"绿色生活——锦湖携手世博共创低碳未来[J].运输经理世界，2010（6）.

的新生事业，创造行业最高企业价值。[1]

参考文献

[1] 于忠青."滚出"绿色生活——锦湖携手世博共创低碳未来 [J]. 运输经理世界，2010（6）.

[2] 中韩经贸信息网，http : //www.victrade.cn/view-78-1.html。

第九节　　韩华集团

一、财团简介

韩华集团为韩国著名财团，韩国十大财团之一。韩华集团成立于1952年，总部位于韩国首尔。韩华集团在韩国国内拥有76家下属公司，在全球拥有78家办事处和分公司、351个全球网络。凭借此优势，韩华得以抢先应对迅速变化的全球商务环境。2019年7月，《财富》世界500强排行榜发布，韩华集团位列第261位。

二、主要涉及的产业和国内经济活动

韩华集团着力打造制造与建设、金融、服务与休闲三大事业领域的协同发展，业务范围已扩大到制造与建设、基础石化、高新材料、航空与机械以及太阳能解决方案等领域。[2]

韩华的金融网络是韩国第二大非银行金融集团，业务覆盖银行、保险、资产管理和证券。韩华的服务和休闲产业则通过零售和度假村业务为顾客提供高品质生活方式服务。

三、跨国经营活动和国际合作

韩国集团全球业务网络遍布欧洲、美国、中国、东南亚和中东等地，并

---

① 中韩经贸信息网，http : //www.victrade.cn/view-78-1.html。
② 韩华集团网站，https : //www.hanwha.com/zh.html。

以其在工业制造、建筑地产、金融保险、能源开发等领域积累的竞争优势为基础，不断开辟新的海外市场，在强化航空宇宙事业等新的未来发展动力的同时，将核心力量集中于海外资源开发领域。

2012 年 10 月 24 日，韩华集团宣布成立韩华 Q.CELLS，标志着韩华集团正式完成对德国太阳能企业 Q.CELLS 的收购。

Q.CELLS 此前曾是世界上最大的太阳能电池制造商之一，是全球领先的光伏企业。金熙将出任韩华 Q.CELLS 的首席执行官，原韩华新能源总裁的职位将由来自韩华集团的金珉秀接任。

韩华 Q.CELLS 的成立奠定了韩华集团成为世界第三大太阳能制造商的地位。分布于德国、马来西亚与中国的 2.3GW 产能赋予了韩华显著的竞争优势，使其产品可以供应至世界任何地区，且免受贸易制裁。

韩华 Q.CELLS 的成立再次印证了韩华集团的战略投资方向，即将太阳能产品扩大至太阳能系统，并加速技术开发。这些技术既包括先进的电池技术，也包括降低平准化发电成本（LCOE），支持工程设计、采购和施工（EPC）以及提升项目开发能力的系统优化技术。

此前，韩华还对其他一些创新型企业进行了战略投资，并在 2011 年成立了 Hanwha Solar Energy 公司，提供包括开发、建设、运营及项目融资在内的全套太阳能发电厂解决方案。此外，2012 年 4 月，韩华在美国加州硅谷斥资 1000 万欧元成立了高级研发中心。随着韩华 Q.CELLS 的成立，韩华目前已在全球范围内拥有 4 个研发中心。①

2012 年，韩华集团从 Q.CELLS 处收购的资产包括：位于德国的总部、研发中心与行政运营部门，位于德国电池产能 200 兆瓦与组件产能 120 兆瓦的制造设备，位于马来西亚电池产能 800 兆瓦的制造设备，位于澳大利亚、美国以及日本的实体公司、34 项专利以及 1225 位职员。

四、未来发展方向

（一）新生能源

韩华石油化学正在实行"Global Chemical Leader 2015"的中长期远景，

---

① 汪亦凡.韩华集团宣布成立韩华 Q.CELLS [J].太阳能，2012（22）.

积极开发新原料、太阳能等新生能源，同时集中攻略海外市场，努力成为全球化工先驱企业。

（二）高附加价值材料加工专业

韩华作为跨越建筑材料、汽车配件、电子材料等多个领域的企业，不断朝着"具备国际竞争力量的高附加价值材料加工专业企业"的目标努力。

（三）金融投资型专业公司

韩华证券是韩国率先进军哈萨克斯坦市场的企业，公司不断开辟新事业，努力从专业的债券领域资产管理型证券公司向"金融投资型专业公司"发展，不断创造新的价值。

（四）双向流通专业企业

韩国名牌百货公司的代表企业韩华 Galleria，为了向顾客提供更加新颖的产品，开展多元化经营，引领全球时装业与高端市场的发展，朝着"双向流通专业企业"发展。

（五）尊重顾客价值的全球休闲、食品服务行业领导者

韩华的度假村（Resort）正通过满足顾客的需求，积极响应顾客生活方式的变化，朝着"尊重顾客价值的全球休闲、食品服务行业领导者"阔步前进。

（六）汽车座椅创新引领——以 GMT-PP 汽车座椅框架为例

韩华先进材料公司计划在不久的将来制作一种 GMT-PP 汽车座椅框架。该框架采用玻璃纤维毡增强热塑性塑料聚丙烯（GMT-PP）复合物制成，与常规的钢制框架相比，具有诸多优势。除了比现有的钢制框架减重 15%~20% 外，塑料座椅框架还支持 60∶40 的分离式设计，从而使得安装 3 个三点式安全带成为可能。此外，GMT-PP 复合物具备必要的机械强度，可用于安全带锚固部件。此外，该框架还可减少 22% 的组件（其中钢制框架组件从 37 减至 25 个），不会有钢材腐蚀问题，而且因为无需焊接，也降低了装配成本。此外，使用塑料也增加了设计选择，如可重

新设计捆绑、保持行李的位置，塑料框架的前向和后向力矩也与钢制框架相当。

韩华先进材料公司希望能够设计低重心的汽车座椅，降低车辆整体重心，从而提升车辆的整体安全性。未来的汽车内饰设计可能会提供可互换的汽车座椅，并且配备电子调节等诸多功能，但是更多功能意味着车辆可能会超重，因此可能会通过使用更多塑料来解决此问题。此外，乘客也能够拥有更大的车内空间，因为如果只有三名乘客，其中一个汽车座椅可以拆卸下来，放置在家中。[①]

韩华正以集团的未来发展动力——金融领域为中心，通过制造与建设、服务与休闲三大事业领域的协同作用，不断开拓海外市场，不断开辟韩华的明天。

参考文献

[1] 韩华集团网站，https：//www.hanwha.com/zh.html。
[2] 汪亦凡．韩华集团宣布成立韩华 Q.CELLS[J]．太阳能，2012（22）.
[3] 韩国公司推 GMT-PP 实现汽车减重 [J]．塑料科技，2019，47（3）.

第十节　希杰集团

一、集团简介

希杰（CJ）韩国株式会社作为三星的第一家工业企业，韩国第一家制糖厂，成立于 1953 年 11 月。CJ 以韩国第一制糖株式会社起步，1993 年开始独立经营，重点发展餐饮、物流、电影等事业，逐步实现了事业多元化发展。

CJ 集团有四大核心事业群：一是食品及餐饮服务事业群，其中的企业在大多数食品领域占据市场第一的地位，并拥有 30 多个品牌、几百家餐饮

---

① 韩国公司推 GMT-PP 实现汽车减重 [J]．塑料科技，2019，47（3）.

店；二是生物科技事业群，其核苷酸、赖氨酸产能在全球名列前茅；三是娱乐与媒体事业群，已成为韩国最大的娱乐集团，拥有 500 多块电影屏幕和多家电视台；四是新流通事业群，拥有韩国市场占有率第一的家庭购物网络和韩国最大的第三方物流企业。

希杰公司的发展特点主要表现在以下几个方面：

一是文化报国，合理回报。

希杰公司原为韩国三星集团的一部分，1993 年正式从三星集团独立出来，当时公司的主营业务是食品加工、生物工程、商业物流等，且发展良好。

在 20 世纪席卷亚洲的金融危机中，希杰公司看到了文化产业发展的巨大空间及其对国民精神的巨大凝聚作用，积极推进经营转型，将文化产业作为发展的增长点。

希杰公司高度重视文化产品的社会属性，认为"没有文化，就没有国家"（No culture，No country）。因此，在发展文化产业时，公司提出了"文化报国，合理回报"的经营理念，把文化作为企业回报国家和社会的重要方式，将发展文化产业作为企业的社会责任。希杰公司的管理者认为，从事文化产业要追求利润回报，否则就不能实现良性发展，但这个利润不是最高利润，而是合理利润，因为文化产品的社会效益是其他产品不能比拟的。

希杰公司的经营理念充分体现了一个成熟企业的社会责任感和使命感。实践证明，一个不重视文化产品社会效益的文化企业是不可能实现可持续发展的，也是不可能做大做强的。

二是人才第一，注重培养。

广播影视是创意文化产业，人才对广播影视产业发展具有根本性作用。希杰公司非常重视人才，提出了"人才第一"的口号。

为吸引和留住人才，公司为员工创造了宽松的工作环境，提供了优厚的工作待遇。虽然希杰公司并不是韩国最大的公司，但公司近年来多次被评为韩国"最受欢迎雇主"，人才流失率很低。

为加强人才培养，希杰公司不惜重金，在首都首尔市中心黄金地段修建了一座专门的人才培养机构，这也是韩国国内第一座建在首尔的人才培养中心。希杰公司将这个人才培养中心命名为"人才苑"。公司规定，凡新进员工和新晋升干部必须在"人才苑"培训后才能上岗。为增强培养的针对性，公司设有多间仅能容纳 2~3 人的小培训室，以便于教师对员工进行一对一的单独培训。

三是优质服务，细分市场。

希杰公司的快速发展得益于韩国政府对文化产业的大力扶持，而公司以顾客为中心的精益求精的优质服务、对市场深入细致的开拓和培养，是其在众多文化企业中脱颖而出的重要原因。

希杰的 CGV 影院公司的发展历程就是这一经营措施的生动写照。CGV 影院公司是韩国规模最大、发展最快的影院公司，其市场占有率达 53%，在韩国四大影院公司中排名第一；影院会员人数达 1000 多万，约占韩国总人口的 1/4，在韩国四大影院公司中会员人数最多；2008 年影院票房及相关收入达 358 亿韩元，且每年都在高速增长。

CGV 影院公司迅猛发展的秘诀，就在于对市场进行深入调查和分析，根据顾客需求，细分市场，从售票、等候、观赏到餐饮、空间设计，全方位考虑顾客的方便，为顾客提供"最早、最佳、特色"服务，以建立牢固的顾客群。CGV 影院公司仅在售票环节就为观众提供了多种选择，如可以现场购票，也可以通过无人售票机自助购票，还可以通过互联网和手机随时随地预购电影票，并自主选择座位。在现场售票中，为缩短排队等候时间，公司专门设计了排序等待系统，并对会员顾客实行积分回报等优惠措施。由于服务周到，CGV 影院公司连续 8 年获得韩国顾客满意度第一名，连续 3 年获得韩国服务业产业质量指数第一名，连续 5 年获得韩国品牌竞争力第一名。

同时，希杰公司根据观众需求，细分市场，精耕细作，力求经营效果最大化。例如，根据首尔江南区消费能力比较强的特点，CGV 影院公司开设了附加餐饮服务的影院，观众每人支付 2.4 万韩元，就能享受到贵宾级的电影精神大餐和豪华的西餐服务。该影院一经推出，便受到市场欢迎，取得了很好的经济效益。

四是延伸产业链，健全产业体系。

希杰公司发展广播影视产业的一个重要特点，就是非常注重延长产业链，打造完整的产业体系。

在电影领域，希杰集制作、发行、放映于一身，是韩国最大的电影投资制作发行公司，每年拍摄的电影在 20 部以上，占韩国发行影片数量的 30%，也是韩国最大的电影进出口公司。在电视领域,希杰公司集节目制作、播出、传输于一身,号称韩国娱乐产业的发动机,拥有 HelloVision 电视台、Mnet 音乐电视台,开播了电影、生活时尚、电视购物、娱乐等多个电视频道,是韩国最大的有线电视运营商。

在音乐领域,希杰公司以音乐内容为核心,实现了音乐策划、制作、播出、演出、唱片销售、网络下载的一体化,并力求在每个环节都做到最好。健全的产业体系使希杰公司能够深挖市场,获得显著经济效益。希杰公司音乐节目负责人介绍,其音乐频道收视率位居韩国第一,但频道本身经营还处于亏损状态,音乐方面的主要收入来源于演出和网络下载。不过,频道必不可少,其作用主要是宣传推广,扩大影响。而运作成熟的音乐剧,后期可拍摄制作成电影,进一步延长产业链。

五是技术先行,行业领先。

广播影视是高新技术行业。希杰公司非常重视高新技术在广播影视领域的运用,认为只有紧跟高新技术发展步伐,并始终保持行业领先,才能立于不败之地。公司旗下的有线电视网络早已实现了数字化、双向化改造,不仅能传输广播电视节目,还能为用户提供电话和互联网宽带服务。

希杰公司拥有韩国最大的数字电视用户群,是韩国第一个推出高清电视节目的公司。面对世界范围的广播影视新媒体、新业务,希杰公司投入巨额资本开发的网络电视和手机电视 Tving 发展迅猛,拥有 80 多个节目,可以通过电脑、手机轻松收看,且具备点播、评论等互动功能。在任何时间,在韩国的任何地方,都能通过电视、手机、电脑看到希杰的直播电视节目。公司旗下的电视购物频道 Oshopping 也延伸到网络和手机电视上,只要有需求,随时随地都能订购商品。

紧跟高新技术是希杰公司 CGV 影院的重要特点,也是 CGV 影院吸引观众的重要卖点。CGV 影院是韩国第一家引进 IMAX 的公司,是第一个开张 Premium 和 Smartplex 的影院,拥有世界上最大的 Starium 银幕,其 4D 影院在世界上首次利用 4D 技术和专用影厅播放普通电影,带给观众难以言表的愉悦的视听感受。

六是自上而下的市场延伸策略。

定位是任何企业都在强调的因素。没有准确的定位就没有适合的消费群体。当一个企业定位模糊时,牵一发而动全身,所有的运作营销都毫无意义。

对于希杰来说，在保证品质的前提下不可能赔钱赚喝。所以在价位略高的情况下，希杰集团将顾客人群定位在中高端消费者，这部分人群要有合适的收入，以及食品安全意识，肯为健康买单。

市场人群的消费力与消费习惯决定了企业产品的定位与品质。在消费水平逐步提高的过程中，部分消费者愿意购买有质量保证的产品。希杰基于这一特性，以经济基础划分人群，将中产阶级人群作为其着手点。

二、主要涉及的产业和国内经济活动

希杰公司于20世纪90年代开始进军广播影视产业。1995年，希杰又与导演斯皮尔伯格等人一起共同组建了 Dream Works 公司，实现了在媒体娱乐领域的多元化。现在，希杰的经营范围包括电影、音乐和有线广播等，确立了其在韩国的代表性媒体综合企业的地位。

希杰公司发展十分迅猛，目前已经成为韩国最大的综合性文化企业，有线电视用户数、影院数量、电影产量、电视节目制作量、频道频率数量和影响力等多个指标位居韩国第一，公司开办了 Hello Vision 电视台、TVN 网络电视、Oshopping 电视购物频道等知名电视机构。1995年，CJ 负责韩国等亚洲地区梦工厂电影的配送和营销，CJ 娱乐成为 CJ 集团向娱乐业进发的起点。2000年4月，CJ 娱乐成立了分集团。其间，CJ 娱乐不仅担负了梦工场的《怪物史莱克》等影片的配送，而且负责投资、配送韩国电影《共同警备区 JSA》等，迅速成长为韩国顶尖的电影投资、配送公司。CJ 娱乐与多路传输剧场企业 CJCGV 共同完成了制作—配送—放映一体的纵向系列化。

CJ 媒体是向有线广播供应节目的发展商，旗下有美食频道、m.net 和 Home CGV。CJ 有线网络公司是包括 CJ 集团四大核心业务区域的多系统运营商（Multi System Operator，MSO），运营着多数有线广播台。CJ 媒体拥有6个系列有线广播（OS），分别是阳先、庆南、马山、伽耶、中釜山和海云台。OS 的主要业务包括有线电视用户吸纳及 PP 信道传输、ISP、地区频道运营、广告业务办理，主要收入来自有线电视收视费、网络使用费和广告。

CJ 喜立方是运营媒体内容店铺和流通业的企业，在国内最初运营视频 DVD、游戏、图书和 CD 等文化关联商品综合卖场以及连锁零售业。

CJ 音乐是经营唱片制作和批发零售的业体，从在线音乐起家，2001 年起开始从事唱片制作和演艺人管理业。CJ 媒体专线是从事唱片制作和流通业的企业，从 m.net、唱片制作、歌手发掘和培育、有效的宣传到专业流通，已形成了系列效果最大化的事业基础。

以 CJ 娱乐的电影产业部门为中心的垂直一体化已经形成，一个影像内容可以经剧场上映、视频销售、DVD、电视或有线电视及卫星广播上映等多样化媒体，通过多个窗口过程反复销售，以增加附加值。电影是第一个经历这种窗口化过程的影像产品。最初上映的票房情况对后续窗口的成果会产生直接影响。电影作为商品，与普通商品不同，很难准确预测其需求，尽管如此，如果第一个窗口大获成功，那么通过第二、第三媒体就可以持续获得高收入。

2000 年以后，电影配送市场重组为 CJ 娱乐和电影服务两大部分，两公司的市场占有率从当期首映电影的票房成绩来看多少有些偏差，但都提高了 20% 的占有率。经过多年的发展，CJ 与电影相关的纵向一体化业务部门已经形成，正谋求进一步扩大收入。CJ 还与韩国国内制作公司明胶片、Sidus、考利亚娱乐以及电影公司春等建立了合作关系。

CJ 具有代表性的电影作品包括《快乐到死》《共同警备区 JSA》《杀人回忆》《武士》《同岁师徒》《家》《丑闻》等。2003 年，公司自己制作的电影《伟大的遗产》上映，标志着 CJ 进入独立创作时代。同时，CJ 将美国好莱坞的主要标志——梦工场的电影和本集团制作的韩国电影，以及其他公司委托发行的作品等，通过剧场、视频、无线电视、网络、DVD、海外输出等多样化渠道进行展示。

三、跨国经营活动和国际合作

（一）希杰入驻中国

自 20 世纪 90 年代中期进入中国市场以来，CJ 集团植根本土并不断创新，截至 2018 年，CJ 集团在中国 80 多个城市（不含港澳台地区）设立了 143 个法人、30 家工厂，拥有约 2.4 万名职员。不仅如此，CJ 集团还构筑了连接中国香港、台湾两地的 CJ 集团中国组织网络。目前，CJ 集团的四大核心事业已全部进军中国市场。除此之外，CJ集团也积极地在新领域寻找投资机会和合作伙伴。①

1.文化产业——国际视野，中国为先

韩国市场较小，希杰公司认为，公司要做大做强必须"走出去"，开拓国际市场，这也符合推动韩国文化"走出去"的国家战略。

希杰公司将文化相近的中国作为公司"走出去"的第一站，也是最重要的一站。希杰公司高度重视中国市场，不仅很多公司高层会讲中文，而且大量招聘中国留学生。近年来，公司从多个方面加强了与中国的合作和对中国市场的开发。

公司旗下的CGV影院自2006年进入中国以来，已在北京、上海开设了17家影院，基本走高端路线，对开发中国影院市场、提升中国影院服务水平发挥了积极作用。在电影院开发方面，CJ在上海开设的CGV多功能影院被上海的年轻人评为最佳影院之一。从CJ四大业务的营利能力上看，CGV多功能影院的表现尤为突出。同时，在投资电影与文化演出方面，CJ也颇有建树。2008年，为了庆祝北京奥运会的成功举办，CJ集团推出了舞台剧《终极使命》，很受中国观众的好评。

在节目制作方面，CJ与中国方面合拍的《非常完美》获得收益。为加强中韩交流，希杰公司与中国方面每年交互举办中韩电影节，近年来先后从中国引进发行了《唐山大地震》《十月围城》《东京审判》等多部影片。

为向韩国介绍中国，希杰公司开办了专门的电视频道——中华TV，播出中国制作的影视剧、纪录片、新闻等多种题材的电视节目。为进一步办好中华TV频道，希杰公司还希望以让渡股份的方式与中央电视台等机构进行深度合作，由中央电视台提供优秀节目在频道上播出，将中华TV办成中韩两国文化交流的第一桥梁和最佳窗口。②

2.新流通领域

此外，在新流通方面，家庭电视购物也已成为CJ集团的强项之一。2004年，希杰与上海文广集团合作成立的东方CJ家庭电视购物现已取得了很大的成功，目前，CJ已将这一成功的模式发展到天津，天天CJ电视

---

① 希杰集团网站，http://www.cjchina.net/About/Group/。
② 黎刚.韩国希杰公司广播影视产业发展试析[J].电视研究，2012（6）.

购物已于 2008 年 10 月正式运营，网络购物也同步展开。与家庭电视购物配套发展的 GLS 物流公司也纷纷在上海、天津、青岛深圳等地成立。

3. 食品产业

自希杰进入中国以来，依托中国广阔的消费市场，获得了极大的发展空间。

在食品餐饮方面，以"大喜大"品牌为主，旗下的鸡精、牛肉粉、咖喱、鲜味汁等产品的市场占有率已达到同类产品的前列；"多乐之日"品牌面包店，自中国的第一家店铺 2005 年 8 月在北京开业以来，截至 2018 年，在中国的店铺数量已超过 200 家；此外，CJ 与北京二商集团联手成立的合资公司——二商希杰食品有限公司旗下的白玉豆腐，也已占据同类产品 70% 的市场份额。

4. 生物工程和饲料产业

CJ 在中国共有 9 个饲料工厂。CJ 集团还与北大荒米业合作，成立了生产米糠蛋白的公司。在山东聊城，希杰拥有生产核苷酸和赖氨酸的工厂，总投资额达 2 亿美元。2015 年，包括印度尼西亚工厂在内，CJ 集团的核苷酸生产规模位居世界第一。

（二）中国味的韩式管理

任何一个成功的团队都要有核心竞争力，韩国企业以严谨著称。在提及管理经验时，希杰集团强调"理念"二字，国家历史与个人经验导致做事方式不同，勤奋是不可或缺的。在团队中，所有员工必须信任公司、认可公司是有发展前途的。如果缺乏这种基本理念，员工个人能力再好，对公司成长也没有意义。同时，在相信公司的同时，也要相信领导，与领导之间的互帮互助会使公司快速发展。此外，快乐工作的效率要远高于只有压力没有快乐的工作状态。

自从韩剧热播后，许多企业开始利用韩文化开展业务，让顾客被动消费产品，但也有一类企业让消费者主动接受韩文化，从而接受其产品，希杰属于后一种。重要的不是韩国的企业能不能被接受，而是这个品牌是否被消费者接受。希杰还有一种理念，就是重视工作中精神因素的重要性。在市场部每天早上都会有一组一组的销售人员喊口号、鼓舞士气，投入到工作中。这是一种精神的激励，能让员工与上司越来越和谐、相互之间越来越信任，实现共同发展。①

CJ 集团进入中国后，一直非常重视企业的本土化建设工作。本土化是确保跨国公司在海外获得成功的基础，对跨国公司来说非常重要。CJ 集团十分重视本地的人才培养，广泛吸纳中国籍员工，其中经理级以上的中国籍高管也非常多。为了更好地和中国员工交流，CJ 派驻中国的韩国籍员工都要会说中文，并定期举行中文测试。这些都是为了能更好地了解中国员工的想法，真正融入中国的企业文化中。

通过持续努力，CJ 集团包括食品、饲料、生物科技、电视购物、娱乐、电影院等在内的事业群在中国已经取得了良好的发展，部分产品与服务甚至还取得了领先的优势地位。

四、未来发展方向

现在，CJ 韩国株式会社正向"国际化的 CJ"迈进。为此，CJ 的各个事业群正以核心竞争力为基础，积极进军海外市场；不断进行革新，努力使公司成为创造健康、快乐、便利的最佳生活文化企业。

（一）希杰的未来与中国

企业在进入一个新的市场之前，都会进行市场前景预测。中国经济的快速发展，也让希杰看到了中国非常乐观的市场前景。1978 年，中国改革开放之初，希杰集团就在香港地区设立了办公室，正式面向中国市场开拓业务。1994 年集团正式进入中国内地。经过 20 多年的深耕和创新，目前企业旗下的四大核心板块都已在中国立足并不断发展壮大。截至 2018 年底，集团在华累计投资已超过 160 亿元，营业收入超 200 亿元，在海外事业创收中排名前列。②

CJ 之所以如此看重中国市场主要有三方面的原因：首先，中韩两国的关系友好，文化思想也比较接近，这对韩企在中国发展提供了很有利的条件；其次，改革开放以来，中国的发展速度非常快，市场需求量很大，这一点对外国公司很有吸引力；最后，中国的"韩流"和韩国的"汉流"，对 CJ 在中

---

① 孟岩峰.商业"韩流"看好中国市场——专访韩国希杰集团 [J]. 中国商贸，2007（10）.
② 韩国 CJ 集团：中国是"市场"更是"课堂"[EB/OL].http：//k.sina.com.cn/article_614528 3913_v16e49974902000v8iw.html.

国事业的发展也起到了推动作用，特别是在饮食和文化娱乐这两方面表现得尤为明显，而希杰公司正好在这两方面都有很强的优势。自进入中国市场之后，中国就一直是 CJ 最重要的海外市场。目前，无论是投资领域还是投资规模，中国市场都始终排在 CJ 集团海外事业的第一位。[①]

（二）进军数字产业

从面粉生产起家的 CJ 集团发展为综合食品公司，后参与电影配送业，又活跃于娱乐产业。该集团采取了先在电影业实施内容和基础建设同时抓，后通过有效经营成功进入娱乐产业的战略。

目前，CJ 集团已经成为首屈一指的集制作、流通、配送于一身的电影产业集团。同时，从电影产业起步，通过有线、唱片、电视购物等业务多元化，逐步向综合娱乐集团发展。特别是，CJ 努力由影像基础业务向引发综合效应的新产业方向发展，实施产业扩大战略，并通过积极的数字化政策应对不断变化的经营环境。

不过，由于 CJ 不是以媒体，而是以"综合生活文化"为发展目标的企业，因此，目前 CJ 集中力量经营的领域是食品（包括食品和食品服务）、生命工程、新流通和娱乐 4 大块。这点是 CJ 多少不同于其他全球媒体企业的地方。

近来 CJ 积极参与投资广播、影像业，为了实现业务多元化，还积极收购合并一些公司。特别是通过并购 Plenus，建造了向有无线网络和网络游戏业进军的桥头堡，即将 Plenus 的支柱业务——游戏门户网站和搜索门户网站，与 CJ 旗下的多样化的娱乐和营销渠道移花接木，为 CJ 向综合网络企业发展做好铺垫。为了向在线电影业进军，CJ 还积极推进并购凯诺网，因为凯诺网是电影门户网站 nkino 的运营商。

CJ 集团 2009 年开始推出 4DX 影厅，截至 2016 年 11 月，4DX 在全球 42 个国家运营着 300 家影厅，超过 3.8 万个座位。不同于普通 2D、3D 电影，4DX 电影是在满足观众观影需求的基础上，通过动感座椅和环境特效设备，提供座椅摇动、震动、刮风、下雨、下雪、闪电、香气、泡泡等效果，并通过 4DX 专业编程团队 i-Studio 的编程制作，让这些特效与影片内容相结合，

---

① 林晓虹，舒朝普．五年内在中国建第二个"希杰"——专访希杰集团中国本社总裁朴根太 [J]．中国外资，2009（6）．

从而满足观众身临其境的观影需求。①

2020年以来的新冠肺炎疫情加速了消费者购买行为的改变，为此 CJ 集团也将积极开展自身线上渠道数字化业务，加快对新业态、新模式的探索。在加大传统平台电商运营的同时，CJ 集团将综合运用 O2O 和直播渠道，持续与中国消费者建立信任，开拓本土市场。②

参考文献

[1] 希杰集团网站，http：//www.cjchina.net/About/Group/。

[2] 黎刚 . 韩国希杰公司广播影视产业发展试析 [J]. 电视研究，2012（6）.

[3] 孟岩峰 . 商业"韩流"看好中国市场——专访韩国希杰集团 [J]. 中国商贸，2007（10）.

[4] 林晓虹，舒朝普 . 五年内在中国建第二个"希杰"——专访希杰集团中国本社总裁朴根太 [J]. 中国外资，2009（6）.

[5] 金兑炫 . 韩国文化产业国际竞争力研究 [D]. 长春：吉林大学，2010.

---

① 陈芳 .CJ（希杰）在华"吸金"忙 中国 4DX 影厅数占全球三分之一 [EB/OL].https：//www.163.com/dy/article/C6VI0OKQ051991JK.html.
② 刘叶琳 .CJ 集团紧跟双碳目标发展绿色环保事业 [EB/OL].https：//epaper.comnews.cn/xpaper/news/776/8045/38054-1.shtml.